視漢字構造及其形音義關係的闡釋，也十分重視漢字使用情況的研究，這與傳統「小學」形成的背景密切相關。傳統文字學研究文字的目的是「説字解經誼」（《説文·敘》），「以字解經，以經解字」是經學家和文字訓詁學家的不二法門。在漢唐經傳訓釋和歷代文字學著作中，保留了極爲豐富的分析漢字字用的資料，「通假字」、「古今字」、「正俗字」等概念，都是前人分析字用現象形成的認識成果。百餘年來，文字學研究取得了重要發展，尤其是甲骨文等古文字新材料的發現，極大促進了漢字形體和結構的分析，以漢字形體結構爲研究重點的「形體派」，遂成爲文字學研究的主流，而文字學界對前人字用研究的成果和傳統卻有所忽視。

我們認爲，漢字發展史的研究，要在繼承和發揚文字學研究傳統的同時，以現代學術視野來確定研究的理論、路徑和方法。漢字發展史研究的首要工作，是要確定好觀測漢字發展的理論構架，因此，我們提出要從漢字結構、形體、使用和相關背景等維度，全面考察漢字發展的各個方面，進而揭示漢字體系發展的基本走向和運動規律。其次是要以斷代研究爲基礎，在科學劃分漢字發展歷史階段的基礎上，對不同階段漢字進行深入的斷代研究，以理清不同時期漢字發展和使用的全面情況，從而爲漢字發展研究奠定堅實的基礎（見《古漢字發展論》第十七至十九頁）。

不同時代的文字使用現狀及其變化，是不同時代文字發展的真實記録。在開展漢字發展史研究時，只有通過對這些用字現象的深入考察，才能更好地認識漢字體系在不同時代的發展演變。這就是我們之所以提出從結構、形體、使用三維視角，來觀察漢字發展的一些理論思考。與此同時，任何文字體系的發展，又都不能脱離其時代的變更和發展，只有對文字體系發展的時代背景有了深入而全面的把握，才能真正揭示各種文字現象產生發展的歷史動因。因此，嚴格意義的漢字斷代研究，應該包括上述幾個方面。

在開展漢字發展史研究過程中，我們尤爲重視字形表的編纂工作。字形表的編纂雖然只是從形體結構對某一時代的文字狀況進行全面清理，並不是斷代研究的全部，但無疑卻是最基礎性的工作。這套古漢字系列字形表，以出土文獻資料爲依據，對商代、西周、春秋、戰國、秦文字進行了斷代清理，較爲全面地呈現出古漢字階段各個時期字形的典型樣本。與編纂文字編的宗旨不盡相同，字形表主要是爲了全面系統地展現古漢字各個時期形體結構的特點和實際面貌，展示和驗證不

前言

近年來，我們先後承擔了國家社會科學基金重點項目「漢字理論與漢字發展史研究」（05AYY002）、重大招標項目「漢字發展通史」研究（11&ZD126）等課題。前一課題的結項成果《古漢字發展論》，有幸列入「國家哲學社會科學成果文庫」（二〇一三），由中華書局於二〇一四年出版；後一課題目前也已進入研究的後期階段。

漢字理論與發展史是一項基礎性研究課題。作爲自源的古典文字體系，漢字歷史悠久，内涵豐富，系統複雜。在開展課題研究時，我們曾設想在以下方面有所創新並取得進展：一是進一步歸納和揭示漢字的結構類型，重新闡釋漢字的構造理論及其功能；二是更客觀地描述漢字形體的特點及其發展變化，揭示漢字形體發展演變的基本規律；三是劃分出漢字發展演進的歷史階段，並對各個階段漢字構形、形體、使用等情況作出準確的判斷；四是建立觀測漢字發展歷史的理論構架和衡量標尺，以便更準確地描述漢字的發展演變歷史；五是形成比較符合漢字實際的文字學理論體系和有關專題研究的新成果。這些設想在《古漢字發展論》的「前言」中我們曾經提及。顯然，要實現上述理想目標絶非一日之功，需要做出長遠規劃並分階段開展研究工作。隨着研究工作的有計劃推進，圍繞上述目標我們已經取得了一批預期的研究成果。由上海古籍出版社出版的這套古漢字系列字形表，就是這些階段性成果的一部分。

中國文字學研究有着悠久深厚的傳統，先秦兩漢時期就逐步形成漢字構形分析的理論和方法，那就是「六書」學說。東漢許慎《說文解字》是兩漢文字學理論和實踐的結晶，它的問世確立了傳統文字學的基礎和發展方向。傳統文字學不僅重

本項目爲
國家社科基金重大項目「漢字發展通史」（11&ZD126）
二〇一五年國家古籍整理出版資助項目

古漢字字形表系列

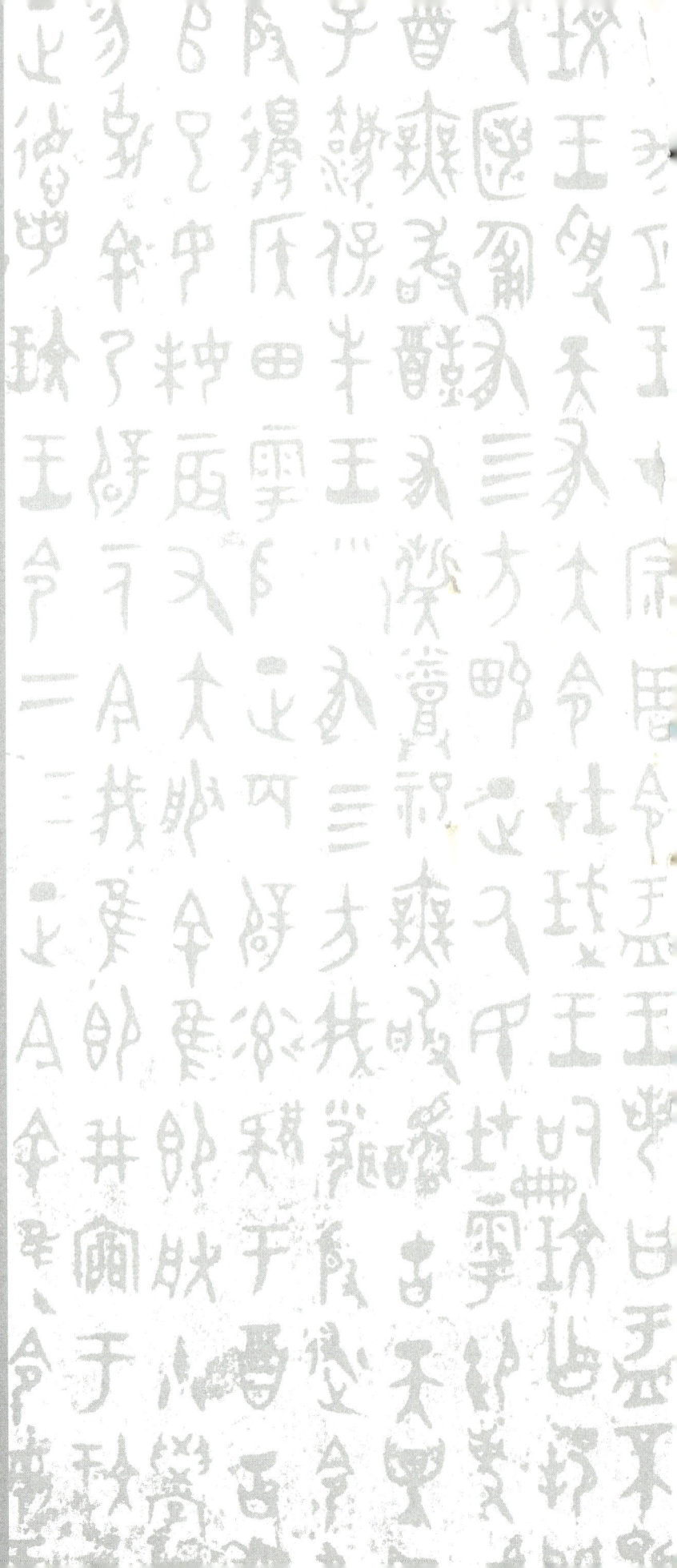

黄德寬 主編
徐在國 副主編

西周文字字形表

江學旺 編著

同時期漢字體系的發展。因此，各字形表在編纂時，不僅注意努力做到收字全面，釋字準確無誤，對異形異構字做到應收盡收，而且更加重視選取形體結構的典型樣本，並儘可能地標識其時代和區域分佈。我們希望通過編纂古漢字系列字形表，能爲漢字理論與發展史研究打下堅實的材料基礎。

這套古漢字系列字形表的編纂經歷了較長一段時間，在納入漢字發展史研究計劃之前，有的編著者實際上就已經開始了相關工作。在啟動「漢字理論與漢字發展史」課題後，各字形表的編纂工作也隨之全面展開。二〇一三年元月，該課題進行結題總結，各字形表初步編成，課題組爲此組織了第一次集中審讀。此後，根據「漢字發展通史」研究課題的新要求，各字形表進入材料增補和編纂完善階段。二〇一四年八月，課題組對已編成的字形表初稿再次組織了集體審讀，進一步明確和統一體例，對各表中存在的問題提出了具體修改意見。二〇一五年七月，課題組召開了第三次集體審讀會。這次會議之後，各字形表陸續進入到定稿階段。我們之所以多次組織集體審讀，主要是由於字形表編纂需要跟蹤學術研究進展，對不斷公布的新材料、新成果的增補吸收和一些疑難字的處理，都需要集思廣益，發揮集體力量。二〇一五年九月至二〇一六年二月，各表修訂稿陸續完成交稿，主編對稿件進行了全面審訂，並提出修改意見。二〇一六年上半年，完成了修訂稿終審，編纂工作遂告一段落。上海古籍出版社收到字形表稿件後，又一次進行了體例的統一和完善。在這個過程中，各書編著者和出版單位都付出了艱辛的勞動。字形表的編纂看似容易成卻難，正是由於課題組多年努力，團結協作，相互學習，相互砥礪，才能完成這一艱巨繁難的編纂任務。

古文字學是一門始終處於快速發展的學科，新材料層出不窮，新成果不斷問世。古文字學界一直有着跟蹤研究新進展，適時編著各類文字編的良好傳統。近年來，利用新材料、新成果編纂的各種文字編不少，這些文字編較好地反映了古文字學界的研究成果，也爲字形表編纂工作提供了極大便利，是編纂字形表的重要參考，在此謹向各位文字編著者表示衷心感謝！在字形表編纂過程中，我們始終注意吸收古文字學界新成果，但限於體例，未能逐一注明，謹向有關作者致以歉意並表示感謝！各字形表引用和參考各家成果情況，請參看書後所列「參考文獻」以及「凡例」、「後記」所作的有關說明。儘管我們將編纂高水準字形表作爲工作的目標，但囿於見聞和學識，字形表中存在的疏忽或錯謬一定不少，誠懇期待各位讀者批評指正。

最後，我們要由衷感謝國家社會科學基金對該項研究計劃的資助支持！由衷感謝上海古籍出版社吴長青先生、顧莉丹博士等爲系列字形表的編纂出版所做的貢獻和付出的辛勞！

黄德寬

二〇一七年六月

目録

凡例

一、本字形表專門收録出土的西周時期文字資料上的不同字形，包括出土的西周時期金文、甲骨文和陶文。

二、本字形表分正文十四卷、合文一卷。正文字頭的排列原則： 已識字字頭按照《説文》字頭順序排列。《説文》字頭如果不是常用字形，則括注常用字形。 隸定字字頭根據字形分歸《説文》相應部首之末，按照筆畫多少和筆順先後順序排列。已識字同一字頭的異體，在字形表的第一行儘量列出相應的隸定字形，隸定字形的排列也按照筆畫的多少和筆順的先後。合文的排序，首先按首字的筆畫和筆順，首字相同者再按次字的筆畫和筆順，依此類推。

三、金文材料主要依據《殷周金文集成》（修訂增補本）（以下簡稱《集成》）的斷代和分期，同時吸收張長壽等《西周青銅器分期斷代研究》的研究成果。爲了保證資料的全面，凡《集成》標注爲「殷或西周早期」的，本字形表視作「西周早期」； 凡《集成》標注爲「西周晚期或春秋早期」的，本字形表視作「西周晚期」。爲了保證本期資料不重複收録，有些處於過渡時期的，本字形表收録於早一期内，如《集成》標注爲「西周早期或中期」的，本字形表收録於「早期」，「中期」不再收録； 《集成》標注爲「西周中期或晚期」的，本字形表收録於「中期」，「晚期」不再收録。《集成》還有只標注爲「西周」的，本字形表暫作「西周早期」處理。 來源於《集成》的字形，標記該字形所在器名和《集成》的拓片編號，如「一」字下標記「我方鼎 02763」，就表示該字形出自「我方鼎」，《集成》編號是 02763。

四、《集成》編纂以後出土的金文資料，主要有《近出殷周金文集録》（簡稱《近出》）和《近出殷周金文集録二編》（簡稱

《近二》。本字形表取自這兩套書的字形，先標記所在器名，再分別標記「近出」加編號或「近二」加編號，如「一」字下標記「叔□父鼎　近出 345」，表示該字形出自「叔□父鼎」，《近出》編號是 345；「元」字下標記「伯呂父盨　近二 452」，表示該字形出自「伯呂父盨」，《近二》編號是 452。吴鎮烽編著的《商周青銅器銘文暨圖像集成》（簡稱《商圖》）所收拓片大多與以上三書重複，但也有以上三書未收的拓片。對於以上三書未出現的字頭或字形，本字形表收録時，先標記器名，再標記「商圖」加編號，如「元」字下標記「元尸鼎　商圖 01793」，表示該字形出自「元尸鼎」，《商圖》編號是 01793。

五、對於周原甲骨文，本字形表采取一般做法，都視作西周早期資料，收録於相應字頭之下「早期」一欄。如果該欄也有金文字形，則先列金文，後列甲骨文。由於《周原甲骨文》目前只有照片，還没有拓片，所以只能收録摹本字形。本字形表主要依據劉釗等編纂的《新甲骨文編》中摹録的西周甲骨文字形，編號依據《周原甲骨文》，如「一」字下有字形標記「H11：28」，表示字形取自劉書，而編號是《周原甲骨文》照片的編號。也有少數字形取自徐錫臺編著的《周原甲骨文綜述》，本字形表標記爲編號後加「徐」字，如「若」字下標記「H11：114 徐」，表示該字形取自徐書，編號是《周原甲骨文》的編號；還有少數字形取自陳全方等合著的《西周甲文注》，本字形表標記爲編號後加「陳」，如「气」字下標記「H11：14 陳」，表示該字形取自陳書，編號是《周原甲骨文》的編號。

六、本字形表陶文資料取自高明編著的《古陶文彙編》（簡稱《陶彙》）。由於西周陶文資料本身比較少，且只有斷代，没有分期，所以在没有新字頭或新字形的情況下，就不予收録。但有一個「壎（塤）」字，是西周金文和甲骨文都没有的字頭；雖然《陶彙》只有斷代，本字形表還是把它視作西周早期，標記爲「陶彙 2.3」。

七、本字形表收字原則：收録西周時期所有已識字和可隸定字。爲避免字形失真，本字形表收録的字形，儘量采用原拓掃描録入。字迹不清晰的一般不收，但字形特别重要的則同時附摹本收録。每一字頭下所收字形爲具有文字學意義的典型字形，各類異形異構字儘量全數收録；字形殘缺且有相同字形或不具有典型性者一般不收。圖形文字、無法隸定字一般不收。

八、隸定字頭，如果有比較重要的考釋意見，就以簡略附注形式附於其後，詳細出處見本書「參考文獻」。

九、字形表後附有拼音檢字表和筆畫檢字表，以備檢索。拼音檢字表只能檢索已識字及其隸定異體；筆畫檢字表包括本字形表所有字頭及其隸定異體。同音字按該字所在頁碼先後排序；同筆畫字，先按首筆畫（横豎撇點折）分列，再按該字出現頁碼順序排序。一字多處出現者，按首次出現的頁碼順序排序，出現於他處的頁碼附於其下。合文部分不出檢字表。

十、收録資料截止時間爲二〇一二年十二月。

西周文字字形表　卷一

0001		0002		0003
一		元		天

時期	一	一	元	元	天
	一		元		天
早期	 甗 00788  我方鼎 02763	 H11：28	 元尸鼎 商圖 01793  元卣 商圖 13270	 元父辛甗 00820  曆方鼎 02614	 征人鼎 02674  天黽父乙鼎 01554
中期	 [illegible]鼎 02696  五年召伯虎𣪘 04292		 舀鼎 02838A  番匊生壺 09705		 應侯見工簋二 近二 431  應侯見工簋二 近二 431
晚期	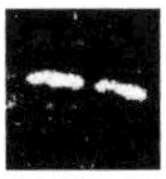 伯晨鼎 02816 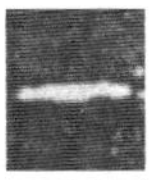 叔□父鼎 近出 345		 天尹鐘 00006  郘𪭢𣪘 04197	 伯吕父盨 近二 452	 天盂 近二 966  鐘 00020

0005 叓		0004 丕				
吏		不				
 吏从盤 10061 與「事」一形分化。參見「事」字。	 師旂鼎 02809  吏从壺 09530	 大盂鼎 02837 與「不」一形分化。參見「不」字。	 史獸鼎 02778  天亡毀 04261	 H11：82	 H11：24  H11：96	 黃子魯天尊 05970  文考日己方彝 09891.1
 小臣鼎 02678	 遹甗 00948  白宬父鼎 02487	 史牆盤 10175	 虘鐘 00092  班毀 04341A			 史頌毀 04229.1A  天姬壺 09552
	 鬲攸从鼎 02818  師寰毀 04313.1	 頌鼎 02829  元年史事毀 04279.1	 大鼎 02807  噩侯鼎 02810			 南宮乎鐘 00181.2  頌鼎 02829

0006 上

二

天亡𣪘
04261

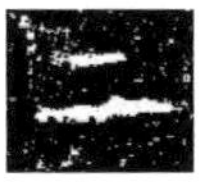

啟卣
05410.1

痶鐘
00246

不栺方鼎
02736

井人妄鐘
00112

卌二年鼎一
近二 328

H11：46

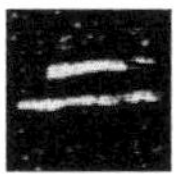

衛簋甲
商圖 05368

盤
近二 939

0007 帝

帝

𣪘
04097

燮作周公𣪘
04241

痶鐘
00251

寡子卣
05392.2

㝬鐘
00260.2

應公鼎
近二 292

商卣
05404.1

H11：82

盤
近二 939

0008 旁

旁

旁父乙鼎
02009

亞旁罍
09768

周免旁父丁尊
05922

旁肁鼎
02071

妊母𣪘
03845

中駒父𣪘蓋
03936(摹)

中父壺
近二 866

0009 下

二

燮作周公𣪘
04241

豳公盨
近二 458

衛簋甲
商圖 05368

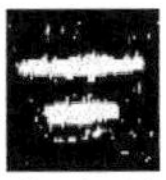

大克鼎
02836

卌二年鼎二
近二 329

0013 禄		0012 禮			0011 祜	0010 示
	录			豊	祜	示
		 H11：112  H11：51＋107 以「豊」爲「禮」。參見「豊」字。	 麥方尊 06015  典弜兔尊 近二 592	 天亡簋 04261  何尊 06014		 𣪕婦方鼎 02368  H11：174
 莊伯歸夆簋 04331  史墻盤 10175	 𤼈鐘 00246  者鼎 02662			 長由盉 09455	 𤼈鐘 00249  𤼈鐘 00250	 獄簋 近二 436
 五年琱生尊一 近二 587  盤 近二 939	 梁其鐘 00188. 1  頌鼎 02829					

福

[illegible]	[illegible]		福		[illegible]	
			 沈子它簋蓋 04330  敔卣 05410.1	 小臣宅簋 04021  𤆍作周公簋 04241		
 周乎卣 05406.2	 井叔采鐘 00356	 南姑甗 近二 123  倗叔壺 商圖 12401	 𤼈鐘 00254  戜方鼎 02824	 𤼈鐘 00246  𤼈鐘 00246	 者鼎 02662	以「录」爲「禄」。參見「录」字。
	 王伯姜鼎 02560	 大祝追鼎 近二 315  不𤭛簋 04328	 伯梁其盨 04446.2  伯梁其盨 04447.2	 遟父鐘 00103(摹)  井人妄鐘 00110		

0015 祐			0016 祗	0017 神		
[illegible]	祐		甫	申		
	 保卣 05415.1  保卣 05415.2	 荊子鼎 商圖 02385				
 鼎 02280			 六年召伯虎簋 04293  史墻盤 10175	 作册卣 05427  𦉢公盨 近二 458	或以「申」爲「神」。參見「申」字。	
				 此鼎 02823  大克鼎 02836	 此簋 04303.2  𩇯史展壺 09718	 杜伯盨 04450.1  杜伯盨 04451

0020 祀			0019 祭	0018 禋		
	祀	祭	𦙃	禋		神
 作册折觥 09303.2	 大盂鼎 02837A  王七祀壺蓋 09551	 史喜鼎 02473  呂壺蓋 近二 873	 2 號卜甲			 寧簋蓋 04021
 瘐簋 04174.1  鲧卣 05430.2	 瘐鐘 00248  舀鼎 02838A			 史墻盤 10175 與《説文》籀文形近。	 瘐簋 04171.1 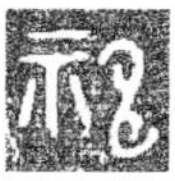 獄簋 近二 436	 瘐鐘 00246  瘐鐘 00248
 楚公逆編鐘 近出 97	 㝬簋 04317  䞣史展壺 09718			 䞣史展壺 09718		 㝬鐘 00260.2  伯㳚父簋 商圖 05277

0023 祠　　0022 祰　　0021 祖

祠	祰	昰	且			
 H11：20  H11：117		 呂伯觶 06503 以「昰」爲「祖」。參見「昰」字。	 齊史疑作且辛觶 06490 以「且」爲「祖」。參見「且」字。	 𠆢且癸爵 08365  恒作且辛壺 09564	 戈且癸鼎 01514  □作且戊鼎 01814	 □夫作且丁甗 00916  尹伯作且辛甗 00912
		 師虎簋 04316  楷尊 近二 583		 申簋蓋 04267  䰧作且乙尊 05891	 中枏父鬲 00747  善鼎 02820	 瘐鐘 00246  中枏父鬲 00746
	 召生簋甲 商圖 05064  召生簋乙 商圖 05065	 蛕公諴簠 04600	 師嫠簋 04325.1	 弭叔師察簋 04253  元年師事簋 04279.1	 □叔買簋 04129  郜智段 04197	 單伯□生鐘 00082  禹鼎 02833

0026					0025	0024
祝					祼	礿
[illegible]	禩			鄭	[illegible]	礿
 禽簋 04041  禽簋 04041	 内史亳豐觚 商圖 09855  王爵 商圖 08274	 德方鼎 02661  我方鼎 02763.2			 H11：132  H31：4	 我方鼎 02763.1  我方鼎 02763.2
			 鮮盤 10166A	 不栺方鼎 02735  𨟻侯鼎 02810		
				 毛公鼎 02841A  祼匜 10177		

	0030	0029	0028	0027		
	禲*	褄*	褓*	禦		
	禲	褄	褓		禦	祝
		 夨令方彝 09901.1  夨令方彝 09901.2	 叔夨方鼎 近二 320	 作禦父辛觶 06472	 我方鼎 02763.2  叀攸諆父甲尊 05952	 大祝禽鼎 01937  大祝禽鼎 01938
或讀作「萬」，或讀作「賴」。	 爯簋 商圖 05213  爯簋 商圖 05214	 瘨鐘 00246			 作册卣 05427	 申簋蓋 04267  長甶盉 09455
					 㝬簋 04317	 簋 04297  大祝追鼎 近二 315

0034			0033		0032	0031
皇			王		三	⿱隻示*
皇			王		三	⿱隻示
 □□□簋 03826	 作册大方鼎 02759	 㝬鼎 02063	 豐王銅泡 11850	 □甗 00935	 旟鼎 02704	 壘方鼎 02739
 作册夨令簋 04300	 作册大方鼎 02760	 皇乙戈 近出 1094	 H11：11	 作册般甗 00944	 H11：133	
 利鼎 02804	 癲鐘 00246	 雁侯見工鐘 00108	 伯□父鼎 02487	 雁侯見工鐘 00107	 雁侯見工鐘 00108	
 南姞甗 近二 123	 蔡鼎 02765	 師臾鐘 00141		 癲鐘 00247	 吕方鼎 02754	
 趞鼎 02815	 兮中鐘 00065	 叔旅魚父鐘 00039	 王伯姜鬲 00647	 單伯旲生鐘 00082	 柞鐘 00134	
 追夷簋 近二 428	 虢宣公子白鼎 02637	 眉壽鐘 00040		 王作姬□女鬲 00646	 史頌鼎 02787	

0038		0037	0036		0035	
⿰王豐*		珷*	⿰王卲*		玟*	
⿰王豐		珷	⿰王卲		玟	
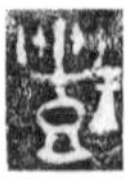 ⿰王豐斧 11774  ⿰王豐銅泡 11848	 何尊 06014 「武王」的專字。	 大盂鼎 02837A  宜侯夨簋 04320		「文王」的專字。	 大盂鼎 02837A  何尊 06014	 皇鼎 近出 271
		 𠦪伯歸夆簋 04331	 鮮盤 10166A 「昭王」的專字。		 𠦪伯歸夆簋 04331	
		 雁公鼎 近二 292				

0043 環	0042 璧	0041 瓚		0040 [illegible]	0039 玉	
[illegible]	璧	瓚		[illegible]	玉	
		 子方鼎一 近二 318  井侯方彝 09893.1	 戈父辛鼎 02406  熒簋 04121			 鳳作且癸簋 03712
 師遽方彝 09897.1	 六年召伯虎簋 04293		 畯簋 商圖 05386	 守宮盤 10168A  守宮盤 10168B	 雁侯見工簋一 近二 430	 尹姞鬲 00754  縣妃簋 04269
			 多友鼎 02835			 毛公鼎 02841B  番生簋蓋 04326

0044 璜

環	黃	璜
	 縣妃簋 04269 以「黃」爲「璜」。參見「黃」字。	 五年召伯虎簋 04292
 毛公鼎 02841B		 五年琱生尊一 近二 587

0045 琮

亞
 亞父丁爵 08472 或釋爲「琮」的表意初文。

0046 璋

章		
 𦰩簋 04195.2  史頌簋 04229.1A	 史頌簋蓋 04231  競卣 05425.1	以「章」爲「璋」。參見「章」字。
 史頌鼎 02787  頌鼎 02827	 頌鼎 02828  五年琱生尊二 近二 588	

0047 琱			0048 玗	0049 琅	0050 ⿰王亞*	0051 ⿱龹玉*
周	琱		玗	琅	⿰王亞	⿱龹玉
 麥方尊 06015 以「周」爲「琱」。參見「周」字。			 𣪘霝卣 05373.2 （摹）	 子黄尊 06000	 亢鼎 近二 321 或以爲是「琮」之加旁異體。	 公大史作姬⿱龹玉方鼎 02339
	 師奎父鼎 02813  六年召伯虎簋 04293					
	 函皇父鼎 02548  無叀鼎 02814	 琱伐父簋 04048.1  琱伐父簋 04048.2				

卷一

玉部

0058	0057	0056	0055	0054	0053	0052
士	气	替*	班	玨	瑑*	珚*
士	气	替	班	瑴	瑑	珚
 士作父乙方鼎 02314  士上卣 05421.2	 天亡簋 04261 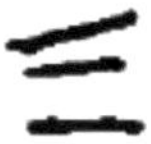 H11：14 陳	 士上卣 05421.1	 班簋 04341A			
 趞簋 04266  殷簋 近二 437				 亦簋一 近二 434  亦簋二 近二 435	 師訊鼎 02830	 師遽方彝 09897.1  師遽方彝 09897.2
 士父鐘 00147  克鐘 00204			 弭叔作叔班盨蓋 04430			

0062 屯	0061 中	0060 串*		0059 中		
屯	中	串			中	
 伯姜鼎 02791	 作父戊簋 03514	 串父辛鼎 01660	 H11：112	 中婦鼎 01714	 中作旅彝甗 00859	 駇士卿父戊尊 05985
 屯作兄辛卣 05337.2	 中作從彝盉 09383			 中作且癸鼎 02458	 中斿父鼎 02373	 柞伯簋 近出 486
 瘐鐘 00246	 中尊 商圖 11515		 畯簋 商圖 05386	 中作旅簋 03377	 中姬作鬲 00510	
 瘐鐘 00247			 卯簋蓋 04327	 殷簋 近出 487	 衛鼎 02733	
 井人妄鐘 00109.1			 中友父簋 03755	 中義鐘 00024	 柞鐘 00134	 士父鬲 00716
 梁其鐘 00187.1			 楚簋 04247.2	 中簋 03028	 兮中鐘 00070	

丨部 中部

	0064 熏	0063 每				
	熏	每				
		 天亡簋 04261  小姓卣 近出 584				
	 吴方彝蓋 09898A  吴方彝蓋 09898B	 曶鼎 02838A	 𣪘簋蓋 04243  不㠱簋 04328	 師望鼎 02812  師𩛥鼎 02830	 庚季鼎 02781  師奎父鼎 02813	 𤼈鐘 00250  屯鼎 02509
 番生簋蓋 04326 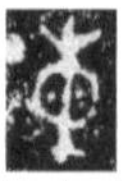 師克盨 04467.1	 毛公鼎 02841B  三年師兑簋 04318.2	 杞伯每亡鼎 02494  杞伯每亡鼎 02495			 大師小子 𢍰簋 近二 422	 梁其鐘 00190  無叀鼎 02814

0069		0068	0067	0066	0065	
荊		芜	芇	(莓)苺	蓼	
刅		⿳艹尢廾	⿳艹中廾	⿳艹母廾	⿳艹翏廾	
 刅作寶彝壺 09532 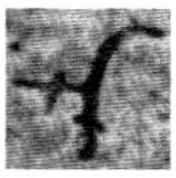 荊子鼎 商圖 02385	 簋 03732.2  堆叔簋 03950					
			 士山盤 近二 938			
		 番生簋蓋 04326	 ⿳艹中廾侯簋 03589	 苺伯簋 03722	 嬰士父鬲 00715  嬰士父鬲 00716	 三年師兌簋 04318.1

0074	0073		0072	0071	0070	
若	茀		蔡	苗	莖	
若	茀		太	苗	東	刱
 麥方尊 06015 與「叒」一字。參見「叒」字。	 茀父丁爵 08478				 作父丁鼎 02319 或釋爲「莖」之表意初文。	 過伯簋 03907
 逆鐘 00061  曶鼎 02838B	 姊季姬尊 近二 586	 伯蔡父簋 03678	 𢾊鐘 00092  九年衛鼎 02831			 㝬馭簋 03976  師虎簋 04316
 毛公鼎 02841B  揚簋 04295	 叔皮父簋 04090	 蔡大膳夫 趣簠 近出 529	 蔡姞簋 04198 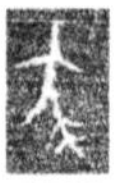 蔡簋 04340A	 苗盨 04374.1		 盤 近二 939

0078	0077			0076	0075	
蘇	芀			折	芻	
⿱蘇廾	⿱芀廾			⿰𠦒斤	芻	
	 師旂鼎 02809			 作册折尊 06002  折斝 09248.2		
 蘇罍 09822	 姬芀母鬲 00546  伯芀簋 03792			 不⿰其凡簋 04328  不⿰其凡簋蓋 04329	 五祀衛鼎 02832	 師虎簋 04316
	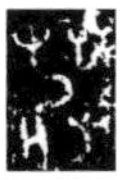 妊小簋 04123  散氏盤 10176	 晉侯蘇編鐘 近出 39 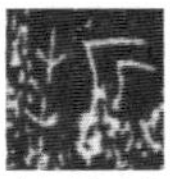 晉侯蘇編鐘 近出 43	 毛公鼎 02841B  兮甲盤 10174	 師同鼎 02779  多友鼎 02835	 散氏盤 10176  散氏盤 10176	

0082 莫	0081 堇*	0080 (春)萅	0079 蒿			
苜	堇	萅	[茻高]	蒿	亳	
 夆莫父卣 05245.2		 H11：75	 德方鼎 02661	 H11：20  H11：117 陳	 内史亳豐觚 商圖 09855	 亳鼎 02654  亳鼎 02654
	 堇簋 03835					

	0086	0085	0084	0083		
	⿱艹⿱冉廾*	⿱艹⿱由廾*	⿱艹⿸虍廾*	⿱艹⿱今廾*		
⿱艹⿱冉廾	⿱艹害	⿱艹⿱由廾	⿱艹⿸虍廾		⿱艹⿱今廾	莫
 㚇作周公簋 04241		 令⿱艹⿱由廾高卣 05345  ⿱艹⿱由廾大父辛爵 09083	 伯⿱艹⿸虍廾父簋 02580	 歸娥方鼎 02726  王盂 近出 1024	 戒作⿱艹⿱今廾宮鬲 00566  井鼎 02720	 莫銅泡 11844
	 ⿱艹害簋一 近二 424  ⿱艹害簋一 近二 424			 六年召伯虎簋 04293  老簋 近二 426	 通簋 04207  弭叔師察簋 04254	
			 史惠鼎 近出 346		 楚簋 04248.2	 散氏盤 10176

西周文字字形表　卷二

0089 分	0088 八		0087 小		
分	八		小		
 鴬分父甲觶 06372	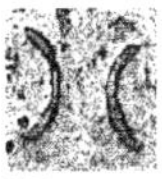 䵼公簋 近二 415  H31：3	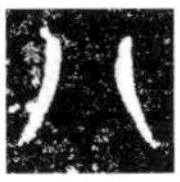 旂鼎 02670 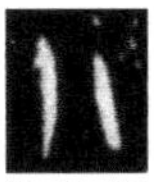 柞伯簋 近出 486	 伯雍倗鼎 近二 273	 事作小旅鼎 02078  鄧小仲方鼎 近出 343	早期
 己侯貉子 簋蓋 03977		 散伯車父鼎 02698  不指方鼎 02736	 𣄰伯歸夆簋 04331 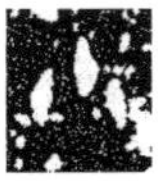 小臣靜卣 近二 547	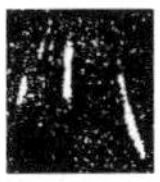 衛鼎 02616  靜簋 04273	中期
 𩰫攸从鼎 02818  晉侯蘇編鐘 近出 36		 伯氏始氏鼎 02643  函皇父鼎 02745	 晉侯蘇編鐘 近出 41 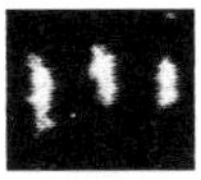 夾鬳簋 商圖 05896	 鄭大師小 子甗 00937  師嫠簋 04324.1	晚期

0090 曾

曾

曾侯諫鼎
商圖 01567

曾侯鼎
商圖 01571

匍盉
近出 943

小臣鼎
02678

段簋
04208

衛簋
04210.2

曾伯宮父穆鬲
00699

曾伯文簋
04051.2

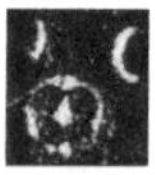
番伯鐳
09971

0091 嶒*

嶒

乃嶒子鼎
02532

0092 尚

尚

尚方鼎
01769

叔趞父卣
05428.1

叔趞父卣
05428.2

H11：23

中伐父甗
00931

㦰方鼎
02824

虎簋蓋
近二 442

豐伯車父簋
04107

0093 公

公

吾作滕公鬲
00565

魯侯獄鬲
00648

雁公方鼎
02150

雁公鼎
02553

蜺中鐘
00036

楚公冢鐘
00042

公貿鼎
02719

剌鼎
02776

益公鐘
00016

內公鬲
00711

虢文公子□鼎
02634

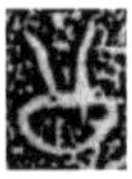
楚公逆編鐘
近出 97

0095 ⿰辛必*	0094 必					
⿰辛必	必					
 ⿰辛必作寶簋 03368  H11：28 陳			 H11：98 陳	 矢令方彝 09901.1  H11：45 徐	 伯作文公卣 05316.2  豐觥 商圖 13658	 雁公鼎 02554  厚趠方鼎 02730
	 走馬休盤 10170	 王臣簋 04268.1  訇簋 04321			 伯須簋 近二 388	 㦸方鼎 02789.2  尹姞鬲 00754
	 寰盤 10172	 南宮乎鐘 00181.2  無鼎 02814				 公毅鐘 近二 2(摹)  雁公鼎 近二 292

0101	0100	0099	0098	0097	0096	
牛	宷	番	采	⿰余令*	余	
牛	審	番	采	⿰余令	余	
 牛鼎 01104.1  叔簋 04132.2			 采且戊爵 08841	 班簋 04341A	 小臣傳簋 04206  叔趯父卣 05429.1	 令鼎 02803  大盂鼎 02837
 曶鼎 02838A  沓簋 04194.2	 五祀衛鼎 02832 與《説文》或體形近。	 番匊生壺 09705	 井叔采鐘 00356		 五年召伯虎簋 04292  呂服余盤 10169	 爯簋 商圖 05213  師隹鼎 02774A
 師寰簋 04313.2  賸匜 10285.1		 魯侯鬲 00545  丹叔番盂 近二 964			 融比盨 04466	 井人妄鐘 00110  士父鐘 00145

0105 牢	0104 牲		0103 犅		0102 牡	
牢	牲		犅		牡	
 貉子卣 05409.1  子方鼎一 近二 318	 子方鼎一 近二 318  H11：42 陳	 矢令方尊 06016  矢令方彝 09901.1	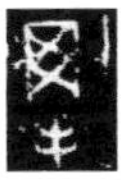 犅伯逘卣 商圖 13280	 犅刧尊 05977  靜簋 04273		 亢鼎 近二 321  H11：125
 呂伯簋 03979.1  任鼎 近二 325		 任鼎 近二 325		 大簋 04165	 剌鼎 02776	

0109 告			0108 犛	0107 𦍋*	0106 犀	
		告	犛	𦍋	犀	
 師旂鼎 02809  H11：83	 沈子它簋蓋 04330  父癸告正尊 05755	 田告甗 00889  田告父丁鼎 01849			 犀伯魚父鼎 02534	 H11：78  H11：99
	 六年召伯虎簋 04293  獄盉 近二 836	 五祀衛鼎 02832  舀鼎 02838A		 大簋 04165	 弭叔鬲 00572	
			 趞鼎 02815			

0113 嘑 嘑		0112 噬 噬	0111 吞 吞		0110 口 口	
		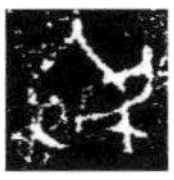 𩰫噬卣 05251.1 與《說文》籀文相合。	 吞父丁甗 商圖 03210	 長子口方尊 近二 564	 口父辛觚 07145  子口爵 近出 845	 H11：96
	 夷伯簋 近出 481	 舀鼎 02838A  作册噬卣 05427				
 應侯簋 商圖 05311	 䜌季噬盨 04412	 䜌季噬鼎 02547  叔簋蓋 04130				

0114 名

名

名爵
07702

六年召伯虎簋
04293

作册嗌卣
05427

南宮乎鐘
00181.1

0115 吾

吾

吾作媵公鬲
00565

沈子它簋蓋
04330

商作父丁犧尊蓋
05828

毛公鼎
02841B

0116 哲

悊

史墻盤
10175

與《説文》或體相合。

大克鼎
02836

大克鼎
02836

0117 君

君

方鼎
02505

征人鼎
02674

尹姞鼎
00755

尹姞鼎
00755

樊君鼎
00626

諶鼎
02680

𨟭圜器
10360

縣妃簋
04269

幾父壺
09722

史頌簋
04232.1

士百父盨
近二 457

0118 命

令

大盂鼎
02837

「命」與「令」一形分化，此爲分化之前的寫法。參見「令」字。

瘋鐘
00246

走馬休盤
10170

黿乎簋
04157.1

黿乎簋
04157.2

0120 唯　　　　0119 召

唯		隹	召		命	
 伯梡簋 04073  H11：2	 毛公旅方鼎 02724  明公簋 04029	 德方鼎 02661 或以「隹」爲「唯」。參見「隹」字。			 命簋 04112.1	 命作寶彝甗 00852  夆伯甗 00894
 唯叔簋 03951  豳公盨 近二 458	 小臣鼎 02678  呂方鼎 02754	 散伯車父鼎 02697	 盠駒尊蓋 06011.2	 逆鐘 00061  大師虘簋 04252.2	 𦹎伯歸夆簋 04331	 利鼎 02804  師望鼎 02812
 遹簋 04074  番匜 10271	 毛公鼎 02841A  伯吉父簋 04035.1	 伯吉父鼎 02656	 大簋蓋 04299	 克鐘 00204  召中鬲 00673	 應侯簋 商圖 05311	 旲生殘鐘 00104  禹鼎 02833

0124		0123			0122	0121
右		咸			台	哉
	右		咸	𠮛	台	𧧒
	 右作旅鼎 01956  右司工錛 近二 972	 貉子卣 05409.1  作册魖卣 05432.1	 咸父甲鼎 01520  史獸鼎 02778		 𤞷父鼎 02141	
 庚季鼎 02781  殷簋 近出 487	 斁狄鐘 00049  庚季鼎 02781	 咸簋 近二 395	 班簋 04341A  趩觶 06516			 孟𧧒父壺 09571
	 庚鼎 02786  士父鐘 00146		 噩侯鼎 02810	 𠮛伯簋蓋 03846  卲智簋 04197		

0127 周	0126 吉				0125 啻	
周	吉				啻	
 德方鼎 02661	 H11：26	 奢簋 04088	 [illegible]縘方鼎 02729	 旂鼎 02670		 師衛鼎 商圖 02378
 成周鈴 00416	 H11：189	 子方鼎一 近二 318	 敔簋 03827	 鼎 02704		
 免簠 04626		 匡卣 05423A	 [illegible]簋 04099.2	 𪻨鐘 00088	 師虎簋 04316	 剌鼎 02776
 小臣鼎 02678		 應侯見工簋一 近二 430	 格伯簋 04262.1	 公貿鼎 02719	 鮮盤 10166	 大簋 04165
 無鼎 02814		 湯叔盤 10155	 先伯簋 03807	 柞鼎 00134		 叔買簋 04129
 克鐘 00204		 追夷簋 近二 428	 伯家父簋蓋 04156	 伯氏始氏鼎 02643		 師酉簋 04288.1

0129 [illegible]			0128 唐			
[illegible]		[illegible]	唐			
 眉壽作彝鼎 01989  [illegible]作父戊器 10558		 不壽簋 04060	 H11：1	 H11：117  H11：82	 歔䌛方鼎 02729  作册魆卣 05432.2	 獻侯鼎 02626  大盂鼎 02837
 九年衛鼎 02831	 录伯戜簋蓋 04302	 九年衛鼎 02831  豆閉簋 04276	 伯唐父鼎 近出 356	 唯叔簋 03950  录戜卣 近二 548	 格伯簋 04264.2  雁侯見工鐘 00107	 帥隹鼎 02774A  格伯簋 04264.1
				 善夫克盨 04465.1A  善夫克盨 04465.2A	 伊簋 04287  寰盤 10172	 小克鼎 02796  䶂簋 04215.1

			0133	0132	0131	0130
			各	呻	噧	吂
逄	[彳各]		各	呻	噧	吂
 庚贏壺 05426.1	 沈子它簋蓋 04330		 厚趠方鼎 02730  熒簋 04121		 噧鼎 01133	 父己亞耇史鼎 02014  [聿灬]辟簋 近出 445
	 師虎簋 04316	 [虍斤]簋 商圖 05295	 雁侯見工鐘 00107  獄盉 近二 836	 伯晨鼎 02816		
		 卻智簋 04197	 梁其鐘 00188  無鼎 02814			

0139 由*	0138 哦	0137 唬	0136 㱿	0135 哀	0134 否	
由	哦	唬	㱿	哀	否	趦
 師旂鼎 02809  史話簋 04030	 哦作父辛簋 03613			 沈子它簋蓋 04330	 班簋 04341A  否叔卣 近出 603	
 遹甗 00948  由作旅鼎 01978		 善鼎 02820  伯𢦚簋 04115				
			 噩侯鼎 02810	 禹鼎 02833	 毛公鼎 02841B	 賸匜 10285.1

0143 嚴		0142 ⿱吅殳		0141 ⿰口彝*	0140 ⿱夗口*	
嚴		⿱吅殳		⿰口彝	⿱夗口	
		 ⿱吅殳爵 07712  ⿱吅殳父丁爵 08495	 ⿱吅殳射作尊甗 00848  ⿱吅殳父丁方鼎 01593	 米宮⿰口彝觚 07204	 能匋尊 05984	 殺由方尊 05769  FQ2②
 瘐鐘 00249	 斁狄鐘 00049  瘐鐘 00247		 第傳盉 商圖 14795			 師𩰫鼎 02830
 梁其鐘 00188  虢叔旅鐘 00240.2	 井人妄鐘 00110  井人妄鐘 00112		 薛侯盤 10133  散氏盤 10176		 卲⿱夗口簋 04197  卲⿱夗口簋 04197	

0145				0144		
單				(噩)咢		
單				噩		
 單子卣 05195.2	 單戈 10787	 鼉作父甲卣 05308.1	 叔作單公方鼎 02270	 噩季奞父簋 03669	 噩叔簋 03574	
 FQ1	 單子卣 05195.1	 州子卣 近出 604	 單子白盤 10070	 噩侯鼎 商圖 01566	 噩侯曆季簋 03668	
		 裘衛盉 09456	 ◇單鼎 01485			
			 貍作父癸尊 05904			
 應侯簋 商圖 05311	 蔡侯匜 10195	 揚簋 04295	 單伯昊生鐘 00082	 噩侯簋 03929	 噩侯鼎 02810	 多友鼎 02835
	 單叔鬲三 近二 82	 王盉 09438	 揚簋 04294	 叔噩父簋 04056.1	 禹鼎 02833	 番生簋蓋 04326

0149 走		0148 喪		0147 ⿱吅各*	0146 器*	
走		喪		⿱吅各	器	
 麥盉 09451	 大盂鼎 02837A  𤼭作周公簋 04241	 FQ3	 旂鼎 02555  量侯簋 03908		 戈器觶 06433	 戈器卣 05112.1  戈器卣 05112.2
 ⿰虘攴孟征盨 04420.1	 走馬休盤 10170  虎簋蓋 近出491		 小臣鼎 02678  卯簋蓋 04327			
 大鼎 02808  走簋 04244	 元年師兑簋 04275.2  食中走父盨 04427		 禹鼎 02833  毛公鼎 02841B	 不⿰其瓦簋 04328  不⿰其瓦簋 04329		

0155		0154	0153	0152	0151	0150
趩		趝	趯	趞	赳	趨
趩		趝	趯	趞	赳	趨
						 趨子作父庚器 10575
 趩觶 06516  達盨蓋 近出 506	 師趝盨 04429.2  伯趝父簋 商圖 04357	 師趝鬲 00745  師趝鼎 02713		 七年趞曹鼎 02783  十五年趞曹鼎 02784	 芮公簋甲 商圖 04825	
 戎生編鐘 近出 27  卌二年鼎一 近二 328		 善夫克盨 04465.1A  善夫克盨 04465.2A	 毛公鼎 02841B			

		0160	0159	0158	0157	0156
		⿺走亘	趡	⿺走藋	趠	趙
⿺走亘	⿱山亘	⿺辶亘	趡	⿺走藋	趠	趙
 省史⿺走亘且丁尊 05951	 亞⿱山亘延甗 00827  亞⿱山亘父丁鼎 01848		 梁其壺 09817	 叔⿺走藋父卣 05428.1  叔⿺走藋父卣 05429.1	 厚趠方鼎 02730  厚趠方鼎 02730	
 瘨鐘 00246		 齊史⿺辶亘簋 03740  史墻盤 10175				 叔趙父爯 11719.1
 尌中簋蓋 04124  虢季子白盤 10173		 ⿱無皿男鼎 02549		 叔多父簋 04004  叔多父簋 04005.2		

0167	0166	0165	0164	0163	0162	0161
⿺走臧*	⿺走敫*	⿺走袁*	⿺走豈*	⿺走虍*	⿺走禹*	⿺走差*
⿺走臧	⿺走敫	⿺走袁	⿺走豈	⿺走虍	⿺走禹	⿺走差
				 ⿺走虍作寶彝甗 00849		 沈子它簋蓋 04330
	 ⿺走敫簋甲 商圖 04419  ⿺走敫簋乙 商圖 04420	 瘨鐘 00246  史墻盤 10175	 ⿺走豈簋 04266			
 戎生編鐘 近出 27		 井人妄鐘 00109.2			 ⿺走禹鼎 02815  ⿺走禹鼎 02815	

0172	0171			0170	0169	0168
歷			⿱止寸	⿱尚止	⿰山重	止
歷			⿱止寸	⿱尚止	⿰山童	止
			 ⿱止寸爵 商圖 08575			
	 追簋 04224	 師𩛥鼎 02830  追簋 04220	 𤼈鐘 00246  善鼎 02820	 戜方鼎 02789.1  戜簋 04322.2		 五年召伯虎簋 04292
 禹鼎 02833  卌三年鼎一 近二 330	 梁其鐘 00188  㝬簋 04317	 昊生殘鐘 00105  井人妄鐘 00112	 兮中鐘 00067  兮中鐘 00069		 毛公鼎 02841B	 蔡簋 04340A

0175 宔*	0174 厇*	0173 歸				
宔	厇	歸		歸		
 盂卣 05399.2	 旂鼎 02670			 貉子卣 05409.1  矢令方彝 09901.1	 小臣謎鼎 04239.1  小臣謎鼎 04239.2	 曩方鼎 02739  令鼎 02803
		 不㝬簋蓋 04329  應侯見工鐘二 近二 10	 㝬簋 04195.2  不㝬簋 04328			 誰伯歸夆簋 04331  㝬簋 04195.1
						 晉侯蘇編鐘 近出 43

西周文字字形表

止部

0179	0178	0177				0176
⿰川步*	歲	步				登
⿰川步	歲	步				⿱登廾
	 利簋 04131				 登作尊彝觚 07258 與《説文》籀文同。	 登鼎 01491  登作尊彝卣 05115.1
 效卣 05433.1A  效尊 06009	 曶鼎 02838A		 晙簋 商圖 05386	 五年師事簋 04218  獄簋 近二 436	 五年師事簋 04217.2  五年師事簋 04217.1	 康伯簋 03720  五年師事簋 04216.2
	 毛公鼎 02841A  毛公鼎 02841B	 晉侯蘇編鐘 近出 35		 鄭登伯盨 商圖 05569	 鄭登叔盨 04396  散氏盤 10176	 苹侯簋 03589  復公子簋 04011

0182	0181				0180	
是	正				此	
是	正				此	
 毛公旅方鼎 02724	 戍人正甗 近出 156	 父癸告正尊 05755	 正父卣 05244.2	 伯姜鼎 02791	 此作寶彝盉 09385.2	 此作父辛尊 05886
	 H11：1	 作龍母尊 05809	 作父戊觶 06483	 御正衛簋 04044	 FQ2③	 亞此犧尊 05569.2
 是婁簋 03910.1	 古盨蓋 商圖 05673	 應侯見工簋二 近二 431	 五祀衛鼎 02832	 𠭯鐘 00088		 萬諆觶 06515
 是婁簋 03911.1		 𦍒簋 近二 433	 師酉簋 04289.2	 師𩛥鼎 02830		
 毛公鼎 02841B	 蔡大膳夫趣簠 近出 529	 中叀父簋 03957	 毛公鼎 02841A	 梁其鐘 00187	 此簋 04303.1	 此鼎 02821
 豐伯車父簋 04107	 蔡大膳夫趣簠 近出 529	 晉侯對盨 近出 504	 駒父盨蓋 04464	 伯鮮鼎 02665	 此簋 04305	 此鼎 02822

0185 邁		0184 逵		0183 迹		
邁		逵		速		
 量侯簋 03908  伯梡簋 04073	 先獸鼎 02655  叔宝簋 03724	 柞伯簋 近出 486	 小臣謎簋 04238.2  小臣謎簋 04239.2			
 叔碩父鼎 02596  散伯車父鼎 02699	 王人忱輔甗 00941  伯鼎 02460	 戜簋 04322.2  永盂 10322	 戜方鼎 02824  戜簋 04322.1	 五年師事簋 04217.2 與《説文》籀文同。	 五年師事簋 04216.1  五年師事簋 04216.2	
 吉父鼎 02512  伯鼎 02538	 鄭伯筍父鬲 00730  內大子白鼎 02496	 師寰簋 04313.1	 禹鼎 02833  多友鼎 02835		 師寰簋 04313.1  師寰簋 04313.2	 虢季子白盤 10173  晉侯僰馬壺 近出 971

0186

徒

徒		土				
		 𠭯土𠭯簋 03696 或以「土」爲「徒」。參見「土」字。				 觶 06507.1  文考日己方彝 09891.1
 中車父簋 商圖 04682	 魯𠭯徒伯吴盨 04415.1  魯𠭯徒伯吴盨 04415.2	 免簠 04626		 伯敢畀盨 近出 500  獄簋 近二 438	 中伯壺蓋 09667  伯敢畀盨 近出 500	 訇簋 03738  應侯簋 04045
 師寰簋 04313.1  無叀鼎 02814	 禹鼎 02833  揚簋 04294	 郜智簋 04197	 翏生盨 04459.1  應姚盤 近二 930	 函皇父簋 04141.1  元年師事簋 04279.1	 小克鼎 02802  中叀父簋 03956.2	 膳夫旅伯鼎 02619  伯頵父鼎 02649

0190 過		0189 述		0188 征		0187 遻
過		述		征		遻
 過文簋 近二 350	 過伯簋 03907  過伯作彝爵 08991	 小臣謎簋 04238.2  小臣謎簋 04239.1	 大盂鼎 02837A  史述作父乙簋 03646	 小臣謎簋 04239.2  H11：110	 麥方鼎 02706  量方鼎 02739	 遹遻作父癸簋 03688.1  遹遻作父癸簋 03688.2
			 逋盂 10321	 鬳攵盂征盨 04420.2  夷伯簋 近出 481	 乖伯歸夆簋 04331  鬳攵盂征盨 04421.1	
			 無叀鼎 02814	 虢宮父盤 近出 1003  應侯簋 商圖 05311	 噩侯鼎 02810  翏生盨 04459.2	

0193 造　0192 進　0191 遺

艁	⿱宀造	造		進		遺
	 伯雍倗鼎 近二 273	 柞伯簋 近出 486  叔尊 近二 584	 士上卣 05421.2  冶造觶 06488	 鬙圜器 10360	 歸䚟方鼎 02726  歸䚟進壺 09594.2	 𤞷馭觥蓋 09300
			 史造作父癸鼎 02326  鼂簋 04159			
 頌簋 04332.1  頌壺 09731.1	 頌簋 04337  頌簋蓋 04338		 師同鼎 02779 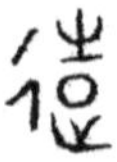 聿造鬲 00604(摹)		 兮甲盤 10174	

0197 遄	0196 遣	0195 迨		0194 還		
遄	遣	迨	佮		罘	
		 保卣 05415.1	 中𠨘臣盤 10101	以「罘」爲「還」。參見「罘」字。	 涾𤔲土疑簋 04059  士上卣 05422.1	
		 史墻盤 10175				
 楚簋 04246.2  楚簋 04247.2	 毛公鼎 02841A  番生簋蓋 04326					 頌鼎 02828  頌鼎 02829

0200				0199	0198	
遇				逆	速	
邁				逆	速	
	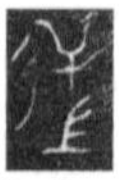 逆作父丁尊 05874  2號卜甲	 作冊夨令簋 04300  叔趯父卣 5428.1	 中再簋 03747  伯者父簋 03748	 逆父辛鼎 01888  簋 03731	 子方鼎一 近二 318	
		 五祀衛鼎 02832	 伯父鼎 02487  五祀衛鼎 02832	 逆鐘 00061  逆鐘 00063		
 子邁鼎 02416		 卌二年逨鼎二 近二 329	 駒父盨蓋 04464  楚公逆編鐘 近出 97	 㝬鐘 00260.2  多友鼎 02835		 楚簋 04249

0203 還	0202 通				0201 遘	
還				通		遘
 遽伯還簋 03763  H11：47				 通作父癸鬲 00564	 保卣 05415.2  覭公簋 近二 415	 獻簋 04205  保卣 05415.1
 免簋 04626  元年師事簋 04279.1	 五年琱生尊一 近二 587  五年琱生尊二 近二 588	 㾜鐘 00250  九年衛鼎 02831	 㾜鐘 00248  㾜鐘 00249	 通彔鐘 00064 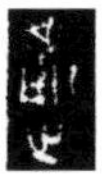 㾜鐘 00247		 鼎 02765  丠伯歸夆簋 04331
 噩侯鼎 02810  散氏盤 10176		 頌簋 04333.1  頌簋蓋 04338	 頌壺 09731.1  頌簋 04332.1	 梁其鐘 00190  頌鼎 02829		 膳夫克盨 04465.2A

0205 遣					0204 選	
			遣	書	選	
	 遣妊爵 08137	 班簋 04341A  遣卣 05402.1	 我方鼎 02763.2  小臣謎簋 04239.2	 小臣謎簋 04239.1  大保簋 04140		
 遣盉 09433  永盂 10322	 遣叔吉父盨 04418.2  遣叔吉父盨 04418.1	 遹簋 04207  遣叔吉父盨 04416	 穸鼎 02755  孟簋 04162		 九年衛鼎 02831	 元年師事簋 04280.1
 叔駒父簋 商圖 04668	 戎生編鐘 近出 30  柞伯鼎 近二 327	 禹鼎 02833  遣小子䩛簋 03848	 㝬鐘 00260  遣叔鼎 02212		 散氏盤 10176	 士百父盨 近二 457  伯㦰父簋 商圖 05277

0206 邐 邐	0207 遅 遅				0208 遹 遹	
 保員簋 近出 484					 大盂鼎 02837A  遹遾作父癸簋 03688.2	
	 伯遅父鼎 02195  中𧽊父簋 04102	 中𧽊父簋 04103  元年師事簋 04279.1	 元年師事簋 04279.2  元年師事簋 04280.1	 元年師事簋 04280.2 與《說文》籀文同。	 遹簋 04207  史墻盤 10175	
	 中再父簋 4188.2  遅父鐘 00103(摹)				 克鐘 00204  㝬鐘 00260	 小克鼎 02798  小克鼎 02799

0212 遺		0211 逋	0210 達	0209 違		
遺	[illegible]	逋	達	違		
 旂鼎 02555	 FQ2②	 逋作父乙觶 06442		 班簋 04341A	 臣卿鼎 02595  臣卿簋 03948	
 應侯見工鐘 00107  舀鼎 02838A	 五祀衛鼎 02832  裘衛盉 09456		 史墻盤 10175  近出 506		 九年衛鼎 02831	
 禹鼎 02833  追夷簋 近二 428		 晉侯蘇編鐘 近出 43	 保子達簋 03787.2  師寰簋 04313.1			 小克鼎 02800  翏生盨 04459.2

0216 遠	0215 逐		0214 追		0213 逃	
遠	逐		追		逃	
	 逐簋 02972  H11：113	 逐攺諆鼎 02375  䲨𦅻方鼎 02729	 𥂴尊 06004 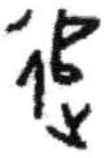 H11：47	 㚇作周公簋 04241  伯梡簋 04073		
 史墻盤 10175			 𤼈鐘 00246  南方追孝鼎 商圖 02073	 𧻚鐘 00088  𧻚鐘 00089	 公中逃簋 近二 411	 遺作且乙卣 05260.2  我簋 商圖 05321
 㝬簋 04317  番生簋蓋 04326			 戎生編鐘 近出 31  追夷簋 近二 428	 兮中鐘 00069  頌鼎 02829		

0220 邊		0219 遽	0218 道		0217 遼	
邊		遽	道		遼	
 大盂鼎 02837A	 憻季遽父卣 05357.1	 遽從鼎 01492  遽伯還簋 03763	 ⿱宀𣪘鼎 02721  貉子卣 05409.1		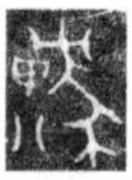 ⿰阝巽作父乙尊 05986	
 中偁父鼎 02734(摹)	 史墻盤 10175	 師遽簋蓋 04214  師遽方彝 09897.1	 師道簋 近二 439	 格伯簋 04264.2	 格伯簋 04262.1  格伯簋 04262.2	
 散氏盤 10176		 般中遽簠 04485.1	 散氏盤 10176  散氏盤 10176	 中遼父匜 近出 1012  應侯簋 商圖 05311	 魯遼鐘 00018  散氏盤 10176	 戎生編鐘 近出 28  逨盤 近二 939

	0226	0225	0224	0223	0222	0221
	逨*	䢥*	迺*	𨑒*	𨑳*	𨑖*
	逨	䢥	迺	𨑒	𨑳	𨑖
 何尊 06014	 史逨方鼎 02164  交鼎 02459	 伯者父簋 03748  作册夨令簋 04300		 H31：4  2號卜甲	 麥方尊 06015	 商卣 05404.1  商卣 5404.2
	 史墻盤 10175		 盠方彝 09899.2  盠方彝 09900.2			
 卌二年逨鼎一 近二 328  逨盤 近二 939	 單伯昊生鐘 00082  散氏盤 10176					

0233	0232	0231	0230	0229	0228	0227
⿺辶彡*	遈*	⿺辶禹*	⿺辶⿰幽卩*	⿺辶亟*	⿺辶舀*	⿺辶匽*
⿺辶彡	遈	⿺辶禹	⿺辶⿰幽卩	⿺辶亟	⿺辶舀	⿺辶匽
 ⿺辶彡父乙簋 03862  ⿺辶彡作父丁卣 05066				 大盂鼎 02837A		 執⿺辶匽父庚爵 09058  井侯方彝 09893.1
 逋盂 10321  士山盤 近二 938	 段簋 04208	 ⿺辶禹甗 00948	 戜簋 04322.1  戜簋 04322.2			
 大克鼎 02836  柞伯鼎 近二 327			 晉侯對盨 近出 503		 散氏盤 10176	 史頌鼎 02787  史頌簋 04232.1

0239		0238	0237	0236	0235	0234
德		遺*	迴*	遯*	還*	遺*
徝		遺	迴	遯	還	遺
 曆方鼎 02614  辛鼎 02660	 德方鼎 02661  德鼎 02405	 寧遣簋 03632			 大盂鼎 02837A	 遺鼎 02070
			 迴作且乙卣 05261.2			 師遺鼎 02817A  師遺鼎 02817B(摹)
				 多友鼎 02835		

0240

復

復	复	德				
 復鼎 02507  小臣謎簋 04238.2					 班簋 04341A  何尊 06014	 嬴霝德鼎 02171  大盂鼎 02837
 㦰方鼎 02824  曶鼎 02838A		 豳公盨 近二 458  豳公盨 近二 458	 𣪘中觶 06511.2  史墻盤 10175	 師𩛥鼎 02830  季嬴霝德盤 10076	 𤼈鐘 00251  師望鼎 02812	 𤼈鐘 00248  𤼈鐘 00250
 復公子簋 04011  𩰫比盨 04466	 𩰫比盨 04466 與「復」爲一字，《説文》别爲二字。參見「复」字。	 散氏盤 10176  逨編鐘 近出 108	 德克鼎 03986  蔡姞簋 04198	 虢叔旅鐘 00239.1  毛公鼎 02841B	 梁其鐘 00187  梁其鐘 00192	 井人妄鐘 00109  師臾鐘 00141

0243	0242			0241		
退	待			彶		
退	待			彶		
 天亡簋 04261	 鼎 02704				 復作父乙尊 05978	 小臣謎簋 04239.1  小臣謎簋 04239.2
		 格伯簋 04264.2  格伯簋 04265	 格伯簋 04262.2  格伯簋 04264.2	 舀鼎 02838A  格伯簋 04262.1	 豳公盨 近二 458	 舀鼎 02838B  穆公簋蓋 04191
 曐盨 04469(摹)		 仲偁父鼎 02734(摹)	 鄭虢仲簋 04024.2  晉侯對盨 近二 453	 毛公鼎 02841B  鄭虢仲簋 04024.1	 曐盨 04469(摹)	 鬲比盨 04466  散氏盤 10176

0244 後

後

鼎
02740

作册矢令簋
04300

師隹鼎
02774A

訇簋
04321

師寰簋
04313.1

師寰簋
04314

小臣單觶
06512

H11：83

0245 徲

徲

柞伯簋
近出 486

十三年瘓壺
09723.1

遅盨
04436.2

融攸从鼎
02818

中爯父簋
04189.1

伊簋
04287

0246 得

㝵

師望鼎
02812

師道簋
近二 439

井人妄鐘
00111.1

梁其鐘
00187

與「㝵」爲一字，《説文》别爲二字。參見「㝵」字。

虢叔旅鐘
00238

五年琱生尊一
近二 587

得

師旂鼎
02809

鄧小仲方鼎
近出 343

舀鼎
02838A

犾馭簋
03976

0248 御　　0247 律

駿		御		卸	⿰彳卩	建
 克盉 近出 942 與《説文》古文相合。	 令鼎 02803  大盂鼎 02837		 御簋 03468	 麥盉 09451	 御正衛簋 04044  山御作父乙器 10568	
	 虎簋蓋 近出 491  不⿰其凡簋 04328	 不⿰其凡簋 04328	 𢦏方鼎 02824  通簋 04207	 剌鼎 02776  亦簋一 近二 434		 律鼎 02073
 師寰簋 04313. 1	 噩侯鼎 02810  禹鼎 02833	 頌簋蓋 04338  逨編鐘 近出 106	 虢叔旅鐘 00238  叔⿰爿侯父簋 04068. 1			 毛公鼎 02841A

0255	0254	0253	0252	0251	0250	0249
廷	𢔰*	㣼*	𢕟*	𢔶*	𢓊*	𢓈*
廷	𢔰	㣼	𢕟	𢔶	𢓊	𢓈
		 宰𢕟宖父丁鼎 02010		 大保方鼎 02158  大保方鼎 02159		 保𢓈母器 10580
 七年趞曹鼎 02783  利鼎 02804					 𢓊鼎 02721	
 南宮柳鼎 02805  無叀鼎 02814	 史頌鼎 02787  史頌鼎 02788		 史頌簋 04229.2  史頌簋 04235.1			

0257 延　　0256 建

延		建				
 我方鼎 02763	 德方鼎 02661	 建鼎 01753.2	 小臣謎鼎 02556A			
 亞子父辛尊 05836	 麥方鼎 02706		 建鼎 01753.1			
 師遽簋蓋 04214	 吕方鼎 02754			 師瘨簋蓋 04284	 弭叔師察簋 04254	 大師虘簋 04252.1
	 曶鼎 02838B			 卯簋蓋 04327	 申簋蓋 04267	 大師虘簋 04252.2
			 戎生編鐘 近出 28	 三年師兌簋 04318.2	 師酉簋 04288.1	 趞鼎 02815
			 虢季鼎 近二 328	 頌簋 04337	 師酉簋 04289.1	 毛公鼎 02841B

0260	0259	0258
衛	衛	行

衛	衛	衛	行	行		
	 子衛父己爵 近二 785  衛卣 05323.2		 吕行壺 09689	 行父癸觚 07157  行爵 08150	「延」與「㢟」一字，今合併字頭。或讀作「誕」，參見「誕」字。	 𩫖伯𠬪簋 04169  FQ3
 九年衛鼎 02831  裘衛盉 09456	 衛鼎 02616		 史墻盤 10175	 𢦚簋 04322.1  盠方彝 09900.1		
	 𪔅攸从鼎 02818  𣪘寇良父壺 09641	 毛公鼎 02841B	 史免簠 04579.1	 𩛥季鼎 02585  虢叔盨 04389		

0263 0262 0261

牙 衙* 衎*

	牙	衙	衎	衛		
		 衙父癸鼎 01692	 亞豈衎甗 00827	 師衛簋 商圖 05142	 衛作父庚簋 03612	
				 1號卜甲	 衛父卣 05242.1	
	 十三年㾓壺 09723.1			 廿七年衛簋 04256.2	 衛鼎 02733	 裘衛盉 09456
				 裘衛盉 09456	 賢簋 04104.1	
 師克盨蓋 04468	 㞙敖簋蓋 04213			 衛始豆 04666.1	 鮇衛妃鼎 02381	
 師克盨 近出 507	 師克盨 04467.1				 鮇衛妃鼎 02383	

0268		0267	0266	0265		0264
龠		喿	品	疋		路
龠	㗊	喿	品	疋		路
 龠作父丁簋 03652  士上卣 05421.2		 叔喿父簋 03764	 嫈作周公簋 04241  保卣 05415.1			
	 𪽳鼎 02731(摹)		 尹姞鬲 00755  鮮盤 10166A	 免簋 04240  吕服余盤 10169	 瘨鐘 00248  善鼎 02820	 史懋壺 09714
	 散氏盤 10176			 三年師兑簋 04318.2	 元年師兑簋 04274.1  白□簋 03784	

0273	0272	0271	0270			0269
册	⿱霝龠*	⿰龠录*	⿰龠力*			龢
册	⿱霝龠	⿰龠录	⿰䶵力			龢
 作册般甗 00944  陸册鼎 01359		 舟⿰龠录爵 09097			 鼎 近二 261	 伯龢鼎 02407  龢父辛爵 09089
 利鼎 02804  免簋 04240			 㾕鐘 00246	 㾕鐘 00251  伯龢鼎 近二 309	 㾕鐘 00247  㾕鐘 00248	 戲鐘 00092  㾕鐘 00246
 册戈鼎 01761  無叀鼎 02814	 鄭井叔鐘 00022  大克鼎 02836		 小克鼎 02799  中再父簋 04188. 2	 井人妄鐘 00110  元年師兑簋 04275. 2	 中義鐘 00029  昆疕王鐘 00046	 益公鐘 00016  魯邍鐘 00018

0276 ⿰𤔔册*			0275 ⿰甚册*	0274 嗣		
⿰𤔔册			⿰甚册	嗣		
			 臣衛父辛尊 05987	 大盂鼎 02837A  大盂鼎 02837A	 倗戊父辛鼎 02253  作册疐鼎 02504	 允册父癸鼎 01899  朿册作父己鼎 02125
			 師𩛥鼎 02830		 師道簋 近二 439  畯簋 商圖 05386	 弭叔師察簋 04253  輔師嫠簋 04286
		 毛公鼎 02841B			 師酉簋 04288.1  頌簋 04339	 趩鼎 02815  元年師事簋 04282.1

西周文字字形表　卷三

期	0277 嚚	0278 器			
	嚚	器			
早期		 甚擧君簋 03791  □簋 04097	 作册睘卣 05407.2  中𡚬臣盤 10101		
中期		 犟作寶器鼎 01974  □鼎 02705	 師器父鼎 02727  燮簋 04046	 莃簋 04195.1  𦣞尊 05931	 鼐卣 近出605
晚期	 嚚伯盤 10149	 樊君鬲 00626  函皇父簋 04141.1	 翏生盨 04459.1  曾侯簠 04598	 散氏盤 10176  卌二年逑鼎一 近二328	

0284	0283		0282	0281	0280	0279
⿰屰只	𧮫		屰	⿰犭衣*	干	舌
⿰屰只	𧮫		屰	⿰犭衣	干	舌
 H1：57  H1：98		 屰目父癸爵 08964	 屰丁爵 08027  亞屰父丁爵 08887			 舌父己簋 03197  舌作妣丁爵 08979
	 九年衛鼎 02831				 十五年趞曹鼎 02784  㝬簋 04167	
			 散氏盤 10176	 戎生編鐘 近出 31	 毛公鼎 02841B  師克盨蓋 04468	

0287	0286		0285			
拘	句		商			
⿰句丮	句		商			
		 作且癸觚 07301	 H11：164  H11：8	 方鼎 02702  隩作父乙尊 05986	 𢍰父丁鼎 02499  揚方鼎 02612	 作册般甗 00944  𤔲姛方鼎 02434
 盠駒尊 06011.1	 永盂 10322	 師器父鼎 02727  三年瘭壺 09726			 穆公簋蓋 04191	 帥隹鼎 02774A  九年衛鼎 02831
		 鬲比盨 04466  句它盤 10141			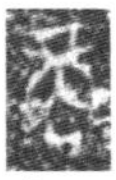 叔商父鼎 近出 323	 魯士商𠭯簋 04110  魯士商𠭯匜 10187

㕯部　句部

0288 丩

丩

𠂤作父癸觶
06449

0289 古

古

塱方鼎
02739

大盂鼎
02837A

㾓鐘
00251

史墻盤
10175

師訇簋
04342(摹)

0290 嘏

叚

克鐘
00207

以「叚」爲「嘏」。參見「叚」字。

0291 十

十

麥方鼎
02706

𢐗鼎
02721

㾓鐘
00252

公貿鼎
02719

克鐘
00204

伯吉父鼎
02656

旅鼎
02728

H11：55

曶鼎
02838A

旂伯簋
商圖 05147

小臣鼎
02678

大鼎
02808

0292 千

千

大盂鼎
02837A

宜侯夨簋
04320

梁其壺
09716.3

梁其鼎
02768

禹鼎
02833

善夫梁其簋
04150.1

散氏盤
10176

0295 卅 | 0294 廿 | 0293 博

卅		廿		軙	博	
	 宜侯矢簋 04320  師衛簋 商圖 05142	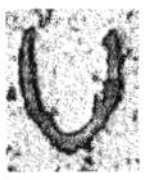 [illegible]公簋 近二 415	 庚嬴鼎 02748  商卣 05404.1			
 鮮簋 近出 482  再簋 商圖 05214	 舀鼎 02838A  格伯簋 04263	 親簋 近二 440	 頌鼎 02827  舀鼎 02838A			 𢦏簋 04322.1  𢦏簋 04322.2
 鬲攸从鼎 02818  大祝追鼎 近二 315	 師同鼎 02779  大鼎 02807	 卌二年逨鼎一 近二 328  卌二年逨鼎二 近二 329	 㝬鐘 00260.2  伊簋 04287	 不𡢁簋蓋 04329	 虢季子白盤 10173	 師寰簋 04313.1  卌二年逨鼎一 近二 328

十部 卄部

0296		0297		0298	0299	
世		卌*		言	許	
世		卌		言	許	
 寧簋蓋 04021		 宜侯夨簋 04320		 伯矩鼎 02456  卣 05354.1		
 恒簋蓋 04199  同簋 04271	 伯作蔡姬尊 05969  舲簋 近二 433	 曶鼎 02838A		 殷簋 近出 487  豛觶 近出 677	 五祀衛鼎 02832  曶鼎 02838A	 五年召伯虎簋 04292
 師農鼎 02817A  多友鼎 02835	 五年琱生尊一 近二 587  五年琱生尊二 近二 588	 卌二年逨鼎二 近二 329  卌三年逨鼎一 近二 330	 卌三年逨鼎二 近二 331  卌三年逨鼎九 近二 338	 融比盨 04466	 融攸从鼎 02818  毛公鼎 02841B	 五年琱生尊二 近二 588

0302 諸　　0301 讎　　0300 諾

			者	讎	[雔心]	若
		 矢令方彝 09901.2 以「者」爲「諸」。參見「者」字。	 者女甗 00917  矢令方彝 09901.1		 讎作文父日丁簋 03606  讎父丁尊 05877	
			 芇伯歸夆簋 04331			 舀鼎 02838A 以「若」爲「諾」。參見「若」字。
 兮甲盤 10174  郜召簠 近出 526	 伯公父簠 04628.2  季良父壺 09713	 駒父盨蓋 04464  伯公父簠 04628.1	 虢簋 04215.1  虢簋 04215.2	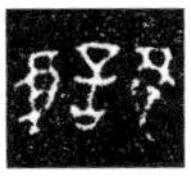 融比盨 04466		

0307 闇		0306 誨	0305 訓		0304 啻	0303 詩
闇	誨	晦	⿰言順	啻		時
			 毛公旅方鼎 02724			
	 史墻盤 10175  豳公盨 近二 458	 井叔采鐘 00356		 史墻盤 10175	 九年衛鼎 02831  啻簋 03738	
 師顯簋 04312	 不𡢁簋 04328			 晉侯昕簋 近出 477	 湋伯簋 03821  晉侯昕簋 近出 476	 時伯鬲 00590

0308 識

戠

何尊 06014

以「戠」爲「識」。參見「戠」字。

0309 訊

⿰口卂

五祀衛鼎 02832

㦰簋 04322.2

師同鼎 02779

多友鼎 02835

五年召伯虎簋 04292

六年召伯虎簋 04293

虩簋 04215.1

師寰簋 04313.2

六年召伯虎簋 04293

親簋 近二 440

不𡢁簋 04328

虢季子白盤 10173

羚簋 近二 433

柞伯鼎 近二 327

晉侯蘇編鐘 近出 37

0310 諶

諶

諶鼎 02680

諶鼎 02680

0311 信

㐰

⿰𠷎夫叔鼎 02767

與《説文》古文相合。

0317 諫	0316 諫	0315 誓		0314 詔	0313 誥	0312 諱
諫	諫	誓		詔	䛨	韓
 臣諫簋 04237  諫作父丁觶 06493	 大盂鼎 02837A			 詔作彝爵 08830	 何尊 06014	
 諫簋 04285.1  親簋 近二 440	 五年召 伯虎簋 04292		 五祀衛鼎 02832  第傳盉 商圖 14795			
 番生簋蓋 04326  諫盨 近出 492	 大克鼎 02836	 散氏盤 10176  賸匜 10285.1	 融攸从鼎 02818  番生簋蓋 04326		 應姚鬲 近二 79  應姚簋 近二 421	 屖敖簋蓋 04213

			0320	0319	0318	
			評	話	諴	
			乎	話	諑	
		以「乎」爲「評」。參見「乎」字。	 井鼎 02720  叔夨方鼎 近二 320			 曾侯諫簋 商圖 04351  曾侯諫甗 商圖 03292
 走馬休盤 10170  宰獸簋 近出 490	 弭叔師察簋 04253  廿七年衛簋 04256.1	 大師虘簋 04251.1  大師虘簋 04252.1	 師湯父鼎 02780  大鼎 02808			
 揚簋 04295  大簋蓋 04298	 弭伯師耤簋 04257  元年師事簋 04282.1	 南宮柳鼎 02805  無叀鼎 02814	 元年師兌簋 04274.1  克鐘 00204	 話簋 03840.1  話簋 03840.2	 蒦公諑簠 04600	 逨盤 近二 939

0323 0322 0321

䜌 誖 諺

<table>
<tr><td colspan="3">䜌</td><td>[illegible]</td><td>詹</td><td colspan="2"></td></tr>
<tr><td></td><td></td><td>
H11：153</td><td></td><td></td><td></td><td></td></tr>
<tr><td>
弭伯師耤簋
04257

免簠
04626</td><td>
師𩛥鼎
02830

即簋
04250</td><td>
庚季鼎
02781

七年趞曹鼎
02783</td><td></td><td></td><td>
親簋
近二 440

達盨蓋一
近二 455</td><td>
虎簋蓋
近出 491

達盨蓋
近出 506</td></tr>
<tr><td>
此簋
04303.2

戎生編鐘
近出 28</td><td>
伊簋
04287

師穎簋
04312</td><td>
無叀鼎
02814

趩鼎
02815</td><td>
旅仲簋
03872
與「誖」籀文同。</td><td>
𡆥氏詹鍂
10350</td><td></td><td>
三年師兌簋
04318.1

頌簋
04339</td></tr>
</table>

0327			0326	0325	0324	
		諆	誕	訇	訵	
		諆	延	訇	訵	
 叔趯父卣 05428.1  □攺諆父甲尊 05952	 令鼎 02803  寧簋蓋 04021	 遂攺諆鼎 02375  旁攺鼎 02071	 □𤔲土疑簋 04059 以「延」爲「誕」。參見「延」字。	 敳𡨦啟簋 03746		
	 𨘕盂 10321  □卣 近出 601	 甚諆臧鼎 02410  萬諆觶 06515		 訇簋 04321	 獄簋 近二 436  衛簋甲 商圖 05368	 中伯壺蓋 09667  虎簋蓋 近出 491
	 柞伯鼎 近二 327	 師寰簋 04313.1  柞伯鼎 近二 327		 卌二年逑鼎二 近二 329  逑盤 近二 939		

0332 諫	0331 譖		0330 訟	0329 誣	0328 ⿰言差	
諫	譖		訟	誣	⿰言差	
			 大盂鼎 02837A		 犅伯⿰言差卣 商圖 13280  犅伯⿰言差卣 商圖 13280	 索諆爵 09091  諆鍚 近出 1251
 史墻盤 10175		 畯簋 商圖 05386	 曶鼎 02838A  舲簋 近二 433			
	 戎生編鐘 近出 30		 虘虎簋 04215.1  虘虎簋 04215.2	 史惠鼎 近出 346	 鄧公簋蓋 04055	

0339	0338	0337	0336	0335	0334	0333
誣*	諈*	訴*	訊*	讕	⿰言朢	誶
誣	諈	訴	訊	讕	⿰臣言	誶
				 大盂鼎 02837A	 獻簋 04205	
	 𨾊叔鼎 03950  𨾊叔鼎 03951	 訴啟鼎 02066			 帥隹鼎 02774A  師𩛥鼎 02830	 寡子卣 05392.1  寡子卣 05392.2
 仲謋父簋 商圖 04845 或讀「殛」。			 趞鼎 02815		 作册封鬲一 近二 94  卌二年逑鼎一 近二 328	

0345 (善)譱		0344 ⿰言樂*	0343 ⿱衛言*	0342 ⿰言逨*	0341 誓*	0340 諥*
	譱	⿰言樂	⿱衛言	⿰言逨	誓	諥
	 員方鼎 02695			 小臣⿰言逨簋 04239.1  小臣⿰言逨簋 04239.2	 伯誓簋 03943	
 虎簋蓋 近二 442	 卯簋蓋 04327  虎簋蓋 近出 491					
 此鼎 02822  始簋一 近二 408	 善夫吉父鬲 00704  善夫山鼎 02825	 叔⿰言樂父盨 04375.1  ⿰言樂季獻盨 04413.1	 ⿱衛言鼎 近二 324 或以爲是「⿰言戔」字異體。			 命父諥簋 03925

			0348 章	0347 音		0346 競
			章	音		競
					 競器 10479	 御史競簋 04134  競作父乙卣 05154.1
 盂甗 近出 160	 競卣 05425.1  師遽方彝 09897.1	 史頌簋蓋 04231  五年召 伯虎簋 04292	 [illegible]簋 04195.2  史頌簋 04229.1A	 衛簋丁 商圖 05214	 戜簋 04322.1  遣伯盨 商圖 05666	 競卣 05425.1  競卣 05425.2
	 [illegible]比盨 04466  五年琱 生尊二 近二 588	 頌鼎 02828  章叔簋 04038	 史頌鼎 02787  頌鼎 02827	 戎生編鐘 近出 30		 㝬鐘 00260  中競簋 03783

0353 業		0352 脖*	0351 妾	0350 童	0349 竟	
⿰丵業		脖	妾	童	竟	
		 脖日癸尊 05928	 復作父乙尊 05978  FQ2②		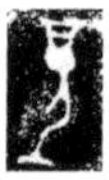 竟卣 05253  竟戈 10788	 竟作父乙鬲 00497  竟且辛卣 04896
 癲鐘 00250  九年衛鼎 02831	 癲鐘 00247  癲鐘 00249		 逆鐘 00062  宰獸簋 近出 490	 史墻盤 10175		
		 薛侯盤 10133	 大克鼎 02836  伊簋 04287	 毛公鼎 02841B  番生簋蓋 04326		

0354
對

⿰丵丮	⿱丵廾	𢽧				丵
 師旂鼎 02809		 對作父乙卣 05328.1  貉子卣 05409.1	 大保簋 04140  獻簋 04205	 歸𢅏方鼎 02726  易簋 04042	 旟鼎 02704  師艅鼎 02723	 亳鼎 02654
 師道簋 近二 439	 爕簋 04046  王臣簋 04268.1	 ⿱穴丁鼎 02755  录伯㦰簋蓋 04302	 即簋 04250  𧽊簋 04266	 殳簋蓋 04243  古盨蓋 商圖 05673	 痶鐘 00247  鼎 02765	 再簋 近出 485
 柞鐘 00136  晉侯對鼎 近出 350	 多友鼎 02835	 此鼎 02822  虢叔旅鐘 00238.2	 無叀鼎 02814  此鼎 02821	 南宮柳鼎 02805  此簋 04304.1	 南宮乎鐘 00181.2  㝬鐘 00260.2	 大簋蓋 04299

0358	0357	0356				0355
丞	奉	収				僕
丞	奉	収				僕
 H11：114	 奉作父己鼎 02126 或以上半爲「丰」字倒書，故釋「奉」。	 収鼎 01091		 州子卣 近出 604	 師旂鼎 02809  京陝仲盤 10083	 旂鼎 02670  吕仲僕爵 09095
			 五年召伯虎簋 04292  聞尊 商圖 11810	 幾父壺 09721  幾父壺 09722	 趞簋 04266 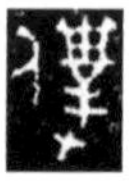 靜簋 04273	 逆鐘 00062  鼎 02765
	 散氏盤 10176  散氏盤 10176				 五年琱生尊一 近二 587	 史僕壺蓋 09654  晉侯蘇編鐘 近出 42

0363 戒	0362 弄	0361 畁		0360 睪	0359 奐	
戒	弄	畁		睪	奐	
 戒作葊宮鬲 00566  戒叔尊 05856						
		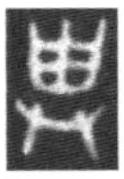 伯敢畁盨 近出 500	 伯敢畁盨 近出 499  伯敢畁盨 近出 499			
 㸒戒鼎 近出 347	 天尹鐘 00005  天尹鐘 00006	 師酉簋 04288.1	 師酉簋 04288.2  師酉簋 04289.1	 伯公父簠 04628.2  伯公父簠 04628.1	 師奐父盨 04348(摹)	 [illegible]叔奐父盨 近二 454  師奐父鎣 商圖 14704

0364 兵

兵

㦰簋 04322.1

㦰簋 04322.2

輔伯戈 近二 1115

0365 龏

龏

龏作乍母辛鬲 00688

龏姛方鼎 02433

鼎 02696

五祀衛鼎 02832

頌鼎 02829

多友鼎 02835

麥方尊 06015

龏子卣 近出 562

段簋 04208

畯簋 商圖 05386

頌簋 04334

戎生編鐘 近出 29

⿱⿰龍兒廾

靜叔鼎 02537

戩狄鐘 00049

曼龏父盨蓋 04431

曼龏父盨蓋 04432

卌三年逑鼎五 近二 334

0366 具

昇

具父乙鼎 01549

叔具鼎 02341

九年衛鼎 02831

曶鼎 02838A

㝬鐘 00260.2

融攸从鼎 02818

簋 商圖 05106

鼎 近二 322

0371		0370	0369	0368	0367	
㫒*		𢍏*	奔*	𢍁*	𢻮*	
	㫒	𢍏	奔	𢍁	𢻮	鼎
 盂爵 09104  H11：132 陳	 㘰父簋 03464  㫒仲犧尊 05852.2		 奔者君父乙尊 05945		 臣諫簋 04237	 伯簋 03615
				 任鼎 近二 325 或讀「財」，或讀「材」。		
 鄧公簋 近出 458	 伯氏始氏鼎 02643  鄧孟壺蓋 09622	 鄭井伯𢍏父甗 商圖 03333			 毛公鼎 02841B	 函皇父簋 04141.1  駒父盨蓋 04464

0377	0376	0375	0374	0373	0372	
𢍰*	𢍵*	𢍺*	𢍭*	𢍪*	𢍦*	
𢍰	𢍵	𢍺	𢍭	𢍪	𢍦	
		 𢍺鼎 02704				
	 師𧾷巤鬲 00745  師𧾷巤鼎 02713	 裘衛盉 09456				
 師寰簋 04313.1  師寰簋 04313.2			 琱生尊 商圖 11816 或讀「錫」，或讀「益」。	 楚簋 04247.2  楚簋 04246.2	 大師小子𢍦簋 近二 422  大師小子𢍦簋 近二 422	 大師小子𢍦簋 近出 479  大師小子𢍦簋 近出 480

0378 ⿰爿⿱帚廾 *

⿰爿⿱帚廾

方彝 09892.1

方彝 09892.2

0379 ⿱𤔔廾 *

⿱𤔔廾

录伯㦰簋蓋 04302

或謂是訓功訓勞的「庸」之本字。

卌三年逨鼎一 近二 330

卌三年逨鼎二 近二 331

卌三年逨鼎四 近二 333

師克盨蓋 04468

0380 樊

樊

樊君鬲 00626

旟叔樊鼎 02679

0381 ⿱非廾 *

⿱非廾

⿱非廾攸鼎 02201

叔⿱非廾簋乙 商圖 04664

0382 ⿱林廾 *

⿱林廾

小臣氏⿱林廾尹鼎 02351

0383 共

共

亞共父癸鼎 01892

鄧共盉 近二 829

師農鼎 02817A

善鼎 02820

諫簋 04285.1

諫簋 04285.2

0387 與*	0386 興	0385 與	0384 異			
與	興	與	異			
	 興父辛爵 08616  伯家父簋蓋 商圖 05106		 1 號卜甲	 作冊大方鼎 02760  大盂鼎 02837A	 牧共作 父丁簋 03651	 共父丁爵 商圖 08150  共鬲 近出 118
	 興作寶鼎 01962  興作寶鼎 01963		 異卣 05372	 曶鼎 02838A  𦽜伯歸夆簋 04331		
 毛與簋 04028  與中雩父甗 00911	 鬲叔興父盨 04405.2  應侯簋 商圖 05311	 湋伯簋 03821  曾大師鼎 近二 275	 虢叔旅鐘 00239.2  虢叔旅鐘 00240.2	 梁其鐘 00187.1  虢叔旅鐘 00238.2		 柞伯鼎 近二 327

0389 農			0388 ⿳臼田皿*			
晨	農		⿳臼田皿			
 農作寶簋 03366	 史農觶 06169	 田農甗 00890	 穌父辛爵 09089	 召卣 05416.2	 大盂鼎 02837	 大史友甗 00915
 農簋 近出 455		 令鼎 02803	 叔尊 近二 584	 伯害盉 09430.1	 召卣 05416.2	 害鼎 02749
 伯農鼎 02816		 農卣 05424.1				 五年召伯虎簋 04292
 大師虘簋 04251.1						 六年召伯虎簋 04293
 農盤 10092					 五年琱生尊二 近二 588	 ⿳臼田皿伯毛鬲 00587
 師農鼎 02817A						 禹鼎 02833

0391 鞞　0390 革

鞞	革	⿱林䢉		䢉	莀	
		 田農鼎 02174	 農父簋 03461  農簋 03575.1			
 靜簋 04273					 史墻盤 10175	 大師虘簋 04252.1  大師虘簋 04252.2
 番生簋蓋 04326	 康鼎 02786	 梁其鐘 00192	 梁其鐘 00187.1  梁其鐘 00189.1	 散氏盤 10176		

0394 勒	0393 轉					0392 斬
勒	轉		⿱斬衣		⿰衣斤	⿱宀衣
						 叔夨方鼎 近二 320
 師𩛥鼎 02830  衛簋 04209.1	 吳方彝蓋 09898A	 九年衛鼎 02831  录伯𢦏簋蓋 04302		 录伯𢦏簋蓋 04302	 吳方彝蓋 09898A	 瘨盨 04463
 南宮柳鼎 02805  ⿺走馬鼎 02815	 番生簋蓋 04326	 毛公鼎 02841B  三年師兌簋 04318.2	 番生簋蓋 04326  卌三年逨鼎二 近二 331	 三年師兌簋 04318.2  毛公鼎 02841B		

0397 ⿰革柰*	0396 ⿰革豕*		0395 鞭			
⿰革柰	⿰革豕	⿰亻⿱亼攴	⿱亼攴			
 九年衛鼎 02831			 九年衛鼎 02831  箳傳盉 商圖 14795	 㫚壺蓋 09728  親簋 近二 440	 諫簋 04285.2  頌簋 04333.1	 弭叔師察簋 04253  弭叔師察簋 04254
	 番生簋蓋 04326	 賸匜 10285.1  賸匜 10285.2		 師嫠簋 04324.1  逨盤 近二 939	 師酉簋 04289.1  伊簋 04287	 毛公鼎 02841B  師酉簋 04288.1

鬲

⿱鬲金	鬲					
					 賸鬲 近二 59	 大盂鼎 02837  作册夨令簋 04300
 季貞鬲 00531	 仲枏父鬲 00752	 伯上父鬲 00644  鼄伯鬲 00669	 庚姬鬲 00640  京姜鬲 00641	 虢仲鬲 00561  ⿱炏夊伯鬲 00632	 敳伯鬲 00516  中□父鬲 00544	 鬲鬲 00453  中姬作鬲 00510
	 虢季氏子□鬲 00683	 中父鬲 00681  伯家父鬲 00682	 吕王鬲 00635  召中鬲 00672	 伯姜鬲 00605  王伯姜鬲 00606	 伯⿰家阝父鬲 00576  叔皇父鬲 00588	 虢姬作鬲 00512  同姜鬲 00522

		0400		0399		
		鬳		⿰鬲斗		
獻	⿸㫃鬲	鬳		⿰鬲斗		⿱鬲鼎
 𡗜甗 00862  伯作旅甗 00858		 師甗 00884	 見作甗 00818  奴寶甗 00851	 麥盉 09451	 麥方鼎 02706  麥方尊 06015	
 中作旅甗 00860  孟姬安甗 00910						
 與中雩父甗 00911  鄭伯筍父甗 00925	 甗 商圖 03356			 ⿰鬲斗比盨 04466  ⿰鬲斗比盨 04466	 ⿰鬲斗攸从鼎 02818  ⿰鬲斗比簋蓋 04278	 虢文公子鬲 00736

0403 鬻* 0402 𩰺* 0401 䰞

鬻	𩰺	䰞				
			 克甗 近二 110 或以「獻」爲「鬳」。參見「獻」字。	 比甗 00913  仲旨甗 商圖 03249	 作父癸甗 00905  𢐗伯甗 00908	 伯真甗 00870  解子甗 00874
	 00744  量肇家鬲 00633	 淮伯鼎 商圖 02316			 中伐父甗 00931	 孚公甗 00918  作寶甗 00921
 樊君鬲 00626 或釋「鬲」，或釋「烓」。					 鄭大師小子甗 00937  鄭井伯弃父甗 商圖 03333	 叔碩父甗 00928  伯鮮甗 00940

0404 鬻*

鬻

𩰫作𠂤母辛鬲 00688

乃孫作且己鼎 02431

木工册作匕戊鼎 02246

0405 孚

孚

侯鼎 02457

簋 03732.2

鼎 02740

過伯簋 03907

孚公甗 00918

䝬簋 近二 413

𢦏簋 04322.1

多友鼎 02835

翏生盨 04459.2

多友鼎 02835

伯㳚父簋 商圖 05276

0406 爲

爲

㺇簋 商圖 05137

簋 04097

叔趯父卣 05428.2

雍伯鼎 02531

簋 04097

否叔卣 近出 603

𢐗伯鼎 02276

鼎 02705

㫚鼎 02838A

鼎 02696

鼎 02705

六年召伯虎簋 04293

益公鐘 00016

𠭯寇良父壺 09641

䢼召簠 近出 526

伯好父簋 03691

伯寶父盨 商圖 05570

晉侯僰馬壺 近出 971

0410 丮	0409 ⿱爲䲆*	0408 ⿱爫豕*		0407 妥*		
丮	⿱爲䲆	⿱爫豕		妥		
 沈子它簋蓋 04330	 [illegible]⿱爲䲆觶 06181			 H11：174 陳	 寧簋蓋 04021  沈子它簋蓋 04330	 [illegible]觶 近出 678
 班簋 04341A		 楚公⿱爫豕鐘 00045 或以爲是「家」字異體。	 楚公⿱爫豕鐘 00042  楚公⿱爫豕鐘 00044	 瘋鐘 00248	 瘋鐘 00246  瘋鐘 00247	 任鼎 近二 325
			 楚公⿱爫豕秉戈 11064		 鄭井叔鐘 00022  鄭井叔鐘 00021(摹)	 立盨 04365 此字讀「爲」，當是脱「爪」。

0414 (巩)⿰工丮			0413 ⿰叔丮	0412 (孰)⿰亯丮		0411 埶
⿰工丮	⿰𤔔丮	⿰叔丮		⿰亯丮	埶	
	 敳寏敕簋 03746	 叔⿰叔丮卣 5237.2	 沈子它簋蓋 04330  叔⿰叔丮卣 05237.1		 中方鼎 02752(摹)	 埶父辛簋 03206  中方鼎 02751(摹)
 史墻盤 10175	 嬴霝悳簋 03585	 卯簋蓋 04327  虎簋蓋 近二 442	 師⿰叔丮鼎 02830  師虎簋 04316	 伯⿰至殳簋 03490.1  伯⿰至殳簋 03490.2	 豳公盨 近二 458	 盠方彝 09899.1  盠方彝 09899.2
 毛公鼎 02841B  毛公鼎 02841B						 毛公鼎 02841B

0418	0417	0416	0415			
⿰纟丮*	⿰土丮*	⿰王丮*				⿰女丮
⿰纟丮	⿰土丮	⿰王丮				⿰女丮
 季⿰纟丮鬲 00541	 ⿰土丮作父乙鬲 00568	 鳳作且癸簋 03712	 歸⿰女丮進壺 09594.2  歸⿰女丮進壺 09595.1	 ⿰女丮父丁簋 03905  延作父辛角 09099	 方鼎 02702  歸⿰女丮方鼎 02725	 ⿱宀勿史⿰女丮甗 00888  歸⿰女丮甗 00920
					 史墻盤 10175	 段簋 04208  縣妃簋 04269

0419	0420		0421		0422	0423
⿰章卂*	又		右		厷	㕚
⿰章卂	又		右		厷	㕚
 庚嬴鼎 02748	 新邑鼎 02682  麥方鼎 02706	 明公簋 04029  H11：84	 右作彝爵 08829  夨令方彝 09901.1	《説文》「右」字「口部」和「又部」重出。	 厷伯鼎 02488	
 鮮盤 10166A	 逆鐘 00062  公貿鼎 02719	 師隹鼎 02774A  十三年𤸫壺 09723.1	 庚季鼎 02781  七年趞曹鼎 02783	 十三年𤸫壺 09723.1  史墻盤 10175		
 伯⿰章卂父鼎 02465	 ⿰甚夫鐘 00260.2  ⿱炏大又⿰𤔔司再鬲 00679		 柞鐘 00133  士父鐘 00146	 頌鼎 02827  三年師兑簋 04318.2	 毛公鼎 02841B  番生簋蓋 04326	 師克盨 04467.1  師克盨 04467.2

0426 曼	0425 叟	0424 父				
曼	叟	父				
	 □叟父鼎 02205	 農父簋 03461  H11：83	 亞父庚且辛鼎 02364  犀伯魚父鼎 02534	 夲父庚鼎 01626  作父己鼎 02252	 父丁鬲 00458  □父乙鬲 00474	
		 豳公盨 近二 458	 □父鼎 02194  伯考父鼎 02508	 伯狺父鬲 00615  伯先父鬲 00649	 弔父丁鬲 00480  中□父鬲 00544	
 曼龏父盨蓋 04431  曼龏父盨 04432		 内伯多父簋 04109.1  應姚盤 近二 930	 叔䓓父鼎 02511  兮吉父簋 04008	 南宫乎鐘 00181.2  與鐘雩父甗 00911	 井人妄鐘 00112  士父鐘 00145	 師克盨蓋 04468  師克盨 近出 507

0429	0428		0427			
𠭯	𠭰		尹			
𠭯	𠭰		尹		受	
	 師旂鼎 02809	 大盂鼎 02837A  大保簋 04140	 叔尹作 旅方鼎 01925  弯父丁鼎 02499	 尹伯作 且辛甗 00912  尹臾鼎 01352	 曼父辛卣 04984  曼父辛卣蓋 近二 511	
 輔師𠭯簋 04286  輔師𠭯簋 04286	 九年衛鼎 02831  縣妃簋 04269	 𠭰鐘 00091  𠭰鐘 00092	 𤼈鐘 00249  尹姞鬲 00755	 𤼈鐘 00247  𤼈鐘 00248		
 師𠭯簋 4324.1  師𠭯簋 04325.1	 戎生編鐘 近出 31	 𠭰昬妊簋 03785  散氏盤 10176	 頌鼎 02829	 天尹鐘 00005  師農鼎 02817A		 曼龏父盨 04433  曼龏父盨 04434

0433		0432		0431		0430
𠬝		反		秉		及
𠬝		反		秉		及
	 H11：1  H11：114	 保員簋 近出 484	 旅鼎 02728  過伯簋 03907	 秉中簋 近出 390	 班簋 04341A  秉中丁卣 05008	 保卣 05415.1
			 九年衛鼎 02831	 善鼎 02820  曶鼎 02838B	 𤼈鐘 00247  𤼈鐘 00248	 格伯簋 04262.2
 伯㦰父簋 商圖 05276  伯㦰父簋 商圖 05277	 㝬鐘 00260.1  㝬鐘 00260.1	 頌簋 04332.1  卌三年逨鼎二 近二 331	 頌鼎 02829  師寰簋 04313.1	 楚公冢秉戈 11064  卌三年逨鼎二 近二 331	 井人妄鐘 00109.2  梁其鐘 00187.1	 鄭登叔盨 04396

0434

𣪊

0435

叔

𠬶		𣀔	叔			
		 我方鼎 02763.1  我方鼎 02763.2	 叔作寶彝鼎 01923  叔鼎 02052.1	 叔鼎 02052.2  叔作寶尊彝鼎 02054	 叔簋 04132.1  叔簋 04132.2	 叔簋 04133.1
 㦰簋 04322.1  㦰簋 04322.2	 季姬尊 商圖 11811  季姬尊 商圖 11811		 吴方彝蓋 09898A			
			 大克鼎 02836  師嫠簋 04324.1	 師嫠簋 04324.2		

0437 叚			0436 取			
		叚				取
		 中甗 00949(摹)				 柞伯簋 近出 486
		 盠方彝 09899.2  盠方彝 09900.2	 裘衛盉 09456  斘簋 近二 433	 趞簋 04266  卯簋蓋 04327	 格伯簋 04263  格伯簋 04265	 九年衛鼎 02831  格伯簋 04262.1
 戎生編鐘 近出 29  卌二年 逨鼎一 近二 328	 師寰簋 04313.1  師寰簋 04313.1	 克鐘 00207  禹鼎 02833	 楚簋 04249  戎生編鐘 近出 30	 楚簋 04247.1  楚簋 04247.2	 虢簋 04215.1  虢簋 04215.2	 大鼎 02807  毛公鼎 02841B

友

昚			友			
	 盟尊 06004  H11：21	 昚甗 00875  考作昚父鼎 02188	 矢令方彝 09901.2  H11：259 陳	 麥方鼎 02706  毛公旅方鼎 02724	 友甗 00787  辛鼎 02660	
 七年趞曹鼎 02783  應侯見工簋二 近二 431	 殷簋 近出 487  應侯見工簋二 近二 431	 穆公簋蓋 04191  史墻盤 10175		 叔友父簋蓋 03725	 戜方鼎 02789.1  友父簋 03726	
		 多友鼎 02835	 大鼎 02807  伯家父簋蓋 04156	 史頌鼎 02787  史頌鼎 02788	 鐘 00020  奠𨰻友父鬲 00684	 卌二年逨鼎二 近二 329

0443 卑	0442 ナ		0441 ⿰惠又*	0440 彣*	0439 旻*	
卑		ナ	⿰惠又	彣	旻	
	 H11：84  H11：112	 小盂鼎 02839B(摹)  H11：82			 寓鼎 02718	
 師觀鼎 02830  農卣 05424.1	 史墻盤 10175	 戰狄鐘 00049  元年師事簋 04281				 殷簋 近二 437  豳公盨 近二 458
 散氏盤 10176	 柞伯簋 近二 327	 元年師兌簋 04274.1  散氏盤 10176	 ⿰惠又簋 03888.1  ⿰惠又簋 03888.2	 吴彣父簋 03980.2		

事　　　　　　　　　　　　　　　　史

事	客					史
 瀕史鬲 00643  事作小旅鼎 02078		 史父乙卣 近二 512	 史見卣 05305.1  史見卣 05305	 □鼎 02740  史農觶 06169	 史逨方鼎 02164  史昔鼎 02189	 大史友甗 00915  史父庚鼎 01624
 尹姞鬲 00755  伯□父鼎 02487			 洦御史罍 09825  殷簋 近出 487	 師瘨簋蓋 04283  免卣 05418	 懋史繇鼎 01936  格伯簋 04263	 癲鐘 00251  遹甗 00948
 眉壽鐘 00040  柞鐘 00133	 史客簋 03996	 史頌簠 04481	 此簋 04307  史□盨 04366	 此鼎 02822  此簋 04303.2	 吴王姬鼎 02600  史頌鼎 02787	 史盉父鼎 02196  史宜父鼎 02515

0446

叓*

叓						
		 夨令方尊 06016  H11：32	 叔趯父卣 05428.1  叔趯父卣 05428.1	 匽侯旨鼎 02628  麥方鼎 02706	 事□鼎 02575  揚方鼎 02612	 史戎鼎 02169  伯矩鼎 02456
 井季叓卣 05239.2  井季叓尊 05859	 季叓簋 03444  井季叓卣 05239.1	 五年師事簋 04216.2  采隻簋甲 商圖 05154	 元年師事簋 04279.1  倗鼎 05366.2	 伯農鼎 02816  元年師事簋 04279.1	 利鼎 02804  倗鼎 05366.1	 小臣鼎 02678  □鼎 02696
 王作姬叓女鬲 00646  史叓盨 04366	 士父鐘 00146  士父鐘 00147	 不𡢁簋 04328  師寰簋 04313.2	 虘簋 04215.2  伊簋 04287	 卻咎簋 04197  虘簋 04215.1	 融攸从鼎 02818  師害簋 04117.2	 柞鐘 00134  柞鐘 00138

0451	0450	0449	0448	0447		
⿱聿吅*	書	聿	肅	(肆)肄		
⿱聿吅	書	聿	肅	肄		肆
	 師旂鼎 02809	 亞聿豕父乙觶 06465  聿爵 07444		 何尊 06014	 毛公旅方鼎 02724  歸⿰女凡方鼎 02726	 大盂鼎 02837A
 任鼎 近二 325	 頌簋 04332.1  頌簋 04335	 甚諆□鼎 02410		 縣妃簋 04269  虎簋蓋 近出 491	 肄簋 04192.1  肄簋 04192.2	
		 聿造鬲 00604(摹)	 禹鼎 02833  孟肅父簋 03704	 禹鼎 02833  毛公鼎 02841B	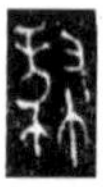 井人妄鐘 00110  井人妄鐘 00112	

0455 臣	0454 臤	0453 畫				0452 畫
臣	臤	畫			畫	妻
 臣辰冊方鼎 01943  臣辰父乙鼎 02003	 臤父丁鼎 01852  中子觥 09298.2				 小臣宅簋 04201	 再簋 03912  子妻觶 近出 656
 小臣鼎 02678  蔑鼎 02765	 臤尊 06008  臤爵 近出 767		 吴方彝蓋 09898A  十三年瘓壺 09723.1	 王臣簋 04268.1  录伯簋蓋 04302	 五年師事簋 04216.2  五年師事簋 04217.2	 師望鼎 02812
 鐘 00020  梁其鐘 00188.2		 㝬簋 04317	 師克盨蓋 04468  卌三年逨鼎五 近二 334	 三年師兑簋 04318.2  番生簋蓋 04326	 伯農鼎 02816  毛公鼎 02841B	 卌三年逨鼎一 近二 330  卌三年逨鼎三 近二 332

0459	0458	0457	0456			
⿰臣曾*	⿰臣舌*	⿱臣亖*	臧			
⿰臣曾	⿰臣舌	⿱臣亖	⿹戈臣			
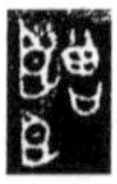 ⿰臣曾鼎 02060  ⿰臣曾作父丙爵 08886	 史⿰臣舌簋 04030	 ⿱臣亖爵 07495		 小臣傳簋 04206  柞伯簋 近出 486	 臣卿鼎 02595  令鼎 02803	 臣辰父乙鼎 02004  小臣鼎 02032
			 甚諆⿹戈臣鼎 02410		 宰獸簋 近出 490  小臣靜卣 近二 547	 戜方鼎 02824  追簋 04221
				 晉侯蘇編鐘 近出 41	 此簋 04310  師寰簋 04313.1	 梁其鐘 00190  大克鼎 02836

0460 殳

殳

十五年趞曹鼎 02784

柞伯鼎 近二 327

0461 殹

殹

格伯簋 04262.2

格伯簋 04264.2

格伯簋 04265

0462 段

段

段金歸簋 03586

段金歸簋 03587

段簋 04208

段金歸尊 05863

0463 毅

毅

伯吉父鼎 02656

毅簋 03681.1

伯吉父簋 04035.1

伯吉父簋 04035.2

0465 股*	0464 𣪘					
股	𣪘					
		 作用簋 03295	 恒父簋 近出 448	 作且戊簋 03500	 伯作寶簋 03355	 毛公旅方鼎 02724
		 何簋 商圖 05137	 作皿尊簋 近二 371	 弴伯簋 03528	 伯簋 03480	 作寶簋 03251
 元年師事簋 04279.1	 弴伯鼎 02276	 應侯簋 04045	 作盨伯簋 03588	 魯𤔲徒伯吴盨 04415.2	 追簋 04220	 鼎 02705
 元年師事簋 04279.2	 弴伯鼎 02677	 格伯簋 04262.1	 伯簋 商圖 04123	 舟作寶簋 03375	 頌鼎 04332.1	 作旅簋 03249
		 笘小子簋 04037	 伯梡虘簋 04093	 叔多父簋 04004	 内公簋蓋 03708	 大師簋 03633
		 王作姜氏簋 近出 429	 紷氏劍簋乙 商圖 04916	 函皇父簋 04141.1	 齊巫姜簋 03893	 函皇父鼎 02745

0471	0470	0469	0468	0467	0466	
殺	㲄*	㲃*	𣪠*	殁*	㲂*	
殺	㲄	㲃	𣪠	殁	㲂	
 殺作父戊鼎 02012	 㲄作寶鼎 01964  㲄鼎 02721	 㲃由方尊 05769	 妊爵 09027	 北伯殁卣 05299		
			 獄簋 近二 438  衛簋甲 商圖 05368			 瘨盨 04462
 融攸从鼎 02818  融比簋蓋 04278			 杞伯每亡鼎 02494.1		 毛公鼎 02841B	

0476	0475		0474		0473	0472
皮	尃		尋		寺	凫
皮	尃		尋		寺	凫
		 量方鼎 02739		 子口尋鼎 近二 272		 再簋 03913
 九年衛鼎 02831  九年衛鼎 02831	 叔尃父盨 04456.2  豳公盨 近二 458	 師𩛥鼎 02830  叔尃父盨 04454.2			 五祀衛鼎 02832	
 叔皮父簋 04090	 番生簋蓋 04326  卌三年逑鼎二 近二 331	 克鐘 00207  毛公鼎 02841B	 五年琱生尊二 近二 588	 尋伯匜 10221  五年琱生尊一 近二 587	 寺季姑公簋 03817  史叀鼎 近出 346	 凫叔盨 04425  凫叔匜 10181.1

0479 肇　0478 徹　0477 啟

肇	啔	⿰户攵	⿰鬲攵	啓		⿰户又
 叔□作 南宫鼎 02342	 攸簋 03906.1  □方彝 09892.1	 豐簋 商圖 04542  遂攺諆鼎 02375	 何尊 06014	 啟父己爵 08549	 啟卣 05410.1  啟作且丁尊 05983	 𧯞啟方彝 09889
	 訴啓鼎 02066	 内伯簋 09585.1  内伯簋 09585.2	 史墻盤 10175		 㾜鐘 00246  㾜鐘 00253	
 梁其鼎 00189.1				 番生簋蓋 04326  戎生編鐘 近出 27	 士父鐘 00146  士父鐘 00147	

0483	0482			0481		0480
整	敄			敃		敏
整	敄	敃		敃	敏	
	 作册般甗 00944  無敄簋 03664					 大盂鼎 02837A
				 師望鼎 02812		 𢦚簋 04322.1  𢦚簋 04322.2
 晉侯蘇編鐘 近出 43	 毛公鼎 02841B  卌三年逨鼎二 近二 331	 大克鼎 02836	 梁其鐘 00187.1  梁其鐘 00189.1	 毛公鼎 02841B	 卌二年逨鼎二 近二 329	 師𩛥簋 04324.1  師𩛥簋 04325.1

0488 敒	0487 ⿰旱攵	0486 政		0485 故		0484 效
敒	攼	政		故	古	效
 荊子鼎 商圖 02385			 班簋 04341A	 班簋 04341A	 大盂鼎 02837A 或以「古」爲「故」。參見「古」字。	 效父簋 03822  效作且辛尊 05943
		 五祀衛鼎 02832  史墻盤 10175	 逆鐘 00063  癲鐘 00251			 舀鼎 02838A  效卣 05433.1A
	 大鼎 02807  大鼎 02808	 兮甲盤 10174  焱戒鼎 近出 347	 禹鼎 02833  毛公鼎 2841B	 寺季故公簋 03817  鄧公簋蓋 04055		 毛公鼎 02841B

0494 敵	0493 敶	0492 敆	0491 ⿰耳攵		0490 （更）叓	0489 ⿰仲攵
啻	敶	敆	⿰耳攵		㪅	⿰仲攵
			 沈子它簋蓋 04330	 H11：11	 更鼎 01940  班簋 04341A	 中⿰仲攵簋 03544
 㦰簋 04322.2 以「啻」爲「敵」。參見「啻」字。	 敶弟鼎 商圖 01432	 史密簋 近出 489		 虎簋蓋 近出 491  虎簋蓋 近二 442	 舀鼎 02838A  吕服余盤 10169	
	 敶生隺鼎 02468  敶侯簋 03815			 師嫠簋 04325.1  師嫠簋 04325.2	 師嫠簋 04324.1  師嫠簋 04324.2	

0499		0498	0497		0496	0495
敗		敦	攸		赦	救
[illegible]		敦	攸		赦	救
		 敦甗 近二 126	 攸簋 03906.1  攸作上父爵 09076	 攸作旅鼎 01971  井鼎 02720		
 引簋甲 商圖 05299	 五年師事簋 04216.2  五年師事簋 04217.2		 盠方彝 09899.1  盠方彝 09900.1	 師𩛥鼎 02830  衛簋 04209.1		
			 師酉簋 04288.1  逨盤 近二 939	 趞鼎 02815  師酉簋 04290	 賸匜 10285.1	 周窐匜 10218

0504 敔		0503 𠩺	0502 攻	0501 斁	0500 寇	
敔		𠩺	攻	斁	寇	
	 敔簋 03827			 沈子它簋蓋 04330		
 敔簋蓋 近出 483	 敔中簋 03550  敔簋 04166.1	 輔師𠩺簋 04286  豳公盨 近二 458	 [illegible]鼎 02731(摹)	 斁狄鐘 00049		 曶鼎 02838A
		 師袁簋 04313.1			 虞嗣寇壺 09694.2  虞嗣寇壺 09695.1	 嗣寇良父壺 09641  虞嗣寇壺 09695.2

0509 ⿰虫攵*	0508 敇*			0507 牧	0506 攺	0505 畋
⿰虫攵	敇	⿰羊攵		牧	攺	叟
 工⿰虫攵父己罍 近出 985		 又牧父己簋 03329	 簋二 近二 400	 作父辛方鼎 02322  小臣謎簋 04238.2		
	 瘨盨 04463  吕服余盤 10169			 同簋 04271  免簠 04626	 攺盨 04414  篃傳盉 商圖 14795	 姊季姬尊 近二 586
			 鬲攸从鼎 02818  叔㝦父簋 04068.1	 南宫柳鼎 02805  鬲攸从鼎 02818		 叟匜 10251

0516	0515	0514	0513	0512	0511	0510
攱*	敾*	敎*	敪*	敺*	㢮*	敁*
攱	敾	敎	敪	敺	㢮	敁
 H31：3	 敾父辛鼎 01655	 敎爵 08190  令敎鉞 近出 1248		 令鼎 02803		
 季攱簋 03730			 永盂 10322		 盠駒尊 06011.1  盠駒尊 06011.2	 中鑠盨 04399  貯簋 04047

0521 瞀*		0520 ⿰埶攵*	0519 ⿰阝⿱啚攵*	0518 ⿰𦰩攵*	0517 ⿲角丝攵*
瞀	敄	⿰埶攵	⿰阝⿱啚攵	⿰𦰩攵	⿲角丝攵
 瞀史鼎 02166.A  瞀史鼎 02166.B	 敄卣二 近二 538	 中敄卣 05236.2  敄卣二 近二 538		 𠭯⿰阝⿱啚攵作 丁侯鼎 02346		
 瞀作父辛卣 05284.2		 敄鼎 商圖 01738	 師⿰埶攵鼎 02830		 ⿰𦰩攵簋 04099.1  ⿰𦰩攵簋 04099.2	 史墻盤 10175

0525	0524	0523				0522
⿰豐攴*	⿰䍃攴*	⿰鳥攴*				⿰⿱亠回示攴*
⿰豐攴	⿰䍃攴	⿰鳥攴	⿰⿱亠回豕攴		⿰⿱林亩攴	⿰⿱亠回示攴
	 貉子卣 05409.1  貉子卣 05409.2	 ⿰鳥攴士卿 父戊尊 05985				 員方鼎 02695
 ⿰豐攴狄鐘 00049			 楚公豖鐘 00044	 楚公豖鐘 00043  楚公豖鐘 00045	 免簋 04240  免簠 04626	
 井人妄鐘 00110  井人妄鐘 00112					 大簋蓋 04298	 井人妄鐘 00112

攴部

	0528	0527	0526			
	斅	教	斆*			
學	𠓛	效	斆			
 令鼎 02803  大盂鼎 02837						
 靜簋 04273  季簋甲 商圖 04463			 靜簋 04273	 斆王盉 09411  趞簋 04266		
 師嫠簋 04324.1	 伯農鼎 02816	 散氏盤 10176			 虢叔旅鐘 00240.2  善夫克盨 04465.2B	 士父鐘 00146  梁其鐘 00188.1

			0530 貞		0529 卜	
			鼎		卜	敳
 H11：84 或用作「鼎」。	 H11：10  H11：13	 奉作父己鼎 02126  中斿父鼎 02373	 攸作旅鼎 01971  朙我作鼎 01988	 H11：38  H11：52	 卜孟簋 03577.2  宜侯夨簋 04320	 沈子它簋蓋 04330
		 𢦏鼎 02074  𤅷父作姜 懿母鼎 02332	 王人忼輔甗 00941  貞鼎 01751		 曶鼎 02838A	
		 伯氏鼎 02443  散氏盤 10176	 伯氏始氏鼎 02643  良季鼎 02057			

0531 卲
卲
 H11：6
 H11：43

0532 ⿰丬卜
⿰丬卜
 朙公簋 04029

0533 用			
用			
 遣鬲 00631	 作父己鼎 02252	 H11：16	 H11：65
 㺇伯甗 00895	 鄧小仲方鼎 近出 343	 H11：37	
 叡鐘 00088	 師[illegible]鼎 02557		
 庚姬鬲 00638	 𩵦卣 近出 605		
 用享鐘 00002	 榖父甗 00929		
 內公鬲 00711	 伯家父簋蓋 04156		

0534 甫
甫
 甫母丁鼎 01704
 作甫丁爵 09052
 匡卣 05423A
 殷句壺 09676
 鮇甫人匜 10205
 甫人父匜 10206

0538		0537		0536	0535	
爾		爻		葡	庸	
爾		爻		葡	庸	
	 何尊 06014  覰爾尊 商圖 11765	 爻父丁簋 03181	 爻作彝甗 00831  爻父乙簋 03164	 作父丁鼎 02319	 天亡簋 04261	 甫父簋 商圖 04336
 史墻盤 10175	 瘐鐘 00246  瘐鐘 00246			 投簋蓋 04243	 逆鐘 00062  訇簋 04321	 甫父乙尊 05619
				 毛公鼎 02841B  番生簋蓋 04326		 虢季豆 近出 541  姜休母甫甲 商圖 06119

爽

					爽	
					 矢令方尊 06016	 班簋 04341A  矢令方彝 09901.1
						 散氏盤 10176

西周文字字形表 卷四

0542 眡	0541 目		0540 旻		
眡	目		[illegible]	旻	
 員方鼎 02695	 目爵 07494	 屰目父癸爵 08965  目爵 07493	 [illegible]觶 06043  [illegible]父丁卣 近出 580	 癸旻爵 09034	早期
					中期
					晚期

0545 睽		0544 罛				0543 罠
睽		罛				罠
		 FQ7	 克罍 近出 987  H11：70	 □鼎 02740  𤇾作周公簋 04241	 毛公旅方鼎 02724  □嗣土疑簋 04059	 作册罠卣 05407.2  作册罠尊 05989
			 虎簋蓋 近二 442	 虘鐘 00092  免簠 04626	 虘鐘 00088  虘鐘 00091	 罠鼎 近出 352
 大簋蓋 04299	 睽士父鬲 00716  大簋蓋 04298			 [illegible]簋 04215.1  中自父壺 09672	 師晨鼎 02817A  叔𡚱簋 04137	 番生簋蓋 04326  駒父盨蓋 04464

0546		0547	0548	0549		0550
旬		睦	相	暘		眈*
旬	昀	覩	相	暘		眈
 伯旬鼎 02414	 子方鼎一 近二 318		 相侯簋 04136  作册折尊 06002	 罍卣 05416.1  罍卣 05416.2	 罍尊 06004	 班簋 04341A 或以下半是「拇」之表意初文。
				 申簋盖 04267  獄盉 近二 836		 𢦏方鼎 02824  𢦏簋 04322.2
		 賸匜 10285.1		 禹鼎 02833  毛公鼎 02841B	 揚簋 04294  鼄壺蓋 09677.2	

0555 眀	0554 瞻*		0553 ⿱罒戊*	0552 ⿰目丑*	0551 ⿰目比*	
眀	瞻		⿱罒戊	⿰目丑	⿰目比	
 眀亞且癸鼎 01816  眀疑鼎 02177		 擐⿱罒戊卣 近出 600	 擐父乙尊 05957  擐⿱罒戊卣 近出 600	 沈子它簋蓋 04330		
 東眀尊 05982A  東眀尊 05982B(摹)				 繁卣 05430.2	 小臣鼎 02678	 靜簋 04273
	 應侯簋 商圖 05311					

0556

眉

眉

眲作父癸鼎
02257

眉壽作彝鼎
01989

簋
04097

鼎
02705

九年衛鼎
02831

小臣謎簋
04239.1

芇伯歸夆簋
04331

0557

省

省

臣卿鼎
02595

大盂鼎
02837A

豆閉簋
04276

九年衛鼎
02831

㝬鐘
00260.1

揚簋
04294

臣卿簋
03948

天亡簋
04261

散氏盤
10176

伯吕父盨
近二 452

省作父丁觚
07234

H11：20

𩰫攸从鼎
02818

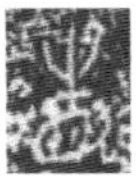
晉侯蘇編鐘
近出 37

H11：113

0559 自　　0558 盾

卣		盾	豩	自		
 小臣宅簋 04201  秉卣丁卣 05008	 卣爵 07644			 㢸伯甗 00895  臣卿鼎 02595	 德方鼎 02661  㢸伯簋 03618	 噩侯厝季簋 03668  H11：2
		 五年師事簋 04216.2  五年師事簋 04217.2	 戜簋 04322.2	 楚公豙鐘 00042  孟姬安甗 00910	 帥隹鼎 02774A  縣妃簋 04269	 叔豊簋 近出 466  叔豊簋 近出 466
				 曾伯公 父穆鬲 00699  函皇父鼎 02745	 晉侯蘇編鐘 近出 35  伯家父簋蓋 04156	 甫朋鐳 09972  番匜 10271

0563 者		0562 魯		0561 皆	0560 ⿱自⿰東東*	
	者		魯	皆	⿱自⿰東東	
 奔者君父乙尊 05945  ■◇者方鼎 近出 252	 者◇鼎 01757  伯者父簋 03748	 魯侯爵 09096	 魯侯獄鬲 00648  伯姜鼎 02791		 ⿱自⿰東東鬲 00528	 H11：18  H11：159 陳
 免簋 04240  者兒觶 06479	 ■者鼎 02662  ■者簋 03675	 頌簋 04339  虎簋蓋 近二 442	 瘐鐘 00246  ■者鼎 02662	 皆作尊壺 09535.2  皆作尊壺 09535.1		《說文》「自」與「白」別爲二部，本字形表合併字頭。
 駒父盨蓋 04464  伯公父簠 04628.1	 𧇧簋 04215.1  𧇧簋 04215.2	 頌鼎 02829  魯侯鼎 近出 324	 魯遵鐘 00018  士父鐘 00145			

0565　　0564

百　　智丂

			百	智丂		
 H11：125 陳	 禽簋 04041  宜侯夨簋 04320	 師旂鼎 02809  寧簋蓋 04021	 方鼎 02702  伯姜鼎 02791			 2 號卜甲
	 獄簋 近二 436	 賢簋 04104.1  免盤 10161	 善鼎 02820  曶鼎 02838A	 逆鐘 00062		 裘衛盉 09456
	 伯百父盤 10079  晉侯蘇編鐘 近出 43	 師同鼎 02779  史頌簋 04234	 㝬鐘 00260.2  梁其鼎 02768	 毛公鼎 02841A	 兮甲盤 10174  郜召簠 近出 526	 伯公父簠 04628.2  季良父壺 09713

		0568 隹			0567 翏	0566 翟
		隹			翏	翟
 𤇾作周公簋 04241	 伯姜鼎 02791	 曆方鼎 02614				 史喜鼎 02473
 貝父乙觚 07310A	 量方鼎 02739	 麥方鼎 02706				
 仲枏父鬲 近二 93	 季敳簋 03730	 戲鐘 00088				
 亦簋二 近二 435	 龠卣 近出 605	 仲枏父鬲 00746				
 晉侯僰馬壺 近出 971	 仲枏父簋 04154	 柞鐘 00134	 此簋 04308	 此鼎 02823	 無叀鼎 02814	
 逨盤 近二 939	 大鼎 02808	 伯簋 03807	 此簋 04310	 此簋 04303.2	 此鼎 02822	

0573 雀	0572 巂	0571 閵	0570 雒	0569 隻		
雀	巂	閵	雒	隻		
 亞雀父己魚 05162.2				 矢伯隻作父癸卣 05291.1	 丂隻鼎 02059  師隻卣蓋 05194	 H11：55
	 達盨蓋 近出 506  達盨蓋一 近二 455	 閵簋 03476			 采隻簋甲 商圖 05154	 小臣靜簋 近二 547
 卌三年逨鼎一 近二 330  卌三年逨鼎二 近二 331			 周雒盨 04380			

0574 䧵

䧵

䧵叟父鼎 02205

0575 雁

雁

雁監甗 00883

雁公方鼎 02150

師湯父鼎 02780

師𩛥鼎 02830

毛公鼎 02841

大鼎 02808

雁叔鼎 02172

雁公鼎 02554

雁侯簋 04045

雁侯甗 近出 157

鄧公簋 03775

師克盨蓋 04468

雁公觶 06174

雁公鼎 近二 232

雁侯見工鐘二 近二 10

雁侯見工簋二 近二 431

鄧公簋 近出 458

雁侯盨 商圖 05539

0576 雝

雝

雝伯鼎 02531

𡩜鼎 02721

遇甗 00948

录作辛公簋 04122.1

㝬鐘 00260.2

雝作母乙鼎 02521

雝婜簋 03568

伯雍倗鼎 近二 273

臤尊 06008

录𢦏卣 近二 548

雝伯原鼎 02559

卌三年逨鼎二 近二 331

0577 (鶾)雗

雗

伯遅父鼎 02195

獄鼎 近二 310

0578	0579	0580	0581	0582		0583
雈	雒*	雝*	奞	奪		奮
雈	雒	雝	奞	奪		奮
 雈叔簋 03950  雈叔簋 03951	 雒分父甲觶 06372	 雝卣 近出 602	 䣄季奞父簋 03669	 奪作父丁鼎 02366  奪作父丁卣 05331.1	 奪作父丁壺 09592  奪作父丁壺 09593.2	 令鼎 02803
				 奪作寶簋 03372.2  奪作寶簋 03372.1		
 散氏盘 10176  散氏盘 10176				 多友鼎 02835		

0584	0585	0586	0587		0588	
雚	舊	乖	蔑		羊	
雚	舊	乖	蔑		羊	
 且南雚觶 商圖 10574		 乖叔鼎 01733	 㝬鼎 02721	 御史競簋 04135	 羊父庚鼎 01627	 叔德簋 03942
			 庚嬴鼎 02748	 保卣 05415.1	 宁羊父丙鼎 01836	 羊作父乙卣 05267.2
 王人忼輔甗 00941	 盠駒尊蓋 06011.2		 尹姞鬲 00755	 免卣 05418	 曶鼎 02838A	
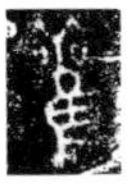 效卣 05433.1A			 遹甗 00948	 录戜卣 近二 548	 姊季姬尊 近二 586	
	 師嫠簋 04324.1		 梁其鐘 00187.2	 師艅簋蓋 04277	 師同鼎 02779	
	 兮甲盤 10174		 梁其鐘 00189.2		 師寰簋 04313.1	

0594	0593	0592		0591	0590	0589
雔	羴	羌		美	羝	羔
雔	羍	羌		美	羝	羔
 𠨘作母戊甗 00907  雔父辛觶 06314	 羍父辛斝 09218	 克罍 近出 987	 魚羌鼎 01464  克盉 近出 942	 美爵 09086  美爵 09087		 索諆爵 09091  H11：1
 呂雔姬鬲 00636			 羌作父己尊 05879		 九年衛鼎 02831	 九年衛鼎 02831  三年𤼈壺 09726
			 羌鼎 02204  鄭義羌父盨 04392			

0599		0598	0597	0596	0595	
鳳		鳥	(集)雧	雥	靃	
鳳		鳥	集	雥	靃	
 鳳作且癸簋 03712  中方鼎 02751(摹)	 鳥甗 近二 96	 鳥壬㑥鼎 02176  鳥父辛觶 近出 662			 靃鼎 02413	 H11：53
				 雥卣 商圖 13339  雥卣 商圖 13339		
			 毛公鼎 02841B		 叔男父匜 10270	

0605	0604	0603	0602	0601	0600	
烏	䴌*	鵬*	㚆*	(難)鷬	鸞	
烏	䴌	鵬	㚆	難	鶿	
 沈子它簋蓋 04330  叔趯父卣 05428.1	 且乙告田簋 03711	 沈子它簋蓋 04330	 鄧小仲方鼎 02528			 中方鼎 02752(摹)
 㦰方鼎 02824  寡子卣 05392.1						
 禹鼎 02833  毛公鼎 02841A				 季良父壺 09713	 叔𩰫父簋 04056.1  叔𩰫父簋 04057.1	

	0608 畢	0607 𠦒			0606 舄	
	畢	𠦒			舄	
 盬圓器 10360  H11：45	 史話簋 04031  獻簋 04205	 北子𠦒觶 06476			 大盂鼎 02837	 叔趯父卣 05429.1  班簋 04341A
 段簋 04208	 倗仲鼎 02462  畢鮮簋 04061		 師農鼎 02817 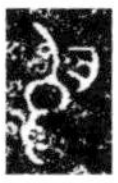 弭叔師察簋 04254	 師虎簋 04316  十三年𤼈壺 09723.1	 伯農鼎 02816  九年衛鼎 02831	
 畢伯克鼎 商圖 02273	 伯夏父鬲 00719  伯夏父鼎 02584		 師克盨 04467.2  卌三年 逨鼎二 近二 331	 師嫠簋 04325.1  師克盨 04467.1	 元年師兌簋 04274.2  師嫠簋 04324.1	 毛公鼎 02841B  取子鉞 11757

0614 幽	0613 幼	0612 幺	0611 爯		0610 冓	0609 棄
幽	幼	幺	爯		冓	棄
 伯簪簋 03943  盠𤔲土幽卣 05344.2		 幺父癸爵 08719 與「玄」一形分化。參見「玄」字。	 爯爵 商圖 08519  H11：112	 仲爯簋 03747  爯父丁罍 09814	 冓斝 09239	
 即簋 04250  史墻盤 10175			 爯簋 近出 485  爯簋 商圖 05214	 裘衛盉 09456  叔䞞父爯 11719.1		
 康鼎 02786  禹鼎 02833	 禹鼎 02833		 戎生編鐘 近出 27  獄盤 近二 937	 焚有𤔲爯鬲 00679  仲爯父鬲 04188.1		 散氏盤 10176

0617 惠　0616 叀　0615 幾

	惠		叀		幾	
			 H11：174  H11：168 ＋268			 盠𤔲土幽 且辛尊 05917
	 裘衛盉 09456		 同簋 04271  史墻盤 10175	 幾父壺 09722  茀伯歸夆簋 04331	 伯幾父簋 03766.1  幾父壺 09721	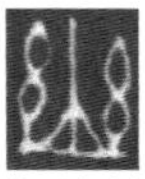 宰獸簋 近出 490  虎簋蓋 近出 491
 㝬簋 04317  逨盤 近二 939	 善夫梁其簋 04149.2  善夫梁其簋 04151	 鬲比盨 04466  中叀父簋 03956.1	 虢叔旅鐘 00238.1  鬲攸从鼎 02818		 奠鑄友父鬲 00684	 叔向父禹簋 04242  柞伯鼎 近二 327

0621 予	0620 (兹)兹		0619 玄	0618 疐		
予		兹	玄		疐	叀
	 何尊 06014	 庚兹鼎 02439	 麥方尊 06015	 疐作父丁卣 05209	 疐鬲 00631	 亞疐鬲 00455
	 H11：48	 大保簋 04140	與「幺」一形分化。參見「幺」字	 疐父丁觥 09289.1	 疐甗 00862	 作冊疐鼎 02504
	 孟簋 04162	 戜方鼎 02824	 庚季鼎 02781	 疐鼎 02731(摹)	 曶鼎 02838A	 曶鼎 02838B
		 曶鼎 02838A	 師道簋 近二 439		 疐卣 05187.1	
 作予叔嬴鬲 00563	 晉侯銅人 近二 968	 虢仲盨盖 04435	 𤔲工殘鼎 02501	 楚簋 04247.1	 井人妄鐘 00109.2	
		 戎生編鐘 近出 28	 卌三年逨鼎二 近二 331	 㝬簋 04317	 楚簋 04246.2	

0628	0627	0626	0625	0624	0623	0622
受	𤔲	爰	㝬*	敖	放	幻
受	𤔲	爰	㝬	敖	放	幻
 乃子克鼎 02712A  伯姜鼎 02791	 𡨦邑司鼎 商圖 01930  何簋 商圖 05137		 㝬鼎 01028  臣辰父乙卣 05149.1	 史䚄敖尊 近出 634		
 瘐鐘 00247  瘐鐘 00248	 五年召 伯虎簋 04292		 諫簋 04285.1  諫簋 04285.2	 九年衛鼎 02831  茾伯歸夆簋 04331		
 昊生殘鐘 00105  趞鼎 02815	 番生簋蓋 04326	 虢季子白盤 10173 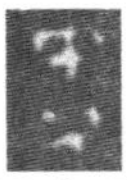 吴虎鼎 近出 364	 揚簋 04294	 屖敖簋蓋 04213  屖敖簋蓋 04213	 多友鼎 02835	 孟㺇父簋 03962  孟㺇父簋 03963.1

0630 （敢）敔		0629 孚				
敔		孚		㖩		
 大盂鼎 02837A	 旂鼎 02555	 禽簋 04041	 乃子克鼎 02712A	 耳尊 06007	 H11：84	 大盂鼎 02837
 大盂鼎 02837B	 亳鼎 02654	 商卣 05404.2	 師旂鼎 02809		 H11：130	 何尊 06014
 㾊鐘 00250	 逆鐘 00063	 晙簋 商圖 05386	 舀鼎 02838B		 九年衛鼎 02831	 㾊鐘 00249
 仲枏父鬲 00746	 㾊鐘 00247	 羚簋 近二 433	 趩簋 04266		 裘衛盉 09456	 㾊鐘 00254
 梁其鐘 00189.2	 南宫乎鐘 00181.2	 [illegible]簋 04215.1	 師同鼎 02779		 卌二年逑鼎一 近二 328	 善夫山鼎 02825
 克鐘 00207	 梁其鐘 00187.2	 番生簋蓋 04326	 毛公鼎 02841B		 逑盤 近二 939	 邿召簠 近出 526

0631

𤔲 *

𤔲						
				 鄧小仲方鼎 近出 343  匍盉 近出 943	 班簋 04341A  夨令方彝 09901.1	 作册夨令簋 04300  沈子它簋盖 04330
	 親簋 近二 440  录戜卣 近二 548	 伯敢畀盨 近出 499  伯敢畀盨 近出 500	 堯盉 09436.1  夷伯簋 近出 481	 師𩛥鼎 02830  五祀衛鼎 02832	 小臣鼎 02678  七年趞曹鼎 02783	 仲枏父鬲 00747  仲枏父鬲 00752
 梁其鐘 00190  頌鼎 02827	 逨盤 近二 939	 晉侯蘇編鐘 近出 46  柞伯簋 近二 327	 元年師事簋 04281  駒父盨蓋 04464	 無曩簋蓋 04228  元年師事簋 04279.1	 無叀鼎 02814  小臣守簋 04197	 虢叔旅鐘 00238.1  㝬鐘 00260.1

0636 臚	0635 死	0635 死	0634 (朽)𣧑	0633 叡	0632 𣦼	
臚	死	死	朽	叡	𣦼	
 引尊 05950	 2號卜甲	 大盂鼎 02837A  小臣守鼎 04179	 作册䰧鼎 02504	 師旂鼎 02809	 麥方尊 06015	
 九年衛鼎 02831	 追簋 04223.1  追簋 04223.2	 遹甗 00948  追簋蓋 04222A				
	 黿乎簋 04158.1  伯寬父盨 04438.2	 頌鼎 02827  官差父簋 04032		 賸匜 10285.1		 卌二年逨鼎一 近二 328  卌三年逨鼎二 近二 331

0641 𣎆			0640 散	0639 脂	0638 胤	0637 股
𣎆	㪚		散	㫖	胤	股
 妊爵 09028			 散伯卣蓋 05300  散伯卣 05301.2			
 □鼎 02705	 散車父壺 09697	 散伯簋 03779.1  散伯簋 03779.2	 五祀衛鼎 02832  散姬方鼎 02029			
 樊君鬲 00626	 散車父簋 03884  散車父簋 03886		 散氏盤 10176  散伯匜 10193	 孟姬脂簋 04071  脂□簋 04516	 □簋 04075	 師訇簋 04342(摹) 或釋「股」。

0647		0646	0645	0644	0643	0642
刀		脍*	脫*	脡*	彡*	(肯)肎
	刀	脍	脫	脡	彡	肎
 子刀父庚卣 05080.2  子刀父庚卣 05080.2	 子刀父辛鼎 01881  子刀簋 03079		 亞脫父乙爵 08853			 仲肎父鼎 商圖 01630
				 任鼎 近二 325		
		 叔脍父甗 近二 119 或釋「釗」，恐非。字的左下角並非「刀」，而是「肉」。			 中彡盨 04372.1  中彡盨 04372.2	

0648 利

利

利簋 03580

利簋 04131

利鼎 02804

師遽方彝 09897.1

0649 初

初

鼎 02704

方鼎 02729

御正衛簋 04044

班簋 04341A

奢簋 04088

瘐鐘 00251

散伯車父鼎 02697

公貿鼎 02719

弭伯師耤簋 04257

申簋蓋 04267

叔尃父盨 04454.1

叔尃父盨 04455.1

獄盉 近二 836

鼎 02765

次卣 05405.1

柞鐘 00133

克鐘 00204

伯吉父鼎 02656

伯鮮鼎 02663

伯鮮鼎 02665

先伯簋 03807

晉侯對盨 近出 501

0650 則

鼎刂

柞伯簋 近出 486

師觪鼎 02723

戜方鼎 02824

曶鼎 02838A

鬲攸从鼎 02818

晉侯僰馬壺 近出 971

0654 割	0653 列	0652 辨		0651 剛		
割	列		辨	剛	𠟭	
		 辨作文父己簋 03716  作册魖卣 05432.2	 辨作文父己簋 03714  辨作文父己簋 03715	 剛爵 09033		 H11：14 與《說文》籀文同。
				 史墻盤 10175	 段簋 04208 與《說文》古文相合。	 則作寶爵 08828  獄簋 近二 436
 無叀鼎 02814	 晉侯蘇編鐘 近出 40			 散氏盤 10176  散氏盤 10176		 卌二年逑鼎二 近二 329  㽙叔奐父盨 近二 454

0659	0658	0657		0656		0655
剢*	刧*	劓		罰		制
剢	刧	劓	⿰自刂	罰		制
	 㓚刧尊 05977  岡刧卣 05383.1	 辛鼎 02660	 寧女方鼎 02107 與《說文》古文相合。	 師旂鼎 02809	 大盂鼎 02837  伯罰卣 05317	
 靜簋 04273					 曶鼎 02838A  曶鼎 02838B	 作册嗌卣 05427
				 散氏盤 10176  賸匜 10285.2	 虢簋 04215.1  散氏盤 10176	

<table>
<tr><td colspan="2">0665</td><td>0664</td><td>0663</td><td>0662</td><td>0661</td><td>0660</td></tr>
<tr><td colspan="2">耒</td><td>㓞</td><td>(劍)劒</td><td>[illegible]*</td><td>[illegible]*</td><td>[illegible]*</td></tr>
<tr><td colspan="2">耒</td><td>㓞</td><td>鐱</td><td>[illegible]</td><td>[illegible]</td><td>[illegible]</td></tr>
<tr><td>
亘役耒簋
近二 363</td><td>
耒作寶彝卣
05117.1

耒父己尊
05647</td><td></td><td></td><td></td><td>
[illegible]鼎
02072</td><td></td></tr>
<tr><td></td><td></td><td></td><td></td><td></td><td></td><td></td></tr>
<tr><td></td><td></td><td>
師同鼎
02779</td><td>
師同鼎
02779</td><td>
克鐘
00207</td><td></td><td>
散氏盤
10176</td></tr>
</table>

0669	0668		0667		0666	
衡	角		⿰耒朱*		耤	
衡	角		⿰耒朱		耤	
 亞衡鼎 01425				 ⿰耒朱闢父丁斝 09241	 令鼎 02803	 耒作父己簋 03328  耒父癸爵 08688
	 史墻盤 10175	 𤼈鐘 00246  𤼈鐘 00255	 曶鼎 02838B	 ⿰耒朱壺 09469  曶鼎 02838A	 弭伯師耤簋 04257  弭伯師耤簋 04257	
 毛公鼎 02841B  番生簋蓋 04326	 翏生盨 04459.1  翏生盨 04459.2	 噩侯鼎 02810  叔角父簋 03959				

0671 觴　0670 解

		𧤗		觴	觷	觳
					 觷子甗 00874	 觳子作宄 團宫鼎 02345
		 唐仲鼎 近二 238 與《説文》籀文相合。	 觴姬簋蓋 03945  觴仲多壺 09572	 叔夨方鼎 近二 320 或以爲字象酒觴形，爲「觴」字初文，鼎銘中讀爲「唐」。		

0674 簗	0673 筍			0672 竹	
筁			筍	竹	
 且日庚簋 03991  且日庚簋 03992				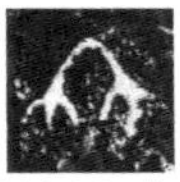 竹且癸角 08848	早期
					中期
	 筍伯大父盨 04422.1  筍伯大父盨 04422.2	 伯筍父鼎 02513  伯筍父盨 04350	 鄭伯筍父鬲 00730  鄭伯筍父鬲 00925		晚期

0675	0676	0677		0678	0679	0680
簡	(筮)筭	簞		筥	簋	簠
簡	筭	⿱⺮𠙴	簞	筥	𣪘	⿱⺮甫
					與「𣪘」一字，見「𣪘」字。	
	 史懋壺 09714					 散伯㾞簠 04681
 有𤔲簡簋蓋 近二 420		 毛公鼎 02841B	 番生簋蓋 04326  應公鼎 近二 292	 筥小子簋 04037		

0684 箕				0683 簧	0682 箙	0681 笭
其				簧	葡	笭

 師■簋 03573  H11：11	 厚趠方鼎 02730  [illegible]鼎 02721	 作父己鼎 02252  从鼎 02461	 遣鬲 0631  比甗 00913		與「葡」一字，見「葡」字。	 延作笭觶 06487
 元年師事簋 04281  仲枏父鬲 近二 93	 師臾鐘 00141  伯上父鬲 00644	 𤼈鐘 00246  媚鐘 00035	 楚公冢鐘 00042  戰狄鐘 00049			 訇簋 04321
 伯■鼎 02538  伯■鼎 02538	 伯氏鼎 02444  仲殷父鼎 02463	 吕王壺 09630  虢叔旅鐘 00238.2	 南宫有嗣鼎 02631  昆疕王鐘 00046	 㝬簋 04317		

0687 奠　0686 畀　0685 典

奠	畀			典	⿰其丮	
 奠同媿鼎 02415	 班簋 04341A  柞伯簋 近出 486			 ⿱炏大作周公簋 04241  H11：82	 叔趩父卣 05428.2  師旂鼎 02809	 H11：1 與《説文》古文或籀文相合。
 ⿱穴卩鼎 02755  曶鼎 02838A	 永盂 10322	 格伯簋 04265  六年召伯虎簋 04293	 格伯簋 04264.1  格伯簋 04264.2	 格伯簋 04262.1  格伯簋 04263	 不⿰其丮簋 04328  刺鼎 02776	 虎叔簋 近二 412  殷簋 近二 437
 克鐘 00205  克鐘 00207	 ⿰鬲斗比盨 04466			 善夫克盨 04465.1A  善夫克盨 04465.2A	 訇伯簋蓋 03846	 虢文公子鼎 02635  師同鼎 02779

0689 差　　　　0688 左

	差	⿸𠂇言	右	左		
		 矢令方尊 06016  矢令方彝 09901.2	 班簋 04341A			
 𫹉公盨 近二 458	 同簋 04271  同簋蓋 04270			 瘐鐘 00247  瘐鐘 00248	 宰獸簋 近二 441  旂伯簋 商圖 05147	 鄭井叔康盨 04401  免簠 04626
	 官差父簋 04032		 元年師兌簋 04274.2	 師寰簋 04313.1  師寰簋 04314	 卌二年逑鼎一 近二 328  卌三年逑鼎二 近二 331	 鄭登伯鼎 02536  卌二年逑鼎一 近二 328

0691 巨　　　　0690 工

矩	矩		工			
 伯矩鬲 00689.1  伯矩鬲 00689.2	 伯矩甗 00893  伯矩鼎 02170	 伯矩卣 05228.1  伯矩盉蓋 09412	 矢令方彝 09901.1  H11：102	 工舟爵 08254  𤔲工丁爵 08792	 單子卣 05195.2  工衛爵 08203	 史獸鼎 02778  明公簋 04029
 九年衛鼎 02831  豐卣 05403.1			 裘衛盉 09456  盠方彝 09899.1	 尊 05988  免尊 06006	 盂簋 04163  免卣 05418	 五祀衛鼎 02832  盂簋 04162
				 散氏盤 10176  卌二年逑鼎一 近二 328	 公臣簋 04185  揚簋 04294	 𤔲工殘鼎 02501  公臣簋 04184

0697	0696	0695	0694	0693	0692	
曆*	甚	猒	甘	巫	𡨦	
𣊟	甚	猒	甘	巫	𡨦	
	 甚𨺅君簋 03791	 沈子它簋蓋 04330		 巫觶 06086		 伯矩鼎 02456  矩方鼎 近二 300
 𡧊簋 04194.2	 甚諆臧鼎 02410					 裘衛盉 09456
	 晉侯對盨 近出 504  晉侯對盨 近二 453	 毛公鼎 02841A  魯士商戱簋 04111	 鄁甘𩫖鼎 近出 336	 齊巫姜簋 03893	 𡨦簠 04524	

0699 0698

曰 [illegible]*

曰		[illegible]				曆
 雁公鼎 02554	 曰伯[illegible]姑鼎 02263	 [illegible]作且乙鼎 02244		 保卣 05415.1	 曆盤 10059	 亞艅曆作且己鼎 02245
 [illegible]鼎 02740	 雁公鼎 02553	 盟尊 06004		 [illegible]鼎 02721	 御史競簋 04135	 曆方鼎 02614
 [illegible]鼎 02696	 逆鐘 00061		 絺簋 04192.2	 競卣 05425.2	 大簋 04165	 遹甗 00948
 師隹鼎 02774A	 瘨鐘 00247		 絺簋 04192.1	 臤尊 06008	 免卣 05418	 录作辛公簋 04122.1
 復公子簋 04011	 井人妄鐘 00111.1				 師艅簋蓋 04277	 梁其鐘 00189.2
 無曩簋蓋 04228	 梁其鐘 00189.1					 梁其鐘 00191

0703 曹	0702 朁		0701 曶	0700 𣍘		
曹	朁	曶	曶	𣍘		
	 伯朁簋 近二 383	 禹曶作旅鼎 02175  姞曶母方鼎 02330	 史曶爵 09041	 ■叔乙𣍘甗 商圖 03286  H11：82	 FQ4  H31：3	 保員簋 近出 484  H11：5
 七年趞曹鼎 02783  七年趞曹鼎 02783		 大師虘簋 04252. 1  曶壺蓋 09728	 曶尊 05931			 匡卣 05423A  录㦰卣 近二 548
	 番生簋蓋 04326  戎生編鐘 近出 29	 克鐘 00204  賸匜 10285. 2	 師害簋 04116. 2			 晉侯蘇編鐘 近出 44  卌三年逨鼎二 近二 331

0704 乃

乃

乃子作父辛甗 00924.1

乃孫作且己鼎 02431

逆鐘 00061

逆鐘 00063

噩侯鼎 02810

伯農鼎 02816

乃⿰月曾子鼎 02532

雁公鼎 02554

縣妃簋 04269

吕服余盤 10169

部智簋 04197

大簋蓋 04299

乃子克鼎 02712A

且日庚簋 03991

㝬簋 近二 413

師嫠簋 04325.1

0705 卤

卤

令鼎 02803

大盂鼎 02837

師旂鼎 02809

五祀衛鼎 02832

㝬鐘 00260.1

曾伯宫父穆鬲 00699

沈子它簋蓋 04330

夨令方彝 09901.1

農卣 05424.1

親簋 近二 440

⿰鬲斗攸从鼎 02818

多友鼎 02835

何簋 商圖 05136

H11：42 陳

毛公鼎 02841B

曾仲大父螽簋 04203

0706 卣

卣

大盂鼎 02837A

士上卣 05421.1

晋壺蓋 09728

吕方鼎 02754

虢叔旅鐘 00238.1

虢叔旅鐘 00240.1

0710	0709	0708	0707
寧	騁*	甹	丂

寧	寍	騁	甹	丂		
 寧簋蓋 04021  耳卣 05384.1	 寧女鬲 00462  寧女方鼎 02107	 亞騁爵 07824	 班簋 04341A	 丂隻鼎 02059  𤔲土𤔲簋 03696		 士上卣 05421.2 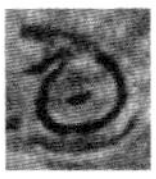 荊子鼎 商圖 02385
 應侯爯盨 近出 502			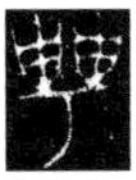 逆鐘 00063  史墻盤 10175	 仲枏父鬲 00746  仲枏父鬲 00752		 录伯戜簋蓋 04302  吴方彝蓋 09898B
 卌三年逨鼎一 近二 330  卌三年逨鼎二 近二 331			 毛公鼎 02841A  毛公鼎 02841B	 仲枏父簋 04155.1  散氏盤 10176	 三年師兑簋 04318.1  三年師兑簋 04318.2	 虢叔旅鐘 00243  伯農鼎 02816

0714 (于)亏	0713 乎		0712 兮	0711 可		
于	乎		兮	可		
麥方鼎 02706	H11：52	井鼎 02720	盂卣 05399.2	美爵 09087	寧遹簋 03632	寧作父辛觶 06419
曐方鼎 02739	H11：92	叔夨方鼎 近二 320			寧卣 商圖 13130	盂爵 09104
競卣 05425.1	𤔲簋 04192.2	乎簋 03769.1				
瘐鐘 00246	周乎卣 05406.2	乎簋 03769.2				
伯鮮鼎 02663		南宫乎鐘 00181.1	兮仲簋 03808.1	師嫠簋 04324.1		
䣄叔䣄姬簋 04063.2		大師人鼎 02469	兮伯吉父盨 04426	賸匜 10285.1		

0716 旨　　0715 粤

旨	雩		亏			
 匽侯旨作父辛鼎 02269  匽侯旨鼎 02628				 H11：27  H11：14 徐	 雔伯鼎 02531  匍盉 近出 943	 觶 06509.2  亢鼎 近二 321
 旨鼎 近出 250  旨盉 商圖 14697					 叔簋 近出 468	 㚇伯鬲 00632  叔簋 近出 466
 季良父壺 09713	以「雩」爲「粤」。參見「雩」字。	 卌三年逨鼎一 近二 330  卌三年逨鼎五 近二 334	 叔㛱父簋蓋 04069  戎生編鐘 近出 28			 伯鮮鼎 02665  郘𠫑簋 04197

0720 壴				0719 喜	0718 ⿰矢旨*	0717 嘗
壴				喜	⿰矢旨	嘗
 壴生鼎 02483  壴師當盧一 近二 981				 天亡簋 04261  史喜鼎 02473		
			 九年衛鼎 02831	 師臾鐘 00141  癲鐘 00246	 伯⿰矢旨方鼎 02185  農卣 05424.1	 六年召伯 虎簋 04293  效卣 05433.1A
	 伯喜父簋 03838  伯喜父簋 03839	 梁其鐘 00190  伯喜簋 03997.1	 士父鐘 00146  士父鐘 00147	 兮仲鐘 00067  兮仲鐘 00068		 姬鼎 02681

0723 嘉				0722 彭	0721 尌	
嘉				彭	𡔷	
	 魚伯彭尊 商圖 11622	 伯彭作盉 09369  彭且乙爵 09043	 揚方鼎 02613  作彭史从尊 05810	 彭女彝鼎 01907  揚方鼎 02612	 𡔷中作盤 10056	 H11：20
				 伯彭鼎 近二 846		
 伯嘉父簋 03679  伯嘉父簋 03680				 廣簋蓋 03890	 𡔷仲簋蓋 04124	

	0726		0725		0724	
	糞*		豆		鼓	
[illegible]	糞	豋	豆		鼓	
	 大盂鼎 02837	 大盂鼎 02837				 鼓𦎧作父辛觶 06500
		 段簋 04208		 豆閉簋 04276	 瘭鐘 00250  瘭鐘 00259	 瘭鐘 00248  瘭鐘 00249
 姬鼎 02681	 大師盧豆 04692		 散氏盤 10176	 周生豆 04683  大師盧豆 04692	 師嫠簋 04325.1	 大克鼎 02836  師嫠簋 04324.1

0727 豊

豊

天亡簋
04261

何尊
06014

長甶盉
09455

典弜兔尊
近二 592

H11：112

0728 豐

豐

憻季遽父卣
05357.2

咸方鼎
近二 264

𤼈鐘
00246

𤼈鐘
00247

豐井叔簋
03923

豐兮夷簋
04002.2

𤼈鐘
00248

裘衛盉
09456

元年師事簋
04280.1

王盉
09438

咸簋
近二 395

有𤔲簡簋蓋
近二 420

輔伯雁父鼎
02546

豐伯盄父簠
商圖 05845

0729 豊*

豊

小臣豊卣
05352

豊伯戈
11014

伯豊爵
近出 904

0734	0733	0732	0731		0730	
虔	虞	䖒	豐*		豊*	
虔	虞	䖒	豐		豊	
	 宜侯夨簋 04320	 H11：113	 作册魖卣 05432.2	 小臣宅簋 04201  豐卣 05191.1	 豊卣 05346  豊簋 商圖 04542	 豊公鼎 02152  㬪方鼎 02739
 瘋鐘 00252  師望鼎 02812	 恒簋蓋 04199  恒簋蓋 04200			 夆簋 03737  申簋蓋 04267	 豊父辛爵 09081  叔豊簋 近出 468	 豊卣 05403  豊作父辛尊 05996
 梁其鐘 00187.1  梁其鐘 00192	 虞嗣寇壺 09694.2  散氏盘 10176			 豐兮夷簋 04001.2  豐兮夷簋 04002.2		 散氏盤 10176

0738	0737	0736		0735		
⿸虍隶*	虐	虖		虘		
⿸虍隶	虐	虖		虘		
		 叔趩父卣 05428.1  叔趩父卣 05429.2	 沈子它簋蓋 04330  班簋 04341A		 虘作父辛簋 03520  虘作父辛爵 08952	
 九年衛鼎 02831			 戜方鼎 02824  寡子卣 05392.1	 大師虘簋 04251.1  大師虘簋 04251.1	 䖒鐘 00088  䖒鐘 00089	 追簋 04221
	 量盨 04469（摹）  量盨 04469（摹）		 禹鼎 02833  毛公鼎 02841A	 虘簋 商圖 05896	 伯椃虘簋 04094  大師虘豆 04692	 師寰簋 04313.1  番生簋蓋 04326

0740 彪						0739 虎
彪						虎
					 中方鼎 02751（摹）	 執虎鼎 02437  叔虎父作叔姬鼎 02343（摹）
	 虎叔簋 近二 412  虎叔簋 近二 412	 師虎簋 04316  裘衛盉 09456	 師酉簋 04289.1  六年召伯虎簋 04293	 大師盧簋 04252.1  師酉簋 04288.1	 滕虎簋 03828  大師盧簋 04251.1	 𢦚方鼎 02824  九年衛鼎 02831
 讆鼎 近二 324		 卌三年逨鼎二 近二 331	 焂戒鼎 近出 347  召伯虎盨 近出 497	 三年師兌簋 04318.2  散氏盤 10176	 毛公鼎 02841B  三年師兌簋 04318.1	 𥂴姬鼎 00575  伯農鼎 02816

				0743 虢	0742 虢	0741 虒
				虢	虢	虒
				 班簋 04341A		
	 吴方彝蓋 09898A  虢叔盂 10307	 城虢遣生簋 03866  三年瘐壺 09727	 虢仲鬲 00562  虢叔簋 03244	 師臾鐘 00141  虢仲鬲 00561		 虒簋 商圖 05295  虒簋 商圖 05295
 虢叔簠 04515  虢叔尊 05914	 鄭虢仲簋 04025.2  虢叔作叔殷穀簠蓋 04498	 虢文公子□鼎 02634  虢季氏子組簋 03971	 虢文公子□鬲 00736  虢叔大父鼎 02492	 虢叔旅鐘 00238.1  虢叔鬲 00524	 毛公鼎 02841A  毛公鼎 02841B	

0749	0748	0747	0746	0745	0744	
⿰糹虎*	⿰卪虎*	⿸虎田*	⿰忄虎*	虤	虒	
⿰糹虎	⿰卪虎	⿸虎田	⿰忄虎	⿰虘攴	虒	
		 叔⿸虎田尊 05857		 ⿰虘攴父癸爵 09024		
	 九年衛鼎 02831			 录伯⿱戈或簋蓋 04302	 同簋 04271  十三年㾓壺 09723.1	
 伯農鼎 02816			 己侯⿰忄虎鐘 00014	 ⿱畐土盨 04469（摹）		 虢季子白盤 10173  虢季簋 近出 444

0753 盛		0752 盂			0751 皿	0750 虤
盛	⿰金盂	盂		⿰金皿	皿	⿸虍⿰聿彡
	 史宋鼎 02203	 匽侯盂 10305	 大盂鼎 02837  匽侯盂 10303.1		 皿屖簋 03438  皿簋 03005	
 伯⿰鬲畫簋 商圖 05100		 滋盂 10310  永盂 10322	 彊伯井姬羊尊 05913  虢叔盂 10306		 伯簋 近出 438	 叔⿸虍⿰聿彡簋 03552  即簋 04250
 史免簠 04579.1  季良父壺 09713		 伯公父盂 10314  晉侯⿱林火馬壺 近出 971	 大鼎 02807  鮇公簋 03739	 晉侯喜父⿰金皿 近出 1060	 皿簋 03004	

齍

⿱齊鼎				齍	⿱妻皿	
 羌鼎 02204	 𩛥鼎 02067.1	 尚方鼎 01769	 敬作父丁鬲 00543		 伯六□方鼎 02337	 叔作懿宗方鼎 02051
 厚趠方鼎 02730	 𩛥鼎 02067.2	 寡長方鼎 01968	 中作⿱齊鼎鼎 01731		 季𣞤作宫伯方鼎 02340	 㻛⿱妻皿方鼎 01768
 旨鼎 近出 250	 中自父鬲 02046	 吕雔姬鬲 00636	 散伯鬲 00519	 中𨚕父鬲 00544		
	 吕方鼎 02754	 伯泌父鬲 00671	 姬艿母鬲 00546			
		 癸有嗣再鬲 00679	 伯邦父鬲 00560			
		 癸有嗣再鼎 02470	 戲伯鬲 00666			

			0756 盬		0755 盧	
⿱壴皿	⿷匚故	⿷匚金	⿷匚古		盧	
		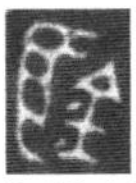 宰獸簋 近出 490			 史密簋 近出 489	 十五年趞曹鼎 02784  匡卣 05423A
 □□簋 04533  交君子叕簋 04565.1	 郙仲簋一 近二 472	 中其父簋 04482	 虢叔作叔殷穀簋蓋 04498	 射南簋 04480  史頌簋 04481		 伯公父簋 04628.1  伯公父簋 04628.2

0758 盆　0757 盄

盆	盄	鍺	⿱鈷皿	⿷匚猒	⿷匚鈷	
 中父盆甲 商圖 06258  中父盆甲 商圖 06258	 師觓鼎 02830  卯簋蓋 04327					
	 井人妄鐘 00111  史盄父鼎 02196	 伯簋 04484 隸定字與車鍺之「鍺」同形。	 伯公父簠 04628.1  伯公父簠 04628.2	 季宮父簠 04572	 史簠 04523  蛕公諴簠 04600	 交君子叕簠 04565.2

卷五 皿部

須	⿰木須	⿰爿須	盨			
 遣叔吉父盨 04416 或以「須」爲「盨」。參見「須」字。	 鄭井叔康⿰木須 04401	 中鑠⿰爿須 04399	 攸盨 04414  𣪘盂征盨 04420.2	 伯窺父盨 04438.2  伯窺父盨 04438.1	 伯窺父盨 04439.1 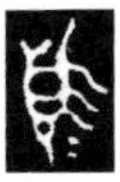 伯窺父盨 04439.2	或省去「皿」等，代以兩點。
 伯多父盨 04368.1  伯多父盨 04368.2		 伯大師釐⿰爿須 04404	 伯筍父盨 04350  叔倉父盨 04351	 女盨蓋 04352  筍伯大父盨 04422.1	 筍伯大父盨 04422.2  食中走父盨 04427	

⿱⿰米頁皿	盨		⿱⿰舟頁皿	⿰金頁		⿰米頁
	 叔尃父盨 04455.1  叔尃父盨 04455.2	 叔尃父盨 04454.1  叔尃父盨 04454.2	 達⿱⿰舟頁皿蓋 近出 506	 弭叔⿰金頁 04385	 師趛⿰金頁 04429.2  師趛⿰金頁 04429.1	 京叔盨 近二 446
 史𠭯⿱⿰米頁皿 04366  杜伯⿱⿰米頁皿 04452			 師克⿱⿰舟頁皿蓋 04468		 攸𪊿⿰金頁 04344  伯夸父⿰金頁 04345	 晉侯對盨 近出 501

盉

叔	盉				鐎	
 亞盉父乙盉 09371.1		 伯𩰫盉 09417	 伯矩盉 09398	 員作盉 09367.1		
		 麥盉 09451	 吴盉 09407	 敄□般盉 09386		
 季良父盉 09443	 師道簋 近二 439	 來父盉 09429.1	 □父盉 09416	 伯春盉 09399		
		 龕盉 09442	 季嬴霝德盉 09419	 𪒠王盉 09411		
 伯章父盉 09437		 逨盉 近二 834	 王盉 09438	 函皇父鼎 02745	 矢賸鐎 04353	 杜伯鐎 04450.2
		 應侯盤 近二 923	 王仲皇父盉 09447	 函皇父簋 04141.1		 虢季鐎 近出 493

0765	0764	0763	0762	0761		
⿱亞皿*	⿱茲皿*	⿱圭皿*	盈		益	
⿱亞皿	⿱茲皿	⿱圭皿	函		益	鑐
		 ⿱圭皿父丁盉 近出 935	 函弗生甗 00887			
 逆鐘 00060  格伯簋 04262.1	 靜簋 04273		 录伯𢦏簋蓋 04302  永盂 10322	 王臣簋 04268.1  宰獸簋 近二 441	 畢鮮簋 04061  申簋蓋 04267	
				 元年師事簋 04282.1  有𤔲簡簋蓋 近二 420	 益公鐘 00016  元年師事簋 04279.1	 伯⿰金肁盉 09413

0769 温*		0768 ⿱無皿*	0767 ⿱魚皿*		0766 盠*	
温		⿱無皿	⿱魚皿		盠	
		 無仲尊 05963 字从「無」聲，或用作「鄦」。參見「鄦」字。				
		 無季鼎 商圖 01433		 盠方彝 09899.2	 九年衛鼎 02831  盠方彝 09899.1	 格伯簋 04262.2  格伯簋 04265
 伯温父簋 近二 390	 中遼父匜 近出 1012	 無姬鬲 00575  無季姜方簋 近出 462	 屖敖簋蓋 04213		 逨盤 近二 939	

	0774	0773		0772	0771	0770
	鑑*	盬*		糕*	盦*	盅*
	鑑	盬		糕	盦	盅
 麥方尊 06015	 鑑作父甲卣 05308.1  鑑作父甲卣 05308.2					
		 申簋蓋 04267				
			 大簋蓋 04298	 大鼎 02807  大鼎 02808	 䣄叔奐父盨 近二 454  䣄叔奐父盨 近二 454	 叔良父匜 近出 1016

0775 盩*			0776 血	0777 衄		
盩		盩	血	衄		
			 H11：1			
 㾓鐘 00247  㾓鐘 00249	 㾓鐘 00248 或釋「𦏧」。	 㾓簋 04176.1  㾓簋 04176.2		 五祀衛鼎 02832  追簋蓋 04222A	 追簋 04223.1  追簋 04223.2	 縣妃簋 04269
				 師寰簋 04313.1  師寰簋 04313.2	 作冊封鬲一 近二 94  作冊封鬲二 近二 95	

0782 靜		0781 青	0780 彤		0779 丹	0778 畫
	靜	青		彤	丹	畫
 班簋 04341A	 靜簋 04273  靜簋 04273	 匍盉 近出 943			 庚嬴卣 05426.2  作公丹斝 09393	
 小臣靜卣 近二 547	 靜卣 05408  免盤 10161	 吴方彝蓋 09898A  史墻盤 10175	 輔師嫠簋 04286  走馬休盤 10170	 逆鐘 00062  弭伯師耤簋 04257		 作册益卣 05427
 毛公鼎 02841B	 多友鼎 02835  大克鼎 02836			 寰盤 10172  虢季子白盤 10173	 丹叔番盂 近二 964	 多友鼎 02835

<table>
<tr><th>0788
即</th><th>0787
皀</th><th>0786
奔*</th><th>0785
⿰王井*</th><th>0784
(刑)㓝</th><th></th><th>0783
井</th></tr>
<tr><td>即</td><td>皀</td><td>奔</td><td>⿰王井</td><td>㓝</td><td>井</td><td>井</td></tr>
<tr>
<td>
大盂鼎
02837A

匍盉
近出 943</td>
<td>
作豸商簋
03453

天亡簋
04261</td>
<td>
作册夨令簋
04300</td>
<td>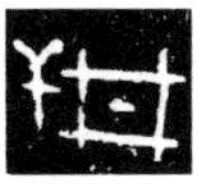
⿰王井冀作父
癸簋
03686</td>
<td></td>
<td></td>
<td>
曆方鼎
02614

大盂鼎
02837A</td>
</tr>
<tr>
<td>
曶鼎
02838A

親簋
近二 440</td>
<td>
姬簋
03569</td>
<td></td>
<td></td>
<td>
史墻盤
10175
此字用作「荊」。或徑釋「荊」。</td>
<td>
強作井姬鬲
02192</td>
<td>
伯狺父鬲
00615</td>
</tr>
<tr>
<td>
趞鼎
02815

卌二年
逑鼎一
近二 328</td>
<td>
師克盨
04467.1</td>
<td></td>
<td></td>
<td>
散氏盤
10176</td>
<td>
康鼎
02786</td>
<td>
梁其鐘
00187.1</td>
</tr>
</table>

井部 皀部

0789 既

既

庚贏鼎
02748

保卣
05415.1

𤼈鐘
00251

尹姞鬲
00755

鄭虢仲簋
04024.1

大鼎
02807

敔甗
近二 126
（摹）

H11：13

大師虘簋
04251.1

逆鐘
00060

無叀鼎
02814

曾仲大父蠢簋
04203

H11：26

H11：48

走馬休盤
10170

師虎簋
04316

晉侯對鼎
近出 350

晉侯僰馬壺
近出 971

獄簋
近二 438

柞伯簋
近二 327

伯吕父盨
近二 452

0790 亶

亶

九年衛鼎
02831

录伯𢦚簋蓋
04302

毛公鼎
02841B

三年師兌簋
04318.2

吴方彝蓋
09898A

伯農鼎
02816

亶車父壺
09602.1

卌三年逨鼎四
近二 333

0791 鬯

鬯

大盂鼎
02837A

叔簋
04132.2

录伯𢦚簋蓋
04302

曶壺蓋
09728

毛公鼎
02841A

卌三年逨鼎二
近二 331

0792 爵

爵

魯侯爵
09096

克罍
近出 987

吴方彝蓋
09898B

爵寶彝爵
08822

爵父癸盉
09362.1

縣妃簋
04269

伯公父勺
09935

爵父癸盉
09362.2

魯侯爵
09096

史獸鼎
02778

0793 ⿺鬯矩

⿺鬯矩

吴方彝蓋
09898A

吕方鼎
02754

毛公鼎
02841A

三年師兑簋
04318.2

㫚壺蓋
09728

伯農鼎
02816

卌二年
逑鼎一
近二 328

卌三年
逑鼎三
近二 332

0794 ⿱亯⿰虫鬯*

⿱亯⿰虫鬯

亢鼎
近二 321

或讀「鑷」，或讀爲「觶」。

0795 食	0796 餑				0797 (饔)饔	0798 飴
食	餑				饔	與
 牧共作父丁簋 03651  FQ3	 宰犬作父丁簋 03608  旃簋 03628	 甗簋 03732.1  敔簋 03827	 匽侯盂 10305  新𦥑簋 03439	 新𦥑簋 03440  甗簋 03728.2		 堇鼎 02703 與《說文》籀文相合。
 [illegible]父鼎 02194	 姚鼎 02068  穆父作姜懿母鼎 02331	 辱簋蓋 03734  散車父簋 03882.1	 散車父簋 03882.2  䨌卣 近出 605			 㪤簋 04195.1  㪤簋 04195.2
 食中走父盨 04427	 戲伯鬲 00666  大師簋 03633	 伯喜父簋 03838  伯喜父簋 03839	 毳簋 03931.1  仲叀父簋 03956.1	 孟姬脂簋 04071  胄簠 04532	 伯碩奮盤 10112	

0799 饎

喜

天亡簋
04261

以「喜」爲「饎」。參見「喜」字。

0800 飤

飤

父乙飤觶
06247.1

父乙飤觶
06247.2

命簋
04112.2

霝作寶飤簋
03374

⿰口敕生隺鼎
02468

吴王姬鼎
02600

康伯簋
03720

命簋
04112.1

陽飤生簋蓋
03984

陽飤生匜
10227

0801 饡

⿸厂食

史墻盤
10175

或以爲是「饡」之古文，銘文讀爲「纘」。

晉侯豬尊
近二 590

字與「饡」之古文偏旁一致，故釋「饡」。或以爲字从「尸」聲，讀爲「彝」。

0802 餯

餳

令鼎
02803

0803 餔

⿰食夫

⿰食夫作父戊卣
05312.1

0804 饗

卿

先獸鼎
02655

叩簋
03731

仲枏父鬲
00746

衛鼎
02733

大鼎
02807

伯康鼎
04160

0806 餱*

0805 饉

餱	饉					
		「饗」與「卿」一形分化，此爲分化之前的寫法。參見「卿」字。	 保員簋 近出 484  矩方鼎 近二 300	 叔趯父卣 05428.1  效尊 06009	 天亡簋 04261  沈子它簋蓋 04330	 簋 03745  小臣宅簋 04201
	 曶鼎 02838A  曶鼎 02838B			 裘衛盉 09456  三年瘓壺 09726	 通簋 04207  長由盉 09455	 七年趞曹鼎 02783  穆公簋蓋 04191
 㝬簋 04317					 曶叔奐父盨 近二 454  曶叔奐父盨 近二 454	 虢季子白盤 10173  楚公逆編鐘 近出 97

0811 今		0810 侖	0809 合	0808 鑠*	0807 簪*	
今		侖	合	鑠	簪	
 H11：14  H11：16	 大盂鼎 02837B  師旂鼎 02809	 ⿰鬳京伯豐鼎 商圖 02426	 皿合觚 07300		 士上尊 05999	 寳鼎 02740  士上卣 05421.2
 六年召伯虎簋 04293	 ⿸疒興鐘 00252  師虎簋 04316		 五年召伯虎簋 04292	 中鑠盨 04399		 呂方鼎 02754
 蔡簋 04340A  逨盤 近二 939	 大克鼎 02836  毛公鼎 02841B					

0812 舍　　0813 會　　0814 倉

倉	鐈	會		舍		
				 H11：115	 矢令方彝 09901.1  矢令方彝 09901.2	 舍父鼎 02629  令鼎 02803
			 史密簋 近出 489  史密簋 近出 489 （摹）		 霸簋 商圖 04609	 㾓鐘 00252  九年衛鼎 02831
 㝬鐘 00260.2  叔倉父盨 04351	 𦎫氏詹鐈 10350	 近二 939	 會始鬲 00536  賸匜 10285.2		 散氏盤 10176	 小克鼎 02796  復公子簋 04011

0818 匋		0817 缶	0816 内		0815 入	
匋	⿹勹⿱𠂉土	缶	内		入	
 能匋尊 05984		 网刼卣 05383.1	 矩方鼎 近二 300	 伯矩鼎 02456	 H11：69 陳	 小臣宅簋 04201
 父盤 10075		 犅刼尊 05977		 師旂鼎 02809		 卣 05354.2
 律鼎 02073	 帥隹鼎 02774A	 京姜鬲 00641	 录戜卣 近二 548	 利鼎 02804		 衛鼎 02733
 ⿸庚豕簋 04167			 師道簋 近二 439	 伯龢鼎 近二 309		 宰獸簋 近出 490
 筍伯大父盨 04422.1			 内公簋蓋 03707	 内公鬲 00711	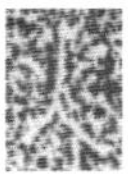 晉侯蘇編鐘 近出 35	 趞鼎 02815
 筍伯大父盨 04422.2			 内姑簋 近二 389	 康鼎 02786		 大鼎 02807

0821 (射)䠶		0820 矢		0819 鑐		
弜		矢		鑐		
隸定字與「弜知」之「弜」同形。	 射戈 10791  射戟 10792	 矢爵 07632  柞伯簋 近出 486	 宁矢父丁簋 03318  矢伯隻作父癸卣 05291.1			
		 𢿢簋 04099.2  應侯見工簋一 近二 430	 師湯父鼎 02780  十五年趞曹鼎 02784			 父盉 09416
	 雔伯原鼎 02559		 伯農鼎 02816  晉侯蘇編鐘 近出 46	 仲義父鑐 09964.1  仲義父鑐 09964.2	 善夫吉父鑐 09962.2  善夫吉父鑐 09962.1	

0823 叔*	0822 (侯)矦					
叔	医				[弓+叔]	
 楷叔叔父鬲 00542  乃子克鼎 02712A	 匽侯舞鍚 近二 1341 與《說文》古文同。	 噩侯鼎 商圖 01566  匽侯舞鍚 近出 1253	 匽侯旨作父辛鼎 02269  康侯爵 08310	 康侯鬲 00464  康侯丰鼎 02153		 襄射作尊甗 00848  令鼎 02803
 叔父己觶 06284  任鼎 近二 325		 魯侯鼎 近二 236  應侯見工鐘二 近二 10	 應侯鼎 近出 273  伯晨鼎 02816	 遇甗 00948  曩侯弟鼎 02638	 長甶盉 09455	 十五年趞曹鼎 02784  靜簋 04273
		 應侯壺二 近二 864  楷侯宰■壺 近二 859	 蔡侯鼎 02441  戎生編鐘 近出 29	 己侯虎鐘 00014  魯侯鬲 00545	 射南簠 04479	 噩侯鼎 02810  [鬲+斗]攸从鼎 02818

0827 央	0826 市	0825 (冋)冂		0824 高		
央	祟	冋	冂	高		
 央作寶簋 03370	 H11：106		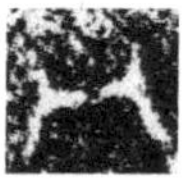 遣作父乙觶 06442	 高卣 05319.2	 陸婦簋 03621  亞高作父癸簋 03655	 叔簋 02955  叔父戊觶 06269
		 七年趞曹鼎 02783  元年師事簋 04281			 瘐鐘 00246  史墻盤 10175	
 虢季子白盤 10173	 兮甲盤 10174	 大克鼎 02836		 楚公逆編鐘 近出 97	 大簋蓋 04125  駒父盨蓋 04464	

0832 就	0831 京	0830 ⿰𩫖虫*	0829 ⿱⿸户戈𩫖*			0828 𩫖
⿱亯京	京	⿰𩫖虫	⿱⿸户戈𩫖			𩫖
	 井鼎 02720  叔京簋 03486					 𩫖作寶鼎 01966  𩫖伯馭簋 04169
 宰獸簋 近二 441  宰獸簋 近出 490	 京姜鬲 00641  鮮簋 近出 482	 癲鐘 00246	 史墻盤 10175	 師隹鼎 02774A  宰獸簋 近二 441	 五年召伯虎簋 04292  𩫖伯方鼎蓋 近出 274	 伯𩫖父鬲 00616  師訇鼎 02830
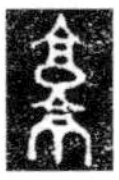 三年師兌簋 04318.1  三年師兌簋 04318.2	 克鐘 00204  伯吉父匜 10226				 五年琱生尊一 近二 587	 毛公鼎 02841A  𥛱伯鐳 09960

(享)亯

亯				[illegible]		
		 克罍 近出 987	 魯侯熙鬲 00648  作册夨令簋 04300			
 敔簋 近二附 25	 𦰡伯歸夆簋 04331  王母簋 近出 450	 鼎 02705  仲辛父簋 04114	 叡鐘 00088  伯鼎 02460			與《説文》籀文相合。
 合簋蓋 04039  琱伐父簋 04049.1	 師父簋 03892  豐兮夷簋 04001.1	 仲爯父鼎 02529  陽飤生簋蓋 03984	 用享鐘 00002  虢季氏子鬲 00683	 史叀鼎 近出 346	 卌三年逨鼎二 近二 331  逨盤 近二 939	 師嫠簋 04324.1  師嫠簋 04325.1

0838		0837	0836	0835		0834
畐		厚	覃	㫗		𦎫
畐		厚	覃	㫗		𦎫
 季寧尊 05940	 厚且戊觶 06439	 毛公旅方鼎 02724  厚趠方鼎 02730	 亞覃父丁爵 08890			 鼓𦎫作父辛觶 06500
	 王臣簋 04268.1	 瘨鐘 00246  瘨鐘 00253		 盠駒尊蓋 06012	 獄簋 近二 438  獄簋 近二 436	 寡子卣 05392.2  寡子卣 05392.1
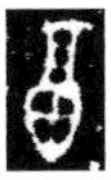 士父鐘 00147 讀作「福」。		 井人妄鐘 00110			 不㠱簋蓋 04329	 㝬鐘 00260.1  不㠱簋 04328

0840

亩

0839

良

嗇	亩		良			
	 亩父癸鼎 近二 260	 大盂鼎 02837A  白亩爵 08299				 大師事良父 簋蓋 03914  御正良爵 09103
 叡鐘 00092					 格伯簋 04264.1  應侯見工鼎 近二 323	 格伯簋 04262.1  格伯簋 04263
 兮仲鐘 00069  卌三年逨 鼎三 近二 332		 楚公冡鐘四 商圖 15173	 季良簠簠 04563  季良簠簠 04564	 季良父壺 09713  叔良父匜 近出 1016	 季良父盉 09443  𤔲寇良父壺 09641	 良季鼎 02057  尹氏貯良簠 04553

0844	0843	0842			0841	
嗇	畗*	啚			稟	
嗇	畗	啚		[illegible]	稟	
 沈子它簋蓋 04330  嗇爵 07729	 畗父盤 10075 此字或釋「啚」。	 啚册父己尊 05900	 雝伯鼎 02531  嗣土疑簋 04059			
 史墻盤 10175	 畗父盉 09416		 恒簋蓋 04200  殷簋 近出 487	 農卣 05424.1  師臾鐘 00141	 六年召伯虎簋 04293	
 賸匜 10285.1		 楚簋 04248.1  楚簋 04248.2	 楚簋 04247.1  楚簋 04247.2			 逨盤 近二 939

0848	0847		0846		0845	
复	麥		來		牆	
复	麥		來		牆	
與「復」一字，《説文》别爲二字。參見「復」字。	 麥作彝鬲 00490  井侯方彝 09893.1	 麥方鼎 02706  麥盉 09451	 H11：14  H11：83	 旅鼎 02728 嗣土疑簋 04059		
		 霸伯簋 商圖 05220	 不⿰其凡簋 04328	 㾜鐘 00252 鼎 02765		 牆父乙爵 09067  姊季姬尊 近二 586
 𪎒比盨 04466				 㝬鐘 00260.2  夾⿸虍鹵簠 商圖 05896	 師酉簋 04288.1  師酉簋 04289.1	 師寰簋 04313.1  師寰簋 04313.2

0852 夒		0851 夏		0850 致	0849 夋	
	夒		⿰日夏	⿰至夋		夋
 夒作且辛觶 06481	 無夒作父丁卣 05309.2  伯夒觶 06175				 束夋簋 03437  子夋作母辛尊 05910	 夋姬鬲 00527  夋伯觶 06453
				 曶鼎 02838A  伯⿰至夋簋 03490.1		
	 毛公鼎 02841B	 伯夏父鬲 00721	 伯夏父鬲 00719  伯夏父鼎 02584	 賸匜 10285.2		

0856			0855	0854		0853
韔			韋	舞		醿*
圅	韍	韋	韋	舞		醿
		 韋作父丁鼎 02120  匍盉 近出 943		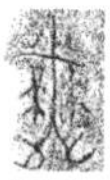 匽侯銅泡 11860  匽侯銅泡 11861		
 九年衛鼎 02831  九年衛鼎 02831			 晉韋父盤 近二 929			
 毛公鼎 02841B  三年師兌簋 04318.2	 遣小子韍簋 03848				 逨盤 近二 939	 大克鼎 02836  番生簋蓋 04326

0859 弟			0858 韀*	0857 載*		
		弟	韀	載		
 屖季尊 05912  𢦏馭觥蓋 09300	 沈子它簋蓋 04330  畺侯弟屖季卣 05325.2	 雁公鼎 02553  雁公鼎 02554				
		 㠱侯弟鼎 02638  㝬簋 04167	 九年衛鼎 02831	 趩觶 06516 字从「𢦏」聲，或讀爲「緇」。	 七年趞曹鼎 02783  師奎父鼎 02813	 吴方彝蓋 09898A
	 五年琱生尊一 近二 587  叔多父盤 商圖 14533	 叔𢔶父簋 04068.1  叔𢔶父簋 04068.2			 柞鐘 00133  柞鐘 00134	 番生簋蓋 04326  卌三年逨鼎二 近二 331

		0862 乘	0861 [illegible]*			0860 夆
		乘	[illegible]			夆
	 H11：35  H11：124	 麥方尊 06015  麥方尊 06015		 夆盤 近出 996	 夆莫父卣 05425.2  夆方鼎 近出 275	 夆伯甗 00894  夆莫父卣 05245.1
	 格伯簋 04264.1  格伯簋 04262.1	 公貿鼎 02719  九年衛鼎 02831	 [illegible]簋 03737		 [illegible]鼎 近二 324  獄簋 近二 436	 九年衛鼎 02831  夆伯鬲 00696
 公臣簋 04185  虢季子白盤 10173	 公臣簋 04184  公臣簋 04186	 師同鼎 02779  多友鼎 02835				

𠓷
 𠓷父士杉盨 04437 與《説文》古文同。

0867 亲	0866 李	0865 梅	0864 梠	0863 木	
亲	李	楳	梠	木	
		 史楳觊作且辛簋 03644 與《説文》或體相合。		 木作父辛鼎 02131  木工册作匕戊鼎 02246	早期
 中伯壺蓋 09667	 五祀衛鼎 02832  李伯簋 商圖 04302		 仲梠父鬲 00746  仲梠父匕 00979	 舀鼎 02838A	中期
 中伯簋 03946			 仲梠父簋 04154  仲梠父簋 04155.1	 散氏盤 10176	晚期

0872	0871	0870	0869		0868	
柞	杙	棫	杜		楷	
柞	杙	棫	杜		⿰木亯	⿰木肯
 翏簋 03994  量侯簋 03908					 𣪕𦣞方鼎 02729  叔雋觶 06486	 ⿰木肯叔知父鬲 00542  ⿰木肯仲鼎 02045
	 雁侯簋 04045		 格伯簋 04264.1	 格伯簋 04265  格伯簋 04264.2	 ⿰木亯仲作旅簋 03363.2  仲車父簋 商圖 04683	 師趛盨 04429.2  楷尊 近二 583
 柞鐘 00134  柞伯鼎 近二 327		 散氏盤 10176		 杜伯鬲 00698	 楷侯宰[illegible]壺 近二 859	

0877 杞	0876 楮	0875 柳		0874 楊	0873 櫅	
杞	槿	柳		楊	櫅	
 亳鼎 02654						 柞伯簋 近出 486
 史密簋 近出 489  史密簋 近出 489 （摹）				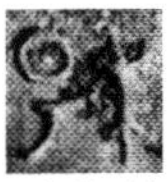 霸伯簋 商圖 05220	 㾓鐘 00246  史墻盤 10175	
 杞伯每亡鼎 02494.1  杞伯每亡鼎 02495	 散氏盤 10176	 南宮柳鼎 02805  散氏盤 10176	 楊姞壺 近二 858	 多友鼎 02835  楊姞壺 近出 960		

0882		0881	0880	0879	0878	
朱		本	某	柏	桐	
朱		本	某	柏	桐	
	 女朱戈觶 06348		 禽簋 04041			
 王臣簋 04268.1  殷簋 近出 487	 䢅方鼎 02789.1  吴方彝蓋 09898A	 本鼎 02081（摹）	 諫簋 04285.2  諫簋 04285.1			
 此簋 04305  卌三年逨 鼎三 近二 332	 三年師兌簋 04318.2  師酉簋 04288.1			 叔脸父甗 近二 119	 伯戕父簋 商圖 05277  伯戕父簋 商圖 05276	 翏生盨 04459.2  翏生盨 04460

0883 果	0884 根	0885 格		0886 柔	0887 㮚	0888 槃
果	根	格		柔	㮚	凡
 果簋 03474.1		 格伯作晉姬簋 03952  格伯簋 04262.1	 格伯簋 04263  格伯簋 04264.2			 晉韋父盤 近二 929 或以「凡」爲「槃」。參見「凡」字。
	 散氏盤 10176	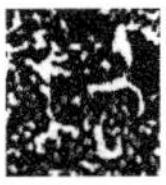 晉侯銅人 近二 968  晉侯銅人 近二 968 （摹）		 五年琱生尊二 近二 588  五年琱生尊一 近二 587	 散氏盤 10176	

0889

櫑

鐳	櫑	盤	盤		般	
				 伯盤 商圖 14365	 啚父盤 10075 或以「般」爲「槃」。參見「般」字。	 𢐗伯鎜 09409.1 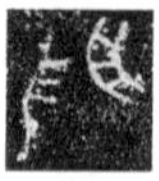 吴盤 10066
	 櫑仲簋 03549		 作寶盤 商圖 14373	 德盤 10110  殷穀盤 10127	 走馬休盤 10170	 裘衛盉 09456  毳盤 10119
 函皇父鼎 02745  函皇父簋 04141.1		 伯侯簠盤 10129  蘇公盤 商圖 14404		 囂伯盤 10149	 宗仲盤 10071  師奐父盤 10111	 函皇父簋 04141.1  王盉 09438

0892 梁				0891 樂	0890 椎	
沙				樂	椎	
				 司母卝樂甗 近二 113	 椎盤爵 近二 790	
		 伯⿰鬲畐簋 商圖 05100	 ⿸疒興鐘 00246	 樂作旅鼎 01969  ⿸疒興鐘 00247		
 伯梁父簋 03793.2	 伯梁其盨 04447.2  梁姬罐 近出 1046	 梁其鐘 00192  伯梁父簋 03793.1	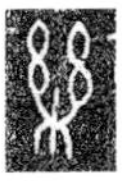 晉侯對盨 近二 453	 樂鼎 02419  召樂父匜 10216		 函皇父簋 04141.2 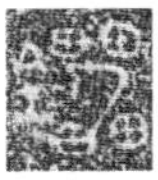 函皇父盤 10164

0898	0897	0896		0895	0894	0893
休	枼	析		⿰木獻	采	校
休	枼	析		𣎳	采	校
 父鼎 02453  父鼎 02454	 獻簋 04205			 𣎳父辛爵 08634 與《説文》古文同。	 遣卣 05402.2  遣尊 05992	
 𤔲鐘 00092  休作父丁簋 03609	 趩觶 06516	 格伯簋 04263  格伯簋 04264.1	 格伯簋 04262.1  格伯簋 04262.2		 采隻簋甲 商圖 05154	
 柞鐘 00134  師害簋 04117.2					 卌二年逑鼎二 近二 329  卌二年逑鼎一 近二 328	 㸓戒鼎 近出 347

	0900 榭	0899 梟				
榭	⿸广射	梟				
 榭父辛觶 06316		 梟厝作父癸簋 03656.2	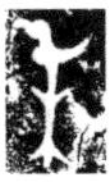 梟作父癸卣 05218.1  梟父癸爵 08696	 FQ2④	 匍盉 近出 943  叔夨方鼎 近二 320	 亳鼎 02654  寓鼎 02718
					 羚簋 近二 433	 弭叔師察簋 04254  虎簋蓋 近二 442
	 虢季子白盤 10173				 卌二年逨鼎一 近二 328	 大鼎 02807  晉侯蘇編鐘 近出 46

0907	0906	0905	0904	0903	0902	0901
梋*	栫*	指*	柚*	余*	杉*	朼*
梋	栫	指	柚	余	杉	朼
 旟鬲士梋簋 03671  伯梋簋 04073	 庚羸卣 05426.2  庚羸卣 05426.1	 H11：131	 柚作父丁尊 05827	 大保簋 04140		 H11：108  H11：135
		 不指方鼎 02736				
 伯梋盧簋 04093  伯梋盧簋 04094	 散氏盤 10176				 乘父士杉盨 04437	

	0911	0910		0909	0908	
	無	林		東	梳*	
無		林	東		梳	
 靜簋 04273	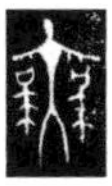 作册般甗 00944	 林㚤鬲 00613	 臣卿鼎 02595	 小臣簋 04239.1	 士作父乙 方鼎 02314	 梳父辛爵 08637
	 大盂鼎 02837		 㬱方鼎 02739	 辟東作父 乙尊 05869	 婦簋 03687	 H11：23
 盂簋 04162	 𧽊鐘 00035	 同簋 04271	 㲃簋 近出 487	 九年衛鼎 02831		
 無㠱簋 04225.1	 㫚鼎 02838A	 㦰簋 04322.1	 㲃簋 近二 437	 同簋 04271		
 㫃叔樊鼎 02679	 眉壽鐘 00041	 姜林母簋 03571	 散氏盤 10176	 克鐘 00204		
 伊簋 04287	 虢文公子 簋 02636		 晉侯蘇編鐘 近出 35	 宴簋 04118.2		

0914 楙			0913 楚		0912 鬱	
楙			楚			
			 H11：4	 作册夨令簋 04300  堆叔簋 03950	 小子生尊 06001  康伯壺蓋 近出 953	 叔簋 04132.1  叔趯父卣 05428.1
 瘋簋 04171.2	 瘋簋 04170.2  瘋簋 04171.1	 瘋鐘 00247  瘋簋 04170.1	 楚公冢鐘 00043	 季楚簋 03448  堯盉 09436.1		 孟載父壺 09571  任鼎 近二 325
		 鄭楙叔賓父壺 09631	 楚嬴盤 10148	 益公鐘 00016  嗣工殘鼎 02501		

0919		0918		0917	0916	0915
叒		才		棶*	𦽅*	槸*
叒		才		棶	𦽅	槸
 叒父己爵 08545  H11：164	 我方鼎 02763  大盂鼎 02837A	 旂鼎 02670  噉士卿父戊尊 05985	 伯矩鬲 00689.1  臣卿鼎 02595			 禽簋 04041
	 趞簋 04266	 剌鼎 02776  應侯見工簋一 近二 430	 遹甗 00948  才興父鼎 02183	 𨟻公盨 近二 458 或釋「棶」。	 曶鼎 02838A  曶鼎 02838B	
	 大克鼎 02836  逑盤 近二 939	 井人妄鐘 00110  伯椃虘簋 04093	 克鐘 00204  卌三年逑鼎二 近二 331	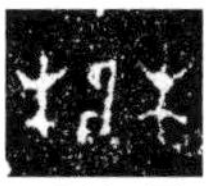 𩰫比盨 04466		

0920 之		0921 (往)㞷		0922 巿	0923 師	
之		㞷		巿	巿	自
 史話簋 04031  敦甗 近二 126 （摹）		 卣 05322  作乎皇考尊 05908	 H11：15  H11：136	 師鼎 商圖 01711 用作「師」。參見「師」字。	 師鼎 商圖 01711 或以「巿」爲「師」。參見「巿」字。	 大盂鼎 02837A  作册疐鼎 02504
 師望鼎 02812  縣妃簋 04269	 戈 近出 1133  爯簋 商圖 05213					 中自父鼎 02046
 南宮乎鐘 00181.2  □季鬲 00718	 小克鼎 02796  鄭伯匜 近出 1013			 師寰簋 04313.2  師寰簋 04313.1	 師寰簋 04313.2  師寰簋 04313.1	 小克鼎 02796

0924

出

出	師					
 伯矩鼎 02456  小臣宅簋 04201	 師鼎 商圖 01712  H11：4	 壴師當盧二 近二 982  師鼎 商圖 01111	 師隻簋 近出 419  壴師當盧一 近二 981	 □鼎 02740  師隻卣蓋 05194	 師□甗 00884  □鼎 02704	 2 號卜甲 或以「自」爲「師」。參見「自」字。
 師望鼎 02812  伯龢鼎 近二 309		 師道簋 近二 439  姊季姬尊 近二 586	 大師虘簋 04251.1  獄簋 近二 438	 師賸鼎 02558  師訊鼎 02830	 師趛鬲 00745  師□鼎 02557	
 善夫山鼎 02825  頌鼎 02829		 㝬鼎 近二 324	 大簋蓋 04299  曾大師鼎 近二 275	 伯高父甗 00937  仲枏父簋 04155.1	 師寰簋 04313.1  柞鐘 00134	

0928 南		0927 朩		0926 孛	0925 索	
南		朩		孛	索	
 大盂鼎 02837A  保侃母簋蓋 03743	 叔作南宮鼎 02342  大盂鼎 02837A					 矩方鼎 近二 300  H11：9
 競卣 05425.1  無㠱簋 04225.1	 𤔲駇簋 03976  廿七年衛簋 04256.1	 䰞鼎 商圖 02441	 靜簋 04273  姉季姬尊 近二 586	 陾仲孛簋 03918	 伯壺蓋 09702  輔師嫠簋 04286	 䓣簋一 近二 424 （摹）
 妊母簋 03845  散氏盤 10176	 南宮乎鐘 00181.1  吳王姬鼎 02600			 散氏盤 10176	 師克盨蓋 04468  師克盨 04467.1	 卌二年逨鼎一 近二 328  卌三年逨鼎二 近二 331

0931 毛	0930 丰	0929 生				
毛	丰	生				
	 康侯丰鼎 02153  丰父辛盉 近出 937		 伯姜鼎 02791  伊生簋 03631	 盠弗生甗 00887  害鼎 02749	 南宮姬鼎二 近二 263 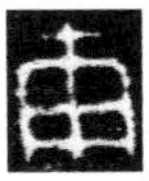 南宮姬簋 商圖 04464	 柞伯簋 近出 486  南宮姬鼎一 近二 262
			 庚季鼎 02781  敔簋蓋 近出 483	 五年召伯虎簋 04292  尹姞鬲 00755		 無曩簋蓋 04228  南方追孝鼎 商圖 02073
 毛斧 11773.1 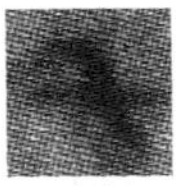 毛斧 11773.2		 晉侯對簋 近出 350	 弭叔作叔班盨蓋 04430  鄭虢仲簋 04025.2	 魯內小臣床生鼎 02354  鄭虢仲簋 04025.1	 士百父盨 近二 457	 晉侯蘇編鐘 近出 35  南干首 近出 1250

生部　毛部

0932 ⿱㐺亏

⿱㐺亏

不栺方鼎
02736

命簋
04112.2

己⿱㐺亏父鼎
02418

仲義父鼎
02541

命簋
04112.1

晉侯斷壺
近二 875

仲義父鼎
02542

仲姞鬲
00550

0933 巢

巢

班簋
04341A

H11：110

貯簋
04047

0934 束

束

束父辛鼎
01659

盂卣
05399.2

𦉜鼎
02838A

敔簋
04099.2

大簋蓋
04298

五年琱生尊一
近二 587

束父己鼎
商圖 00864

㒳簋
04195.1

㒳簋
04195.2

五年琱生尊二
近二 588

束仲父簋蓋
03924

不㫚簋蓋
04329

0935 柬

柬

新邑鼎
02682

柬人父簋
03698

0938	0937		0936			
𧶠*	橐		刺			
𧶠	橐		刺			
 州子卣 近出 604					 班簋 04341B  方彝 09892.2	 刺覯鼎 02485  班簋 04341A
			 幾父壺 09722  六年召伯虎簋 04293	 師臾鐘 00141  師𩛥鼎 02830	 師奎父鼎 02813  㦰簋 04322.1	 瘋鐘 00246  刺鼎 02776
	 卌三年逨鼎三 近二 332  卌三年逨鼎五 近二 334	 毛公鼎 02841A  散氏盤 10176	 晉侯喜父皿 近出 1060  叔𣪕父簋 03922.1	 伯喜簋 03997.2  大簋蓋 04299	 無叀鼎 02814  叔𣪕父簋 03921	 單伯昊生鐘 00082  南宮柳鼎 02805

0939 回	0940 圖		0941 國			
回	圖		或		郕	國
 回父丁爵 08906	 宜侯夨簋 04320  子廟圖卣 05005.1	 子廟圖卣 05005.2	 明公簋 04029  宜侯夨簋 04320	 保卣 05415.1 用作「國」。參見「或」字。		
						 录𢦔卣 05419  录𢦔卣 近二 548
	 無叀鼎 02814  善夫山鼎 02825	 散氏盤 10176	 㝬簋 00260.1  禹鼎 02833	 毛公鼎 02841A  毛公鼎 02841B	 師寰簋 04313.1  師寰簋 04313.2	 宗婦鄁嫛盤 10152  應侯簋 商圖 05311

0948	0947	0946	0945	0944	0943	0942
⿴囗足*	困*	囝*	圂	圍	因	圃
⿴囗足	困	囝	圂	圍	因	圑
 ⿴囗足甗 00935	 困爵 07737	 囝父辛簋 03435  囝爵 07321				 圑卣 05416.1  圑尊 06004
					 鼎 02765	
			 毛公鼎 02841A  毛公鼎 02841B	 柞伯鼎 近二 327  柞伯鼎 近二 327		

0949 ⿴囗昆*

⿴囗昆

⿴囗昆君盉
09434

0950 ⿴囗⿰余舟*

⿴囗⿰余舟

九年衛鼎
02831

史墻盤
10175

叔向父禹簋
04242

㝬簋
04317

0951 員

鼎

員作用鼎
01958

員父尊
05861

員父簋
03564

戜方鼎
02789.1

員方鼎
02695

作員從彝罍
09804.2

唯叔簋
03951

唯叔簋
03950

員作旅壺
09534.1

員作旅壺
09534.2

員作父壬尊
05966

孟狂父甗
近出 164

保員簋
近出 484

員鼎
近出 270

孟狂父甗
近出 164

孟狂父鼎
近出 338

0952 貝

貝

瀕史鬲
00643

⿴囗乙甗
00935

從鼎
02435

鼎
02705

保侃母壺
09646.1

叔簋蓋
04130

	0955	0954	0953			
	賸	賮	賢			
⿰亻朕	𫢸	贐	賢			
	 𫢸父癸甗 00823				 保侃母簋蓋 03743  亢鼎 近二 321	 □貝作母辛鼎 02327  德鼎 02405
 五祀衛鼎 02832  九年衛鼎 02831		 師𩛥鼎 02830	 賢簋 04104.1  賢簋 04104.1	 录𢦏卣 近二 548  士山盘 近二 938	 孟狂父甗 近出 164  夷伯簋 近出 481	 吕方鼎 02754  六年召伯虎簋 04293
	 季宫父簠 04572					

賸			膢	脖	䐭	
	 番匊生壺 09705	 尹叔作姞鼎 02282  師賸父鼎 02558			 鼄伯鬲 00669	 虎叔簋 近二 412  虎叔簋 近二 412
 觴姬簋蓋 03945  伯家父簋 03857.2	 禹鼎 02833  伯家父簋 03857.1	 作予叔嬴鬲 00563  輔伯雁父鼎 02546	 𨟻侯簋 03815	 曩侯簋 近出 470	 伯侯父盤 10129	

0957 贏

0956 賞

贏	賞	賞	儹			
 庚贏卣 05426.2  庚贏卣 05426.2						
 贏氏鼎 02027  齊生魯方彝蓋 09896	 生史簋 04100  生史簋 04101	 𠭯鼎 02838A  𠭯鼎 02838A				
 贏 商圖 03356			 季良父簠 04564	 樊君鬲 00626  季良父簠 04563	 郜仲簠一 近二 472  復公子簋 04011	 鄧公簋 近出 458  鄧伯匜 近出 1013

0958 貯				0959 貳	0960 賓	
貯				⿹戌⿰貝二	賓	
 沈子它簋蓋 04330  企方彝蓋 近出 995	或讀「鑄」，或讀「賈」。有學者徑釋作「賈」。				 弔簋 03695  簋 03745	 矩方鼎 近二 300
 五祀衛鼎 02832  格伯簋 04262.1	 頌簋 04332.1  裘衛盉 09456	 格伯簋 04263  格伯簋 04264.2	 格伯簋 04265	 五年召伯虎簋 04292  五年召伯虎簋 04292	 公貿鼎 02719  萳簋 04195.1	 萳簋 04195.2  士山盤 近二 938
 昆疕王鐘 00046  善夫山鼎 02825	 頌鼎 02829  甗 商圖 03356	 兮甲盤 10174		 五年琱生尊一 近二 587  五年琱生尊二 近二 588	 史頌鼎 02787  鄭井叔鐘 00022	 大簋蓋 04299  叔賓父盨 04377

0965			0964	0963	0962	0961
買			資	責	貿	質
買			資	責	貿	質
 買王卣 05252.1  亢鼎 近二 321	 小臣傳簋 04206  束作父辛卣 05333.2	 歔繇方鼎 02729  攸簋 03906.2	 復鼎 02507  匽侯旨鼎 02628	 旂鼎 02555		
 任鼎 近二 325			 競卣 05425.1  競卣 05425.2		 公貿鼎 02719	
 □叔買簋 04129  □叔買簋 04129				 兮甲盤 10174  戎生編鐘 近出 30	 仲譺父簋 商圖 04845	 井人妄鐘 00109.1  井人妄鐘 00111.1

0971 員*	0970 貧*	0969 則*		0968 賏	0967 賣	0966 賦
員	貧	則		賏	賣	賦
		 則爵 07652	 賏父乙卣 04911  賏父乙壺 09501	 賏女鼎 01461  賏且己簋 03140		
	 公貿鼎 02719				 曶鼎 02838A  曶鼎 02838B	
 師寰簋 04313.1  師寰簋 04313.2						 毛公鼎 02841B

	0975	0974	0973		0972	
	⿱埶貝*	⿸厂貝*	⿱𠂤貝*		責*	
	⿱埶貝	⿸厂貝	⿱𠂤貝		責	
	 辛鼎 02660  師衛鼎 商圖 02378			 責作父癸卣 05290.1  責尊 近二 578	 責引觚 07278  責作父辛卣 05283.1	
			 芇伯歸夆簋 04331		 且辛簋 03868	
 師寰簋 04313.2	 多友鼎 02835  大克鼎 02836	 焂戒鼎 近出 347				 兮甲盤 10174

0978 邦			0977 邑		0976 朋*	
邦			邑		朋	
		 大盂鼎 02837A  班簋 04341A	 臣卿簋 03948  H11：42	 臣卿鼎 02595  北伯邑辛簋 03672	 犅刧尊 05977  攸簋 03906.1	 攸簋 03906.2  中作且癸鼎 02458
 肄簋 04192.2  寡子卣 05392.2	 五祀衛鼎 02832  肄簋 04192.1	 𤼴鐘 00251  子邦父甗 00932	 永盂 10322  羚簋 近二 433	 五祀衛鼎 02832  師酉簋 04288.1		 裘衛盉 09456
 楚公逆編鐘 近出 97 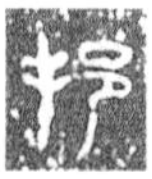 柞伯鼎 近二 327	 毛公鼎 02841A  毛公鼎 02841B	 梁其鐘 00189.2  禹鼎 02833	 融攸从鼎 02818  此簋 04303.1	 柞鐘 00134  柞鐘 00138		 □叔簋蓋 04130

0983	0982	0981		0980	0979	
鄭	酆	邠		鄙	都	
奠	豐	燹		啚	都	
 鄭同媿鼎 02415 以「奠」爲「鄭」。参見「奠」字。	 小臣宅簋 04201 以「豐」爲「酆」。参見「豐」字。			 𤔲土疑簋 04059 以「啚」爲「鄙」。参見「啚」字。		
 鄭井叔康盨 04401  康鼎 02786		以「燹」爲「邠」。参見「燹」字。	 獄簋 近二 436  豳公盨 近二 458			 邦簋 近二 404
 鄭鑄友父鬲 00684  鄭登伯鼎 02536			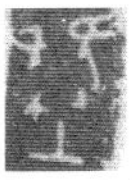 豳王鬲 近出 126		 㝬鐘 00260.1	 卌二年逑鼎一 近二 328

0988		0987		0986	0985	0984
鄧		郾		鄦	（邢）邦	邵
𢍏		匽		無	井	邵
 盂爵 09104 或以「𢍏」爲「鄧」。參見「𢍏」字。	以「匽」爲「郾」。參見「匽」字。	 匽侯盂 10303.1  匽侯盂 10304.2		 無仲尊 05963 以「無」爲「鄦」。參見「無」字。	 㚇作周公簋 04241 以「井」爲「邦」。參見「井」字。	
				 無季鼎 商圖 01433		 豳公盨 近二 458
 鄧公簋 近出 458			 中遴父匜 近出 1012	 無姬鬲 00575  無季姜方簋 近出 462		

0993	0992		0991	0990	0989	
郣	邛		邾	鄂	鄭	
郣	邛	鼄	邾	噩	鄭	登
				 屑季尊 05912 以「噩」爲「鄂」。參見「噩」字。		
					 井南伯簋 04113	
 郣召簠 近出 526	 曾侯簠 04598	 魯伯愈父匜 10244 或以「鼄」爲「邾」。參見「鼄」字。	 尋伯匜 10221			 鄧公簋蓋 04055 或以「登」爲「鄧」。參見「登」字。

0998 ⿰世阝*		0997 邪*	0996 邒*	0995 鄴	0994 郜	
⿰世阝		邪	邒	鄴	郜	好
				 何尊 06014		
	 散伯車父鼎 02700	 散伯車父鼎 02697  散伯車父鼎 02699	 史墻盤 10175			
 貯伯簋甲 商圖 05130				 鄴簋 04297.1A	 伯郜父鼎 02597（摹）	 郜仲簠一 近二 472 頗疑「子」是「邑」之訛。

0999 鄬*	1000 鄙*	1001 膷*	1002 壘*			
鄬	鄙	膷	壘			
			 格伯簋 04262.1  格伯簋 04262.2	 格伯簋 04263  格伯簋 04265	 格伯簋 04264.2	
 晉侯蘇編鐘 近出 45	 鄙甘辜鼎 近出 336	 宗婦膷嫛盤 10152				

1004 味

1003 日

味	日					西周文字字形表 卷七
 小盂鼎 02839B(摹)		 史子日癸卣 近二 522  H11：112	 旂鼎 02670  史䚄敖尊 近出 634	 姬作氒姑日辛鼎 02333  作長鼎 02348	早期	
 免簋 04240  羚簋 近二 433	 獄簋 近二 436	 獄鼎 近二 310  老簋 近二 426	 文考日己觥 09302.1  文考日己觥 09302.2	 癲鐘 00247  戜方鼎 02789.2	中期	
			 應公鼎 近二 292	 史頌鼎 02787  諫簋 近出 447	晚期	

1009	1008	1007	1006	1005		
昔	㬎	昱	昏	晉		
昔	㬎	⿰昱翼	昏	晉		
 史昔鼎 02189  何尊 06014		 麥方尊 06015  小盂鼎 02839B(摹)			 晉侯鳥尊 近二 591  晉中韋父盉 近二 832	 豐卣 05346  晉侯鳥尊 近二 591
 善鼎 02820  曶鼎 02838A	 由鼎 商圖 02453			 晉侯斷壺 近二 875  晉韋父盤 近二 929	 晉侯鼎 近二 235  晉姜簋 近二 382	 晉人簋 03771  格伯作晉姬簋 03952
 大克鼎 02836  師嫠簋 04324.2	 頌鼎 02827		 柞伯鼎 近二 327  柞伯鼎 近二 327	 晉侯僰馬壺 近出 971  晉叔家父壺 近二 869	 晉侯邦父鼎 近出 325  晉侯斷簋 近出 476	 蘇公盤 商圖 14404  晉侯蘇編鐘 近出 36

1014 ⿰日旨*	1013 昊*	1012 曆	1011 袒		1010 昆	
⿰日旨	昊	曆	袒		昆	
 伯⿰日旨爵 09035						
	 史墻盤 10175	 倗伯再簋 近二 427				 宰獸簋 近出 490  卯簋蓋 04327
			 袒伯匜 10237  袒仲無龍匜 10249	 袒鐳 09969  袒伯𦎫盤 10130	 昆疕王鐘 00046	 卌三年逑鼎二 近二 331  師克盨 04467.2

1015 ⿰日虹* ⿰日虹	1016 ⿰日褱* ⿰日褱		1017 ⿱日㒼* ⿱日㒼	1018 旦 旦		1019 ⿰𠦝丮 ⿰𠦝丮
 亞⿰日虹父乙觶 06378						
	 免簋 04240  ⿰方令簋 近二 433	 ⿰方令簋 近二 433		 七年趞曹鼎 02783  大師虘簋 04251.1	 大師虘簋 04252.1  訇簋 04321	
			 樊君鬲 00626  伯氏始氏鼎 02643	 此鼎 02821  師農鼎 02817A	 大克鼎 02836  揚簋 04294	 戎生編鐘 近出 28

1020 朝

朝

先獸鼎 02655

大盂鼎 02837A

趞簋 04266

獄鼎 近二 310

仲殷父簋 03966.1

中殷父簋 03966.2

史話簋 04030

史話簋 04031

伯龢簋 商圖 05100

仲殷父簋 03967.1

仲殷父簋 03967.2

利簋 04131

矢令方尊 06016

事族簋 04089.1

事族簋 04089.2

矢令方彝 09901.1

矢令方彝 09901.2

芇伯歸夆簋 04331

善夫克盨 04465.2A

1021 㫃

㫃

走馬休盤 10170

師道簋 近二 439

1022 旂

旂

旂父鼎 02144

旂鼎 02555

旂姬鬲 00532

伯旂鼎 02040

趞鼎 02815

善夫山鼎 02825

旂鼎 02670

師旂鼎 02809

師器父鼎 02727

善鼎 02820

弭伯師耤簋 04257

伊簋 04287

旃

旜	[㫃斷]			[㫃單]		
 利簋 04131			 內公簋 商圖 04432			
	 師臾鐘 00141  內伯簋 商圖 04500	 追簋 04223.1  追簋蓋 04222A	 畢鮮簋 04061  追簋 04223.2	 仲枏父鬲 00746  旂伯簋 商圖 04738	 旂伯簋 商圖 05147	 親簋 近二 440  虎簋蓋 近二 442
 番生簋蓋 04326	 虘嗣寇壺 09695.1  戎生編鐘 近出 32	 季良父壺 09713  旲生殘鐘 00105	 梁其鼎 02768  善夫山鼎 02825	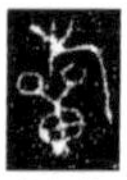 仲枏父簋 04154  晉侯僰馬壺 近出 971	 頌簋蓋 04338  柞伯鼎 近二 327	 師顈簋 04312  戜 簋 04332.1

			1027	1026	1025	1024
			旅	旄	旋	⿸㫃要
		旅	⿸㫃人	旄	⿸㫃止	⿸㫃要
 叔觶 近二 619	 作旅彝甗 近二 508  晉侯豬尊 近二 590	 甇子旅鬲 00582  解子甗 00874	 作長鼎 02348		 麥盉 09451  盥圜器 10360	
 伯□父鼎 02487  伯鼎 近出 268	 作旅彝鼎 01788  作旅彝鼎 01789	 𢦏作旅甗 00837  遇甗 00948	 伯作旅鼎 01915  孟狂父鼎 近出 338	 師遽簋蓋 04214		 衛簋甲 商圖 05368 或以爲右下角是「要」字，或以爲右下角是「燕」字。
 䚄作父癸尊 05907  虢季盨 近出 495	 善夫旅伯鼎 02619  □女盨蓋 04352	 虢叔旅鐘 00238.1  □仲雩父甗 00911	 伯農鼎 02816  虢碩父簠 近出 520			

旟						
 作旅鬲 00469  矢伯鬲 00515						
				 季簋乙 商圖 04464  虢叔盂 商圖 06211	 逹盨蓋一 近二 455  季簋甲 商圖 04463	 逹盨蓋 近出 506  倗伯簋 近二 397
	 叔盨 04378	 曶叔奐父盨 近二 454  曶叔奐父盨 近二 454	 䜌季獻盨 04413.2  曩孟姜匜 10240	 唐仲鼎 近二 238  内姞簋 近二 389	 叔姞盨 04388  伯孝盨 04408.1	 作旅彝甗 近二 109  伯鮮盨 04361.1

𣄴			𣄴			
 恒父簋 近出 448	 宰作父辛尊 05804	 伯真甗 00870	 作册魆卣 05432.2	 旅作彝尊 商圖 11414	 酉作旅卣 05042	 伯卣 近二 521
 應公鼎 近二 232	 作旅簋 03248	 作母旅彝尊 05759			 旅作父乙尊 商圖 11478	 長子口卣一 近二 532
 壺 09618.2 乙	 壺 09618.1 乙	 楷仲作旅簋 03363.2	 中作旅簋 03377			
 楷仲鼎 近二 237	 狄伯簋 03481	 楷侯簋 09553				

1030 旂* 1029 斿* 1028 族

旂		斿			族	
		 中斿父鼎 02373	 H11：17  H11：116＋175	 何簋 商圖 05137  帶族▣壺 商圖 12201	 明公簋 04029  班簋 04341. A	 右作旅鼎 01956
 格伯簋 04263	 格伯簋 04265  格伯簋 04264. 2	 任鼎 商圖 02442			 史密簋 近出 489 （摹）	
			 晉侯蘇編鐘 近出 43	 番生簋蓋 04326  事族簋 04089. 2	 師酉簋 04288. 1  毛公鼎 02841A	

1037	1036	1035	1034	1033	1032	1031
⿸㫃褱*	⿸㫃秋*	⿸㫃叟*	⿸㫃攴*	⿸㫃言*	⿸㫃立*	⿸㫃目*
⿸㫃褱	⿸㫃秋	⿸㫃叟	⿸㫃攴	⿸㫃言	⿸㫃立	⿸㫃目
	 亞㠱疑作母辛簋 03689.2	 ⿸㫃叟嗣土梡簋 03671	 ⿸㫃攴簋 03628		 H11：116 ＋175	
 束盉 商圖 14790				 伯公父簠 04628.1  大師虘豆 04692		 吴方彝蓋 09898A  吴方彝蓋 09898B

		1042	1041	1040	1039	1038
		⿸㫃稻*	⿸㫃鼻*	⿸㫃血*	⿸㫃盧*	⿸㫃言*
⿸㫃稻		⿸㫃舀	⿸㫃鼻	⿸㫃血	⿸㫃盧	⿸㫃言
				 亞⿸㫃血作父□ 甗 00906  亞⿸㫃血䜌尊 05684		 ⿸㫃言觥 09293.2  ⿸㫃言觥 09293.1
	 即簋 04250  伯䌛簋 商圖 05100					
 史免簠 04579.1	 史免簠 04579.2  郙召簠 近出 526	 伯公父簠 04628.1  伯公父簠 04628.2	 尌比盨 04466		 ⿸㫃盧叔樊鼎 02679	

1047		1046	1045	1044	1043	
月		蠠*	疊	(晨)曟	(参)曑	
月		蠠	疊	晨	曑	
 辛嚚相簋 近二 429  H11：55	 德方鼎 02661  [illegible]鼎 02721					
 散伯車父鼎 02697  尹姞鬲 00754	 叡鐘 00088  [illegible]叔鼎 02767	 蠠媯壺 09555			 五年召伯虎簋 04292  盠方彝 09900.1	 五祀衛鼎 02832  盠方彝 09899.1
 [illegible]氏[illegible]簋 近二 414  紷氏劄簋乙 商圖 04916	 伯氏始氏鼎 02643  [illegible]先伯簋 03807		 歸叔山父簋 03797.2  歸叔山父簋 03799	 多友鼎 02835	 五年琱生尊一 近二 587  五年琱生尊二 近二 588	 [illegible]鐘 00260.2  大克鼎 02836

霸				霸	霸	朏
 子方鼎一 近二 318  2 號卜甲	 作册大方鼎 02761  匍盉 近出 943	 作册大方鼎 02759  作册大方鼎 02760	 霸姞鼎 02184.2  害鼎 02749			
 師遽簋蓋 04214  頌簋 04332.1	 卯簋蓋 04327  遹簋 04207	 吕方鼎 02754  七年趞曹鼎 02783	 公姞鬲 00753  遇甗 00948	 師奎父鼎 02813		 九年衛鼎 02831  吴方彝蓋 09898A
 仲大父𧊒簋 04203  揚簋 04294	 鄭虢仲簋 04024.1  鄭虢仲簋 04025.2	 頌鼎 02827  頌鼎 02829	 此鼎 02823  黿乎簋 04158.1		 伯吕父盨 近二 452	

1051 有　　1050 朧*

有		朧	霸			
 令鼎 02803	 鼎 02740  鼎 02741	 朧作父辛卣 05361.1  朧作父辛卣 05361.2				
 免簋 04240  史墻盤 10175	 痶鐘 00251  仲枏父鬲 00752		 霸伯簋 商圖 05220  霸伯簋 商圖 05220	 霸簋 商圖 04609  霸簋 商圖 04609	 逆鐘 00060  亦簋二 近二 435	 周乎卣 05406.2  義盉蓋 09453
 毛公鼎 02841B  師克盨蓋 04468	 南宮有嗣鼎 02631  南宮柳鼎 02805			 卌二年逨鼎一 近二 328	 大鼎 02808  黿乎簋 04158.2	 弭叔作叔班盨蓋 04430  大鼎 02807

	1054 盥	1053 囧				1052 朙
盟	盥	囧				朙
 𠬝父丁罍 09811.1  魯侯爵 09096	 剌觀鼎 02485  煢作周公簋 04241	 戈父辛鼎 02406	 克盉 近出 942	 麥方尊 06015  矢令方尊 06016	 作册翻卣 05400.1  作册翻卣 05400.2	 戒作葊宮鬲 00566  朙我作鼎 01988
 師望鼎 02812				 虎簋蓋 近出 491  豳公盨 近二 458	 師訇鼎 02830  史墻盤 10175	 癲鐘 00247  癲鐘 00248
 仲𧫷父簋 商圖 04845			 戎生編鐘 近出 27  逨盤 近二 939	 梁其鐘 00192  毛公鼎 02841A	 虢叔旅鐘 00238.1  叔向父禹簋 04242	 梁其鐘 00187.1  梁其鐘 00189.1

1059 外	1058 夗	1057 夢	1056 夜		1055 夕	
外	夗	夢	夜		夕	
 外叔鼎 02186			 啟卣 05410.2	 伯姜鼎 02791	 大盂鼎 02837A	 雁公鼎 02554
			 H11：56	 啟卣 05410.1	 雁公鼎 02553	 曆方鼎 02614
 靜簋 04273		 卯簋蓋 04327	 史墻盤 10175	 或方鼎 02789.2	 追簋 04220	 𤼈鐘 00246
 師瘨簋蓋 04284			 老簋 近二 426	 伯中父簋 04023.2	 獄盤 近二 937	 追簋蓋 04222A
 毛公鼎 02841B	 卌三年逨鼎一 近二 330		 師酉簋 04288.1	 大克鼎 02836	 逨編鐘 近出 106	 梁其鐘 00187.1
 毛公鼎 02841B	 卌三年逨鼎二 近二 331		 師酉簋 04288.2	 伯晨鼎 02816	 卌三年逨鼎二 近二 331	 毛公鼎 02841B

（夙）𡖊

					𡖊	
		 啟卣 05410.2	 伯姜鼎 02791  啟卣 05410.1	 曆方鼎 02614  大盂鼎 02837A	 雁公鼎 02554  雁公鼎 02553	
 冉簋 商圖 05214	 師𩛥鼎 02830  芇伯歸夆簋 04331	 親簋 近二 440  獄盉 近二 836	 師酉簋 04291  獄簋 近二 438	 師望鼎 02812  伯中父簋 04023.2	 𤼈鐘 00248  𢦏方鼎 02789.2	 宰獸簋 近出 490
	 師寰簋 04313.2  師寰簋 04313.1	 元年師事簋 04279.1  逆鐘 00063	 叔噩父簋 04057.1  黿乎簋 04158.1	 伯農鼎 02816  元年師事簋 04282.1	 梁其鐘 00187.1  毛公鼎 02841B	 蔡簋 04340A  戎生編鐘 近出 28

1064 函		1063 冊	1062 㝊	1061 多		
函		冊	㝊	多		㚢
	 函作且戊簋 03684	 中方鼎 02751(摹)  中方鼎 02752(摹)		 柞伯簋 近出 486	 先獸鼎 02655  麥方鼎 02706	
			 周㝊壺 09690.1  周㝊壺 09690.2	 史墻盤 10175	 𤼻鐘 00246  衛鼎 02733	
 不𡢁簋 04328  函皇父匜 10225	 函皇父鼎 02548  函皇父簋 04141.1			 伯多壺 09613	 叔旅魚父鐘 00039  唐仲多壺 09572	 叔㚸簋 04137

1069 齊		1068 ⿰束鴈*	1067 ⿰𠦝束	1066 東	1065 甬	
齊		⿰束鴈	⿰𠦝束	東	甬	
 齊作父乙卣 05202.2  齊作父乙卣 05202.1	 齊姜鼎 02148  齊且辛爵 08345	 H11：59				 甬鬲 近出 128
 齊仲簋 近出 421  敔簋蓋 近出 483	 齊史逗簋 03740  五年師事簋 04216.2		 師𩛥鼎 02830	 師𩛥鼎 02830		 录伯𢦚簋蓋 04302  吴方彝蓋 09898A
 齊叔姬盤 10142  齊巫姜簋 03893	 齊嫼姬簋 03816  伯姜鬲 00605				 三年師兑簋 04318.2  師克盨 04467.1	 毛公鼎 02841B  三年師兑簋 04318.1

1070 齍

齍

矩方鼎
近二 300

□公簋
近二 415

宋姜鬲
商圖 02693

方娸各鼎
商圖 02055

伯雍倗鼎
近二 273

或用作「齍」。參見「齍」字。

1071 朿

朿

朿叔甗
00896

□作父乙甗
00901

奄乎簋
04157.1

奄乎簋
04157.2

作册大方鼎
02760

朿作父辛卣
05333.1

歸娸進壺
09594.1

歸娸進壺
09595.1

1072 鼎

鼎

矢伯鬲
00514

遣鬲
00631

作旅鼎
01773

作旅鼎
01774

□姞鬲
00526

史盄父鼎
02196

作寶鼎
01785

作父己鼎
02252

作旅鼎
01775

內公鼎
02475

廟孱鼎
02417

雔伯原鼎
02559

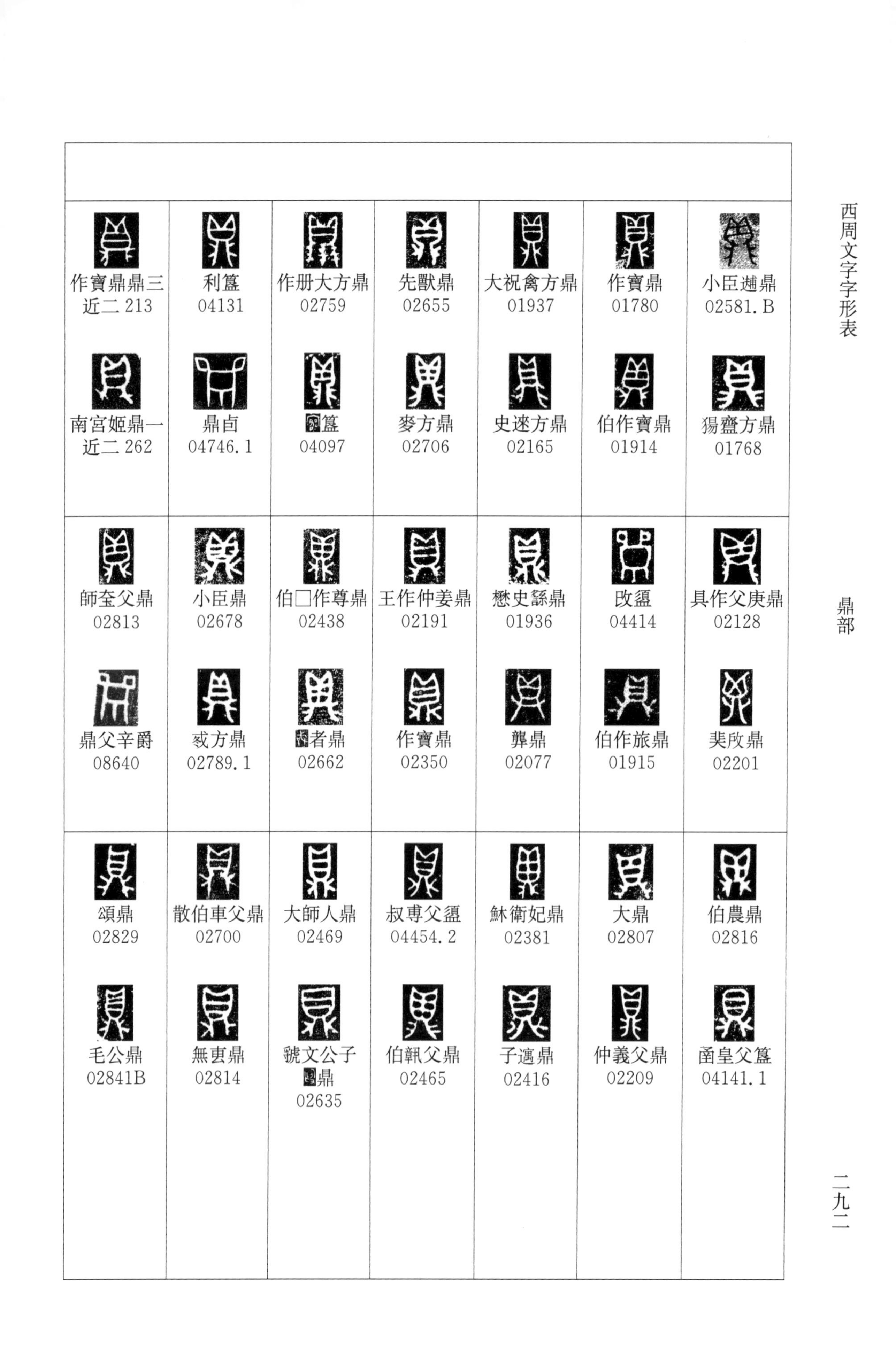

作寶鼎鼎三 近二 213	利簋 04131	作册大方鼎 02759	先獸鼎 02655	大祝禽方鼎 01937	作寶鼎 01780	小臣逋鼎 02581.B
南宮姬鼎一 近二 262	鼎卣 04746.1	□簋 04097	麥方鼎 02706	史逨方鼎 02165	伯作寶鼎 01914	猲䵼方鼎 01768
師圶父鼎 02813	小臣鼎 02678	伯□作尊鼎 02438	王作仲姜鼎 02191	懋史繇鼎 01936	攺盨 04414	具作父庚鼎 02128
鼎父辛爵 08640	戜方鼎 02789.1	□者鼎 02662	作寶鼎 02350	龏鼎 02077	伯作旅鼎 01915	奘攸鼎 02201
頌鼎 02829	散伯車父鼎 02700	大師人鼎 02469	叔専父盨 04454.2	穌衛妃鼎 02381	大鼎 02807	伯農鼎 02816
毛公鼎 02841B	無叀鼎 02814	虢文公子□鼎 02635	伯𨍭父鼎 02465	子邁鼎 02416	仲義父鼎 02209	圅皇父簋 04141.1

1075 ⿱糸鼎*	1074 鼏	1073 鼒				
⿱糸鼎	鼏	鼒		⿰鼎登		
 ⿱糸鼎益卣 05251.1	 叔鼏鬲 00614	 王作康季鼎 02261(摹)	 作父庚鼎 02578  夨王方鼎蓋 02149			 H11：1
				 鼎 02065	 曩侯弟鼎 02638  仲州鼎 商圖 01456	 九年衛鼎 02831  是□簋 03917
					 晉侯對鼎 近出 350	 叔専父盨 04454.1  晉侯蘇鼎 近出 317

1076

⿱刖鼎*

			⿱名鼎	⿱召鼎	⿰鼎帚	⿰鼎刂
 卣 05389.1  卣 05389.2	 王作又簋 03460  臣簋 03826	 旂父鼎 02144  雁公鼎 02553	 中婦鼎 01714  弄小中方鼎 02528	 魯侯熙鬲 00648  曆方鼎 02614		 索諆爵 09091
			 剌鼎 02776  君夫簋蓋 04178	 監父己鼎 02367		
			 姬鼎 02681		 王作親王姬鬲 00584	

						䵼
					 庚姬器 10576	 䣛鼎 02060  剌䵼鼎 02485
			 舀鼎 02838A	 㦰方鼎 02824  免簠 04626	 員方鼎 02695  不指方鼎 02736	 䵼作寶䵼鼎 01967  屯鼎 02509
 宗婦鄁嬰盤 10152  卌三年逨鼎二 近二 331	 三年師兌簋 04318.2  曾侯簠 04598	 元年師兌簋 04275.2  㝬簋 04317	 蔡姞簋 04198  史頌簋 04232.1	 小克鼎 02800  大克鼎 02836	 魯內小臣厎生鼎 02354  小克鼎 02799	 史頌鼎 02787  遣小子䡕簋 03848

1079 录			1078 克			1077 𪔂*
		录			克	𪔂
		 大保簋 04140  录簋 03863	 H11：6  2號卜甲	 叔趯父卣 05428.1  師旂鼎 02809	 乃子克鼎 02712A  利簋 04131	 H11：87
 芾伯歸夆簋 04331  諫簋 04285.2	 录簋 03702.1  录伯𢦏簋蓋 04302	 瘐鐘 00246  者鼎 02662		 芾伯歸夆簋 04331  豳公盨 近二 458	 瘐鐘 00247  師𩰫鼎 02830	
 五年琱生尊一 近二 587  逨盤 近二 939	 頌鼎 02829  散氏盤 10176	 梁其鐘 00188.1  師農鼎 02817A	 畢伯克鼎 商圖 02273	 逨盤 近二 939  應侯簋 商圖 05311	 克鐘 00204  德克簋 03986	

		1082 穖	1081 穡		1080 禾	
		穖	嗇		禾	
	 庚贏卣 05426.1  庚贏卣 05426.2	 乃子克鼎 02712A  緐簋殘底 04146		 師衛簋 商圖 05142	 觥禾作旅鼎 01976  亳鼎 02654	
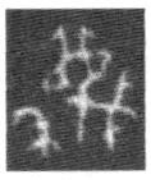 鮮簋 近出 482  老簋 近二 426	 昚簋 04194.2  次卣 05405.2	 師𩛥鼎 02830  大簋 04165	 史墻盤 10175 以「嗇」爲「穡」。參見「嗇」字。		 曶鼎 02838A  姊季姬尊 近二 586	 史墻盤 10175  宰獸簋 近二 441

1086 (年)秊		1085 (康)穅	1084 稻		1083 穆	
秂	康		稻	穆		
 遣鬲 00631	 矢令方彝 09901.1	 康侯鬲 00464			 方鼎 02702	
 比甗 00913	與《説文》或體同。	 訇女康方鼎 01906			 矩方鼎 近二 300	
 瘐鐘 00246	 史墻盤 10175	 衛簋 04210.2		 穆公簋蓋 04191	 尹姞鬲 00754	 亦簋一 近二 434
 王人忼輔甗 00941	 亦簋二 近二 435	 鄭井叔康盨 04401			 師望鼎 02812	 亦簋二 近二 435
 中義鐘 00024	 康鼎 02786	 士父鐘 00147	 曶叔奐父盨 近二 454	 卌三年逨鼎二 近二 331	 井人妄鐘 00109.2	
 中義鐘 00027	 仲爯父簋 04189.1	 梁其鐘 00188.1	 曶叔奐父盨 近二 454		 卌二年逨鼎一 近二 328	

1088 秦	1087 穌					
秦	穌					
 𦣠方鼎 02739				 叔㐬甗 近二 120  H11：64	 中簋 03723  作册䣄父乙尊 05991	 比鼎 02461  先獸鼎 02655
 洹秦簋 03867.2			 穌軍壺 近出 967	 虎簋蓋 近二 442  楷尊 近二 583	 叔專父盨 04454.2  叔豈簋 近出 468	 同簋 04271  靜簋 04273
 師酉簋 04288.1  師酉簋 04289.1	 史頌簋 04229.1A	 穌衛妃鼎 02381 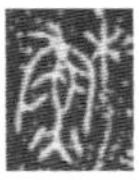 晉侯蘇編鐘 近出 36	 史頌鼎 02787  史頌鼎 02788	 井人妄鐘 00110  子碩父鬲 近出 146	 齊巫姜簋 03893  趞鼎 02815	 𢏚季嗌鼎 02547  鼄季鼎 02585

1091 稆*		1090 秺*	1089 秼			
稆		秺	秼			
 稆卣 05411.2 （摹）  稆卣 05411.2 （摹）	 稆卣 05411.1 （摹）  稆卣 05411.1 （摹）	 秺作父丁尊 05876				
			 舀鼎 02838B	 舀鼎 02838A  舀鼎 02838B		
					 師酉簋 04290	 訇簋 04321  師酉簋 04288.2

1095 粱		1094 米	1093 馨		1092 香	
粱		米	𩠺		香	
		 米□尊 05779				
			 衛簋甲 商圖 05368  衛簋甲 商圖 05368	 獄簋 近二 436  獄簋 近二 436	 衛簋甲 商圖 05368  衛簋甲 商圖 05368	 獄簋 近二 436  獄簋 近二 436
 曶叔奐父盨 近二 454  曶叔奐父盨 近二 454	 史免簠 04579.1  史免簠 04579.2					

1097 糂				1096 糕		
[illegible]	[illegible]	[illegible]	[illegible]	糕	[illegible]	粱
 舀鼎 02838A  舀鼎 02838B				 伯[illegible]簋 商圖 05100		
	 成伯孫父鬲 00680	 [illegible]娟鼎 02516	 曾叔奐父盨 近二 454  曾叔奐父盨 近二 454		 伯公父簠 04628.1  伯公父簠 04628.2	 伯公父簠 04628.1  伯公父簠 04628.2

1101	1100	1099	1098			
臽	舂	糧	⿰米覃			
臽	舂	糧	蕈	⿱⿰米覃皿	𣪘	
	 舂鼎 近二 206					
	 伯舂盉 09399	 商圖 05220			 史墻盤 10175	 史𣪘簋 03583
 㝬鐘 00260.1		 揚簋 04294  揚簋 04295	 㝬簋 04317	 大鼎 02808  大簋蓋 04298		

1105				1104	1103	1102
宅				家	麻	[illegible]
宅				家	麻	[illegible]
 小臣宅簋 04201  [illegible]尊 06014		 家父盤 近二 928	 獻簋 04205  枚家作父戊卣 05310	 辛鼎 02660  令鼎 02803	 州子卣 近出 604	與「散」一字。參見「散」字。
	 [illegible]簋一 近二 424 （摹）  宰獸簋 近二 441	 不[illegible]簋蓋 04329  幾父壺 09721	 不[illegible]簋 04328  逆鐘 00062	 [illegible]肇家鬲 00633 鼎 02765		
 逨盤 近二 939	 [illegible]鼎 近二 324  晉叔家父壺 近二 869	 伯家父簋 03857.2  晉叔家父壺 近出 968	 伯家父鬲 00682  頌鼎 02828	 康鼎 02786  南宮乎鐘 00181.2	 師麻叔簠 04555	

1108 向	1107 宣		1106 室			
向	宣		室			
 向方鼎 02180  晉侯鳥尊 近二 591			 矩方鼎 近二 300	 伯睘卣 05327  㓨簋 商圖 05137	 過伯簋 03907  伯睘卣 05326.2	 H11：8  H11：34
 向壺 商圖 12169			 士山盤 近二 938	 獄簋 近二 438  虎簋蓋 近二 442	 尹姞鬲 00754  芾伯歸夆簋 04331	
 多友鼎 02835  叔向父簋 03850	 鄀簋 04297.2A1  鄀簋 04297.1A	 虢宣公子白鼎 02637  虢季子白盤 10173	 仲殷父簋 03964.2  迷盤 近二 939	 仲殷父簋 03967.2  仲殷父簋 03965.2	 無叀簋 02814  仲殷父簋 03970	

1112 寏		1111 寷			1110 宇	1109 宛
寏		寷	寓	宝	宇	宛
			 瘨鐘 00252	 叔宝簋 03724		
	 史墻盤 10175		 五祀衛鼎 02832  史墻盤 10175		 史墻盤 10175	 小臣靜卣 近二 547
 史寏簋 03786.2  史寏簋 03786.1	 師寏父鼎 10111  師寏父簋 03705	 叔旅魚父鐘 00039	 大克鼎 02836	 大克鼎 02836  師宝鐘 近二 8	 㝬簋 04317	

1118		1117	1116	1115	1114	1113
安		定	寍	宬	康	弦
安		定	寍	宬	康	弦
 何[illegible]安甗 00885  安父簋 03561				 H11：37  H11：116 ＋175		
 孟姬安甗 00910  戜方鼎 02824	 即簋 04250  伯定盉 09400.2	 五祀衛鼎 02832  伯定盉 09400.1	 史墻盤 10175			 史墻盤 10175
 井先叔安父簋 03891			 毛公鼎 02841B	 宬伯鼻生壺 09615	 大克鼎 02836  㝬簋 04317	

1122			1121	1120	1119	
實			寴	宴	宓	
實	寴		寴	宴	宓	
					 H11：31  H11：136	 作册睘卣 05407.2  㜢妊壺 09556.2
	 農卣 05424.1	 師酉鼎 近二 326	 史懋壺 09714  遹簋 04207		 小臣鼎 02678  師道簋 近二 439	 格伯簋 04264.2  公貿鼎 02719
 㝬簋 04317  散氏盤 10176		 晉侯蘇編鐘 近出 37  伯戕父簋 商圖 05276	 多友鼎 02835  晉侯蘇編鐘 近出 36	 宴簋 04118.1  宴簋 04118.2		

1123

寶

⿱宀⿰玉畐	⿱宀⿰玉貝		寚	⿱宀貝	⿱宀缶	
	 子爵 近二 791		 父鼎 02453 與《説文》古文相合。	 農父簋 03461	 姑舀母方鼎 02330	
	 嬴氏鼎 02027	 晉侯⿱棘大馬壺 近二 865  ⿰爵田父簋 03559	 格伯作晉姬簋 03952  格伯作晉姬簋 03952			
 周窑匜 10218		 柞鐘 00134	 內大子白壺 09645.2  晉侯喜父皿 近出 1060			 郜召簠 近出 526

寶						⿰貝缶
 方鼎 02729	 从鼎 02461	 叔黽作南宫鼎 02342	 田農鼎 02174	 吾作媵公鬲 00565	 作寶彝鬲 00493	 禽簋 04041
 戕作寶簋 03369	 𡨦父鼎 02671	 录簋 03863	 霸姞鼎 02184.1	 隔伯方鼎 02161	 雩人守鬲 00529	 家鬲 商圖 02686
 追簋 04223.1	 乎簋 03769.2	 舟作寶鼎 01953	 𤇾伯鬲 00632	 作寶彝鬲 00569	 叡鐘 00088	
 中伯壺蓋 09667	 己侯簋 03772.1	 季作寶盤 10048	 伯先父鬲 00654	 伯章父鬲 00616	 瘐鐘 00246	
 六年召伯虎簋 04293	 㝬叔㝬姬簋 04065.2	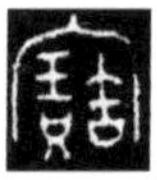 齊巫姜簋 03893	 伯亡鼎 02443	 伯姜鬲 00605	 己侯虓鐘 00014	 虢季子緄卣 05376
 胄簠 04532	 □叔買簋 04129	 仲殷父簋 03967.2	 叔向父爲備簋 03870	 叔碩父甗 00928	 中義鐘 00026	

⿱宀⿰貝畐	⿱宀⿰貝酉					
			 量侯簋 03908	 戈車尊 商圖 11679  [illegible]矢卣 05304	 柬人宗父簋 03698  作寶尊彝卣 05130	 尹作寶尊簋 03391  隔伯簋 03524
					 庚姬鬲 00638  庚姬鬲 00639	 [illegible]尊 05988  庚姬鬲 00637
 伯⿱宀⿰貝畐父盨 商圖 05570	 師嫠簋 04325.2  䣄史𡱒壺 09718	 仲殷父簋 03967.1	 郜仲簠一 近二 472  五年琱生尊二 近二 588	 紷氏劍簋乙 商圖 04916  晉侯對盨 近二 453	 晉侯蘇編鐘 近出 50  楚公逆編鐘 近出 97	 袓伯章盤 10130  散伯匜 10193

宦	⿰亻⿱王呆				⿱宀⿰缶貝	⿱宀⿰酉貝
	 H11：15	 ⿰礻帶觚 商圖 09820  作大⿰亻⿱王呆鼎 商圖 01016	 克罍 近出 987  大⿰亻⿱王呆簋 商圖 04482	 大⿰亻⿱王呆方鼎 02159  作册大方鼎 02759	 翏簋 03993	 轉作寶艦盤 10055
				 鼎 02765		
 中宦父鼎 02442				 ⿰亻⿱王呆侃母壺 09646.1  ⿰亻⿱王呆侃母壺 09646.2		

1129 宜	1128 宥	1127 寵	1126 守		1125 宰	
宜	宥	寵	守		宰	
 作册般甗 00944  天亡簋 04261			 守宫父辛爵 09018  守卣 近出 597	 子守爵 08085  守宫觥 09297.2		 宰女彝定 01712  宰儃宔父丁鼎 02010
	 諫簋 04285.2			 季簋甲 商圖 04463  季簋甲 商圖 04463	 宰獸簋 近二 441  穆公簋蓋 04191	 師湯父鼎 02780  大師虘簋 04251.1
 史宜父鼎 02515	 卌三年逨鼎二 近二 331	 梁其鐘 00187.2  梁其鐘 00191	 小臣守簋 04180  筥小子簋 04037	 大鼎 02808  小臣守簋 04179	 楷侯宰壺 近二 859	 趞鼎 02815  仲爯父簋 04188.1

1133 ⿱宀丂			1132 寑	1131 宿	1130 宵	
⿱宀丂	⿰爿⿱宀帚	⿰女⿱宀帚	⿱宀帚	宿	宵	
 乃孫作且己鼎 02431  匚⿱宀丂父癸鼎 02132			 乙未鼎 02425  近出 1024		 宵作旅彝器 10544.2  1 號卜甲	 作册夨令簋 04300  貉子卣 05409.1
 㪤鐘 00088	 □鼎 近二 322	 五年召伯虎簋 04292	 師遽方彝 09897.2  師遽方彝 09897.1	 室叔簋 商圖 05207  宿父尊 商圖 11689		

1139	1138	1137	1136		1135	1134
害	寒	寓	客		寡	寬
⿱宀丰	寒	寓	客	寡	⿱宀頁	寬
 ⿱宀丰父丁爵 商圖 07826		 寓鼎 02718  寓鼎 02756				
		 晉人簋 03771  寓卣 05381	 利鼎 02804  引簋 商圖 04620		 寡子卣 05392.1  作册益卣 05427	 史密簋 近出 489 （摹）
	 小子□鼎 02598  大克鼎 02836			 卌三年逨鼎二 近二 331  卌三年逨鼎一 近二 330	 毛公鼎 02841B	

1141 宄　　1140 索

宎	索	䛦	害			
	 索諆爵 09091					
 兮甲盤 10174		 大簋蓋 04298	 師克盨 04467.2  師害簋 04117.2	 師害簋 04116.2  害叔簋 03806	 害叔簋 03805.1  害叔簋 03805.2	 毛公鼎 02841B  伯家父簋蓋 04156

1143 宋　　1142 宕

宋	⿸广石	宕	⿰⿱宀⿱吕儿又	⿱宀⿱吕儿		弃
 臣衛父辛尊 05987		 𩩁伯豐鼎 商圖 02426	 義伯簋 03619	 麥盉 09451  伯椃簋 04073	 解子作⿱宀⿱吕儿團 宮鼎 02345  𨵸作⿱宀⿱吕儿伯卣 蓋 05297	
 永盂 10322  宋姜鬲 商圖 02693	 五年召伯虎 簋 04292	 或方鼎 02824		 師臾鐘 00141  㝬簋 近二 413	 師望鼎 02812  幾父壺 09722	 曶鼎 02838A
 鄭伯匜 近出 1013	 不⿰其凡簋 04328  卌二年逨鼎 二 近二 329	 不⿰其凡簋蓋 04329  卌二年逨鼎 一 近二 328		 師酉簋 04288.1  師酉簋 04289.1	 追夷簋 近二 428 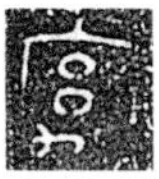 追夷簋 近二 428	

1145 宗　　1144 ⿱宀執

宗				⿱宀執	⿸广執	
 文考日己方彝 09891.1  H11：1 陳	 宗□□爵 08803  矩方鼎 近二 300	 作宗寶彝卣 05122.2  文考日己方彝 09891.2	 大僕嗤作宗室方鼎 02372  過伯簋 03907	 子⿱宀執□壺 商圖 12264	 嚣作父乙卣 05329.1  子⿸广執父丁鼎二 近二 224	 子⿸广執圖卣 05005.1  子⿸广執父乙觶 06373
	 羚簋 近二 433	 作文考日己方尊 05980  簋 04098	 𪊶鐘 00088  𪊶鐘 00089			 嚣作父乙尊 05920
	 五年琱生尊一 近二 587	 晉侯蘇編鐘 近出 35  晉侯僰馬壺 近出 971	 井人妄鐘 00110  仲殷父簋 03966.1			

宀部

1152	1151	1150	1149	1148	1147	1146
亩*	客*	宕*	宋*	弃*	牢*	它*
亩	客	宕	宋	弃	牢	它
 亞亩父乙鼎 商圖 01365			 宋作寶彝甗 00855	 卣 05389.2	 牢犬作父丁簋 03608  牢作父辛尊 05804	 它盤 10020
			 殺簋蓋 04243			
	 害客簋 03996  害客簋 03996	 叔角父簋 03959				 它鬲 00451  它盉 09308

1153	1154	1155	1156		1157	1158
窮*	宔*	宩*	窖*		寂*	寡*
窮	宔	宩	窖		寂	寡
 窮父癸爵 08716	 宰德宔父丁鼎 02010  乃子克鼎 02712A				 寂鬲 商圖 02686	 寡史娸甗 00888  寡長方鼎 01968
	 盂簋 04162  季簋甲 商圖 04463					 尊 05988
		 弭叔師察簋 04254	 中義父鼎 02542  中義父鼎 02541	 中義父鼎 02544		

1162 賔*	1161 ⿱宀夸*	1160 寰*		1159 ⿱宀游*		
賔	⿱宀夸	寰		⿱宀游		
				 叔趯父卣 05428.2  麥方尊 06015	 煢作周公簋 04241  叔趯父卣 05428.1	 寡邑司鼎 商圖 01930
 季賔父簋 商圖 04369a  季賔父簋 商圖 04369b	 獄簋 近二 436 或釋「鬱」。					
		 師寰簋 04313.2  寰盤 10172	 師寰簋 04313.1  師寰簋 04313.1		 賸匜 10285.1	

1168	1167		1166	1165	1164	1163
⿱宀⿱𢆶夊*	⿱宀䜌*		⿱宀頭*	⿱宀⿰至攴*	⿱宀昌*	⿱宀求*
⿱宀⿱𢆶夊	⿱宀䜌	⿱宀頭	寘	⿱宀⿰至攴	⿱宀昌	⿱宀求
					 ⿱宀昌作父辛卣 05313	 𢻱⿱宀求敄簋 03746
 師賸父鼎 02558		 史墻盤 10175	 㪤簋 04099.2  㪤簋 04099.1	 史墻盤 10175		
	 散氏盤 10176					

1172	1171		1170			1169
罙	竈		呂			宮
盄	突		呂			宮
 盄父癸爵 08685			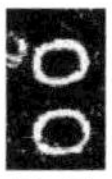 呂姜作簋 03348  貉子卣 5409.1	 庚贏卣 05426.2  FQ2⑤	 子方鼎一 近二 318  叔□作南宮鼎 02342	 季無作宮伯方鼎 02340  雝伯鼎 02531
	 𢐗伯作井姬鼎 02278	 靜簋 04273	 呂伯簋 03979.2  呂方鼎 02754	 十三年𤼈壺 09723.1  十三年𤼈壺 09724.1	 呂伯簋 03979.2  大師虘簋 04251.1	 叔碩父鼎 02596  □者簋 03675
		 呂王壺 09630	 呂王鬲 00635 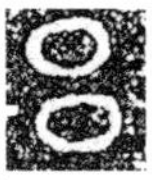 伯呂父盨 近二 452	 頌壺 09731.1  散氏盤 10176	 虢宮父鬲 近出 130  成鐘 近二 5	 南宮乎鐘 00181.1  康鼎 02786

1178	1177	1176	1175	1174	1173	
⿱穴弁*	⿱穴乇*	⿱穴丩*	窺	空		竂
⿱穴弁	⿱穴乇	⿱穴丩	⿱穴視	空		竂
 ⿱穴弁尊 05777					 夨令方彝 09901.1	 夨令方尊 06016  作册夨令簋 04300
		 ⿱穴丩鼎 02755  ⿱穴丩鼎 02755	 伯窺父盨 04438.1  伯窺父盨 04438.2	 姊季姬尊 近二 586		 ⿺辶虘盂 10321
	 周⿱穴乇匜 10218					 毛公鼎 02841A  番生簋蓋 04326

1184	1183		1182	1181	1180	1179
疕	瘨		疾	疒	⿰爿匡*	⿰爿吴*
疕	瘨	疾	⿰火矢	疒	⿰爿匡	⿰爿吴
		 否叔卣 近出 603		 疒父乙卣 近出 568  疒父癸卣 近出 582		
	 師瘨簋蓋 04283  師瘨簋蓋 04284					
 昆疕王鐘 00046			 毛公鼎 02841B		 輔伯⿰爿匡父鼎 02546	 叔⿰爿吴父簋 04068.1  叔⿰爿吴父簋 04068.2

1189	1188		1187	1186		1185
冕	同		冖	痶*		瘴*
免	同		冖	痶		瘴
	 同簋 近二 385	 天亡簋 04261  沈子它簋蓋 04330	 大盂鼎 02837A  復作父乙尊 05978			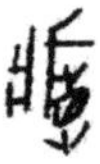 H31：3
 免簋 04240  周免旁父丁卣 05922	 同卣 05398.1	 引簋甲 商圖 05299  幾父壺 09722		 十三年痶壺 09724.1  十三年痶壺 09724.1	 痶鐘 00246  𢼸伯痶匕 00972	
 史免簠 04579.1  史免簠 04579.2	 散氏盤 10176	 同姜鬲 00522  元年師兌簋 04275.2			 多友鼎 02835	

1190 冑			1191 冒	1192 㒳		1193 兩
冑	冑	冑	冒	㒳		兩
		 H11：174  H11：174		 𢾊谿方鼎 02729  欶簋 03745	 小臣宅簋 04201 與「兩」一字，《説文》别爲二字。參見「兩」字。	與「㒳」一字，《説文》别爲二字。參見「㒳」字。
	 睘鼎 近出 352	 豦簋 04167  𢦚簋 04322.1	 九年衛鼎 02831	 九年衛鼎 02831  𦯧簋 04195.1	 𦯧簋 04195.2  霸簋 商圖 04609	
 師同鼎 02779	 伯晨鼎 02816  冑簠 04532			 大簋蓋 04298  叔向父爲備簋 03870	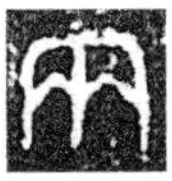 五年琱生尊一 近二 587	 函皇父簋 04141.2  函皇父鼎 02745

1199 巾	1198 䍖*	1197 䍐*	1196 䍙	1195 网	1194 𦱊	
巾	䍖	䍐	䍙	网	𦱊	
 巾斧 11772			 静方鼎 近出357	 网鼎 01234  𤢺卣 05249.2		
 舀壶蓋 09728				 网爵 07750	 𦱊簋 04195.1  𦱊簋 04195.2	
 元年師兑簋 04274.1  元年師兑簋 04274.2	 兮甲盤 10174	 鄀簋 04297.1A		 中网父簋蓋 03758		 函皇父簋 4141.1  恒侯鬲 近出144

1204 帚	1203 幃	1202 幬	1201 帶			1200 帥
帚	幃	[illegible]	帶	師	帥	
 婦嫡觶 06143  婦妃罍 近出 981			 大保戈 10954  帶族壺 商圖 12201			
	 伯農鼎 02816	 伯農鼎 02816		 彔伯𢦚簋蓋 04302	 五祀衛鼎 02832  癲簋 04170.1	 帥隹鼎 02774A  師虎簋 04316
			 寰盤 10172	 毛公鼎 02841B	 梁其鐘 00187.1  番生簋蓋 04326	 單伯昊生鐘 00082  井人妄鐘 00109

1208 芾*	1207 布	1206 席			1205 ⿰𠂤帚*	
芾	布	席		⿰𠂤帚	⿰𠂤⿱彐又	
	 作册睘卣 05407.2  作册睘尊 05989		 ⿰𠂤帚㚸方鼎 02726  ⿰𠂤帚㚸進壺 09595.2	 ⿰𠂤帚㚸甗 00920  ⿰𠂤帚作父丁鼎 02121	 ⿰𠂤帚㚸進壺 09594.1  ⿰𠂤帚㚸方鼎 02725	與「婦」一形分化。參見「婦」字。
 芾伯歸夆簋 04331		 九年衛鼎 02831		 段金⿰𠂤帚簋 03586  段金⿰𠂤帚尊 05863		
				 ⿰𠂤帚叔山父簋 03799  ⿰𠂤帚叔山父簋 03801		

卷七

1212 ⿰巿黃*	1211 帢				1210 市	1209 ⿰巿龍*
⿰巿黃	韐	⿰巿攵			市	⿰巿龍
					 大盂鼎 02837A  麥方尊 06015	
 師⿰食丮鼎 02830	 裘衛盉 09456 與《説文》或體同。	 癲盨 04462  呂服余盤 10169		 趞簋 04266  師酉簋 04288.1	 庚季鼎 02781  衛簋 04209.1	
	 焂戒鼎 近出 347		 此簋 04305  此簋 04307	 元年師事簋 04282.2  此簋 04310	 南宮柳鼎 02805  趩鼎 02815	 ⿱癶火有嗣爯鬲 00679  ⿱癶火有嗣爯鼎 02470

巾部　市部

1216 黹	1215 敝		1214 白		1213 帛	
黹	敝	敉	白		帛	
乃孫作且己鼎 02431		師旂鼎 02809	H11：14	作册大方鼎 02760	舍父鼎 02629	相侯簋 04136
		師旂鼎 02809	H11：84	叔簋 04132.2	H11：3	州子卣 近出 604
叔黹作寶甗 00909			彊伯作井姬鼎 02278	𢿅鐘 00088	𦿎簋 04195.1	九年衛鼎 02831
師𡚬父鼎 02813			白須簋 近二 388	小臣鼎 02678		九年衛鼎 02831
趞鼎 02815	散氏盤 10176		白𡨦父簋 近二 390	康鼎 02786		大簋蓋 04298
此鼎 02821				𢿅伯鬲 00516		五年琱生尊一 近二 587

1217

⿰黹虘

	⿰⿱黹目虎	⿰黹虎	⿰黹虘	⿰黹且		
			 ⿰黹虘作母甲尊 05929			
	 ⿸疒興鐘 00254	 ⿸疒興鐘 00246	 史墻盤 10175	 師𩛥鼎 02830	 師道簋 近二 439	 九年衛鼎 02831  即簋 04250
		 ⿰黹虎簋 04215.1  ⿰黹虎簋 04215.2			 㝬簋 04317  頌簋 04333.1	 此鼎 02822  頌鼎 02827

	1218 人				1219 保
	人				保
早期	 雯人守鬲 00529  伯矩鼎 02456	 大盂鼎 02837A  作冊夨令簋 04301	 師酉簋 04288.1  H11：4	 H31：3  2 號卜甲	 保父丁簋 03180  保父丁觶 近出 659
中期	 㾓鐘 00246  王人忱輔甗 00941	 次尊 05994  師臾鐘 00141	 爯簋 商圖 05214  宗人斧 近二 1326		 奜𢼄鼎 02201  師𩰫鼎 02830
晚期	 兮仲鐘 00069  師晨鼎 02817A	 鄧公簋蓋 04055  晉侯蘇編鐘 近出 47	 𧗿鼎 近二 324  追夷簋 近二 428		 南宮乎鐘 00181.2  保子達簋 03787.1

1221 佩　　1220 仁

佩		佈	仲	仁		
	 寓鼎 02718				 亞保且辛簋 03683  H11：50	 大盂鼎 02837A  保侃母簋 03744
	 痶簋 04170.2  痶簋 04170.1	 獄盨 商圖 05676	 獄簋 近二 438		 格伯簋 04262.1  堯盉 09436.1	 □簋 04193  史墻盤 10175
 頌簋 04333.2  頌簋 04339	 善夫山鼎 02825  頌鼎 02829			 魯伯愈父盤 10113  魯伯愈父匜 10244	 戎生編鐘 近出 34  𤔲寇良父壺 09641	 大克鼎 02836  录盨 04360.1

1222	1223	1224	1225	1226
伯	仲	伊	倗	何
白	中	伊	倗	⿰兀可
 夨伯鬲 00515	 仲簋 03723	 伊生簋 03631	 倗丏簋 03667	 何尊 06014
以「白」爲「伯」。參見「白」字。	以「中」爲「仲」。參見「中」字。		 曩仲壺 近出 965	 子何爵 08075
			 伯雍倗鼎 近二 273	
			 倗季尊 商圖 11687	
 夆伯鬲 00696	 仲㠯父鬲 03754	 史懋壺 09714	 倗仲鼎 02462	
			 衛鼎 02733	
			 七年趞曹鼎 02783	
			 伯歸夆簋 04331	
			 倗伯簋 近二 397	
 伯家父鬲 00682	 仲殷父簋 03967.2	 伊簋 04287	 鐘 00020	
			 多友鼎 02835	
			 楚簋 04249	
			 杜伯盨 04451	

1231 側	1230 俱	1229 儕	1228 位	1227 備		
側	具	儕	立	備	[illegible]	
				 備作父乙鼎 近出 301  否叔卣 近出 603		 何簋 商圖 05137
		 五年師事簋 04216.2  㪙敦盤 10127	 大師虘簋 04252.1 「位」與「立」一形分化，此爲分化之前的寫法。參見「立」字。	 𢦚簋 04322.2  元年師事簋 04279.1		
 無叀鼎 02814  訇簋 04321	 㝬鐘 00260.2 以「具」爲「俱」。參見「具」字。				 [illegible]簋蓋 03761	

1234 散　1233 偁　1232 付

散			偁	付	仅	
	 H11：4	 召卣 05416.1  疊尊 06004				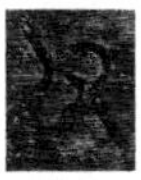 [illegible]伯豐鼎 商圖 02426 此隸定字形與「僅」的簡化字同形。
 裘衛盉 09456  散瘨盆 10324	 散伯瘨匕 00972  散伯瘨簠 04681	 散伯鬲 00516  瘨鐘 00251	 或者鼎 02662	 永盂 10322  爯簋 商圖 05214	 虎簋盖 近二 442	 鼎 02765  九年衛鼎 02831
 𡚸女盨蓋 04352  散氏盤 10176	 叔𡟠父簋 04068.2  叔𡟠父簋蓋 04070	 𤔲工殘鼎 02501  叔𡟠父簋 04068.1				 𤔲攸从鼎 02818  散氏盤 10176

	1239 俗	1238 任	1237 便	1236 償		1235 僨
俗		任	佼	賞	僓	僨
		 作任氏簋 03455			 厚趠方鼎 02730  尊 05979	
 永盂 10322 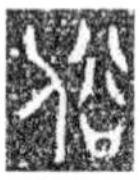 㺇簋 近二 436	 庚季鼎 02781  五祀衛鼎 02832	 縣妃簋 04269  任鼎 近二 325		 曶鼎 02838B 以「賞」爲「償」。參見「賞」字。		 君夫簋蓋 04178
	 毛公鼎 02841B  駒父盨蓋 04464		 賸匜 10285.1 以「佼」爲「便」。參見「佼」字。		 晉侯蘇編鐘 近出 36	

1240	1241		1242	1243	1244	1245
俾	傳		俯	佃	偃	伏
卑	⿰亻叀	傳	俯	甸	⿰亻妟	伏
		 小臣傳簋 04206  傳作父戊尊 05925	 鳥壬俯鼎 02176	與「甸」一字。參見「甸」字。		 史伏作父乙尊 05897
	 第傳盉 商圖 14795					
 戎生編鐘 近出 30 以「卑」爲「俾」。參見「卑」字。	 散氏盤 10176				 噩侯鼎 02810	

1247 咎　　1246 伐

	咎	処	伐			
 H11：96	 元卣 商圖 13270  H11：28	 H11：35	 伐父丁爵 近出 878  H11：68 陳	 大保簋 04140  小臣□簋 04239.1	 禽簋 04041  □鼎 02740	 旅鼎 02728  過伯簋 03907
			 霸伯簋 商圖 05220	 史密簋 近出 489  彔戜卣 近二 548	 [illegible]馭簋 03976  史墻盤 10175	 中伐父甗 00931  戜簋 04322.2
			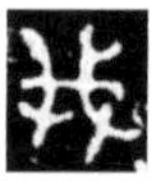 應侯簋 商圖 05311	 不𡢁簋蓋 04329  虢仲盨蓋 04435	 不𡢁簋 04328  不𡢁簋蓋 04329	 㝬鐘 00260.1  不𡢁簋 04328

人部

1252	1251		1250	1249		1248
征*	伖*		僰	佋		弔
征	伖		僰	佋		弔
 岡刧卣 05383.1					 戒叔尊 05856  H11：37	 叔作彝鼎 00489  叔作尊鼎 01927
		 十三年瘓壺 09724.1	 十三年瘓壺 09723.1  十三年瘓壺 09723.2		 叔虢簋 03552  叔妃簋 03729.2	 叔碩父鼎 02596  叔父丁鬲 00480
	 叔伖父簋 03555(摹)	 師寰簋 04313.2  晉侯僰馬壺蓋 近出 972	 晉侯僰馬壺 近出 971  師寰簋 04313.1	 多友鼎 02835	 吳王姬鼎 02600  此鼎 02822	 鄭井叔鐘 00022  叔角父簋 03959

1258	1257	1256	1255	1254	1253	
⿰亻翟*	⿱雨⿰亻冉*	⿰亻⿱宀艮*	偈*	⿰亻⿱𠆢开*	⿰亻冉*	
⿰亻翟	⿱雨⿰亻冉	⿰亻⿱宀艮	偈	⿰亻⿱𠆢开	⿰亻冉	
			 叔偈父觶 06458		 ⿰亻冉父甲爵 09795	 ⿰亻冉父甲爵 08849  ⿰亻冉父甲爵 08872
 雔鼎 商圖 02367	 ⿱雨⿰亻冉卣 近出 601  ⿱雨⿰亻冉尊 近出 636	 雔鼎 商圖 02367		 豆閉簋 04276		

1263	1262		1261		1260	1259
卓	匕		化		眞	僎*
卓	匕		化	鼑	[illegible]	僎
	 我方鼎 02763.1  我方鼎 02763.2	 匕癸方鼎 01516  木工册作匕戊鼎 02246			 伯真甗 00870  真盤 10091	
 九年衛鼎 02831		 散伯瘨匕 00972  仲枏父匕 00979		 季真鬲 00531		 才僎父鼎 02183
		 伯多壶 09613	 史叀鼎 近出 346			

人部　七部　匕部

1266 從				1265 从		1264 𠤱*
從				从		𠤱
 作員從彝罍 09804.1	 作□從彝盉 09384.1	 北單從鼎 02173	 遽從鼎 01492	 作彭史从尊 05810	 作从彝鼎 01797	
 作從彝卣 近出 583	 作□從彝盉 09384.2	 作從彝卣 05027.2	 遽從鼎 01494	「从」與「從」一字異體，《説文》别爲二。	 作任氏簋 03455	
 𤼈馭簋 03976	 格伯簋 04264.1	 從鼎 02435	 逋甗 00948		 尊 05988	 𠤱季簋甲 商圖 04463
 □尊 05864	 卌三年逨鼎二 近二 331	 堆叔簋 03950	 䢅鼎 02075		 天作从尊 05688	
 翏生盨 04459.1	 不㝬簋 04328	 内公鐘 00031	 師同鼎 02779			
 史免簠 04579.1	 不㝬簋蓋 04329	 宴簋 04118.1	 多友鼎 02835			

1270 北		1269 比	1268 舲*	1267 幷		
北		比	舲	幷		
 北伯作彝鬲 00506	 比器 10551	 比甗 00913		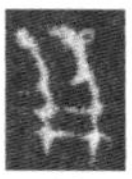 幷伯甗 近出 158	 作從彝盤 10050	 豐卣 05191.1
 北子作母癸方鼎 02329	 比簋 近出 449	 班簋 04341A			 H11：100	 麃父卣 05348.1
 北子鼎 01719			 舲簋 近二 433			 麃父尊 05930
 七年趞曹鼎 02783			 舲簋 近二 433			 中尊 商圖 11515
 南宮柳鼎 02805	 鬲比盨 04466	 諶鼎 02680				 內公壺 09598
 趞鼎 02815		 㚤戒鼎 近出 347				 虢宮父鬲 近出 130

1273 眔　　1272 仈　　1271 冀

<table>
<tr><td colspan="2">眔</td><td>㬎</td><td>仈</td><td colspan="2">冀</td><td></td></tr>
<tr><td></td><td></td><td>
師旂鼎
02809</td><td>
作□仈彝方鼎
01981</td><td>
作册夨令簋
04301

單冀父癸尊
05905</td><td>
丗□冀作父癸簋
03686

作册夨令簋
04300</td><td>
翏簋
03994

□北子甗
00847</td></tr>
<tr><td></td><td></td><td>
曶鼎
02838A

曶鼎
02838B</td><td></td><td></td><td></td><td>
宰獸簋
近出 490

親簋
近二 440</td></tr>
<tr><td>
應侯簋
商圖 05311</td><td>
師寰簋
04313.1

師寰簋
04313.2</td><td></td><td></td><td></td><td></td><td>
伊簋
04287

晉侯蘇編鐘
近出 38</td></tr>
</table>

北部　仈部

				1275 朢		1274 徵
朢		望	𦣞	室		徵
 士上卣 05421.2  庚嬴鼎 02748		「望」與「朢」實爲一字，所謂「亡」是「臣」之訛。本字形表合併字頭。	 保尊 06003  保卣 05415.1			
 師望鼎 02812  師虎簋 04316	 㝬鼎 02755	 走馬休盤 10170 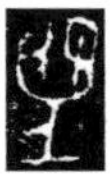 尹姞鬲 00754	 大師虘簋 04251.1	 師㚣盨 04429.2	 親簋 近二 440  晙簋 商圖 05386	 趞簋 04266  羚簋 近二 433
 趩鼎 02815  禹鼎 02833		 無叀鼎 02814  伊簋 04287				 虢簋 04215.1  虢簋 04215.2

1277 量		1276 重				
⿱日東		重				
	 量侯簋 03908	 己重爵 08043	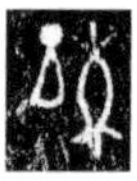 虎重父辛鼎 01885  斆作周公簋 04241		 作册䰧卣 05432.2  朢父甲爵 09094.1	 獻簋 04205  庚嬴卣 05426.2
 量伯承父爵 近二 789	 大師虘簋 04251.1  大師虘簋 04252			 㦰方鼎 02789.2	 大師虘簋 04252.1  縣妃簋 04269	 大師小子師朢壺 09661  盠駒尊 6011.2
	 大克鼎 02836				 事族簋 04089.2  走簋 04244	 事族簋 04089.1  㝨盤 10172

1280 身				1279 臨	1278 監	
身		肙		臨	監	
 H11：61	 楷侯簋蓋 04139	 叔趯父卣 05429.1	 叔趯父卣 05428.1	 大盂鼎 02837A	 㝢監鼎 近出 297	 雁監甗 00883
	 猷簋 04205	「肙」與「身」實爲一字，《説文》别爲二字。本字形表合併字頭。	 伯身作寶簋 03362	 堇臨作父乙簋 03647	 䰧監簋 商圖 04441	 史話簋 04031
 戜方鼎 02824	 𤼈鐘 00246			 𤞷簋 近二 436	 叔碩父鼎 02596	 監父己鼎 02367
 師𩛥鼎 02830	 𤼈鐘 00256			 伯唐父鼎 近出 356	 豳公盨 近二 458	 善鼎 02820
 師克盨蓋 04468	 士父鐘 00148		 楚公逆鐘 00106	 毛公鼎 02841A	 頌簋 04332.1	 頌鼎 02827
 㝬簋 04317	 逆鐘 00063			 叔臨父簋 03760	 鄧孟壺蓋 09622	 仲爯父簋 04189.2

1282　　　　1281

衣　　　　殷

衣		⿱宀殷	殷			
 叔矢方鼎 近二 320	 大盂鼎 02837A  復作父乙尊 05978	 士上卣 05421.2	 叔矢方鼎 近二 320	 保卣 05415.1  作册䰧卣 05400.2	 大盂鼎 02837A  小臣[illegible]簋 04239.1	
 師道簋 近二 439  采隻簋甲 商圖 05154	 師奎父鼎 02813  弭伯師耤簋 04257	 豊卣 05403.1  豊作父辛尊 05996	 殷簋 近出 487	 格伯簋 04264.2  殷穀盤 10127	 瘐鐘 00251  格伯簋 04262.1	
 伯農鼎 02816  寰盤 10172	 頌鼎 02829  此鼎 02821		 仲殷父簋 03966.2  仲殷父簋 03967.1	 虢叔作叔殷穀簠蓋 04498  仲殷父簋 03965.2	 仲殷父鼎 02463  禹鼎 02833	 梁其鐘 00189.2  作册封鬲一 近二 94

1286 裣	1285 襮	1284 裹			1283 衮	
裣	䙽	裹		袬	袞	
 㝨方鼎 02789. 1  㝨方鼎 02789. 2	 㝨方鼎 02789. 1  㝨方鼎 02789. 2	 晙簋 商圖 05386	 吴方彝蓋 09898A  录伯㝨簋蓋 04302	 𦉢壺蓋 09728	 伯農鼎 02816	 師𩛥鼎 02830  吴方彝蓋 09898A
		 三年師兌簋 04318. 2  番生簋蓋 04326	 毛公鼎 02841A  毛公鼎 02841B	 卌三年逨鼎二 近二 331		 蔡簋 04340A

1293	1292	1291	1290	1289	1288	1287
卒	褈	褻	襄	褱	衺	襲
衣	褈	褻	襄	褱	衺	襲
 沈子它簋蓋 04330  H11：3		 何簋 商圖 05137		 沈子它簋蓋 04330  班簋 04341A		
 𢦚簋 04322.1  䋣卣 05430.2	 𢦚簋 04322.1  𢦚簋 04322.2			 𤼈鐘 00246  史墻盤 10175	 師酉鼎 近二 326	 𢦚方鼎 02824  𢦚簋 04322.2
 多友鼎 02835		 毛公鼎 02841B	 𩵦甫人盤 10080  𩵦甫人匜 10205	 毛公鼎 02841B  逨盤 近二 939		

	1294	1295	1296	1297	1298	1299
	⿴衣厶*	⿰衤开*	⿰衤有*	褀*	⿴衣員*	⿴衣㒼*
	⿴衣厶	⿰衤开	⿰衤有	褀	⿴衣員	⿴衣㒼
「卒」與「衣」一形分化，此爲分化之前的寫法。參見「衣」字。			 ⿰衤有□父作⿱罒曰姁鼎 02334	 褀父乙鼎 01563(摹)	 中方鼎 02785(摹)  中方鼎 02785(摹)	
 [illegible]卣 近出 605		 㝬簋 04167				
	 伯農鼎 02816					 散氏盤 10176  散氏盤 10176

老				裘		衰
				 不咼簋 04060		
 老簋 近二 426  老簋 近二 426	 裘衛盉 09456	 敔簋蓋 近出 483  大師虘簋 04251.2	 九年衛鼎 02831  五祀衛鼎 02832	 九年衛鼎 02831  九年衛鼎 02831	 廿七年衛簋 04256.1  廿七年衛簋 04256.2	 次卣 05405.2  次尊 05994
 季良父壺 09713  季良父壺 09713						 焂戒鼎 近出 347  芇伯歸夆簋 04331

1303 壽				1302 者		
⿱曰⿰己殳	⿱士⿱冖⿱口豆		⿱曰⿱己口	者		⿸耂丩
 眉壽作彝鼎 01989 或以「⿱曰⿰己殳」爲「壽」。參見「⿱曰⿰己殳」字。		 沈子它簋蓋 04330	 不⿱曰⿱己口簋 04060 或以「⿱曰⿱己口」爲「壽」。參見「⿱曰⿱己口」字。		 尊 06007	
 九年衛鼎 02831	 瘐鐘 00250  仲枏父鬲 00750	 毳盉 09442  仲枏父鬲 00746	 九年衛鼎 02831		 師奎父簋 02813  史墻盤 10175	
	 陽飤生簋蓋 03984  甗 商圖 03356	 仲師父鼎 02743  此簋 04304.2		 大祝追鼎 近二 315	 曾伯文簋 04051.1  曾伯文簋 04051.2	 黃同簋蓋 04039

壽	壽				壽	
 □尊 06007						 毛公旅方鼎 02724
 䟢簋 03700	 曩仲觶 06511.1  曩仲壺 近出 965	 追簋 04223.2  曩仲觶 06511.2	 㾓鐘 00248  師器父鼎 02727	 㾓鐘 00246  㾓鐘 00247		 不𡢁簋蓋 04329
 小克鼎 02796	 交君子叕簠 04565.1  交君子叕簠 04565.2	 黽壺蓋 09677.2  □叔買簋 04129	 諶鼎 02680  伯勇父簋 04554	 南宮乎鐘 00181.2  𩰫季鼎 02585	 伯梁其盨 04447.2  □簋 03873	 伯梁其盨 04447.1  小克鼎 02800

					考	壹
 叔趯父卣 05428.1  囗尊 06007	 叔具鼎 02341  乃𤔲子鼎 02532	 魯侯熙鬲 00648  考作沓父鼎 02188	 老作父辛卣 05216.2  卿卣 05258.2	 卿卣 05259.1  卿卣 05259.2	 散史鼎 02166.B  卿卣 05258.1	
 啚尊 05931  王母簋 近出 450	 仲辛父簋 04114  大簋 04165	 𤔲鐘 00092  癲鐘 00246	 仲枏父鬲 00746  仲枏父鬲 00747	 季老或盉 09444  五年召伯虎簋 04292	 亦簋一 近二 434  亦簋二 近二 435	 師臾鐘 00141
 遟盨 04436.2  師嫠簋 04324.1	 禹鼎 02833  仲殷父簋 03965.2	 無叀鼎 02814  趞鼎 02815	 士父鐘 00147  仲師父鼎 02743	 辛中姬皇母鼎 02582  杜伯盨 04452	 五年琱生尊二 近二 588  五年琱生尊一 近二 587	

			 叔趞父卣 05429.1	 簋 04097	 录簋 03863	 先獸鼎 02655
			 癸夏爵 09034	 無仲卣 05369	 寧簋蓋 04021	 禽鼎 02486
 尊 05981	 追簋 04220	 滕虎簋 03828	 師奎父鼎 02813	 者鼎 02662	 應侯見工簋一 近二 430	 仲簋 近出 471
 尊 05988	 匡卣 05423A	 恒簋蓋 04199	 九年衛鼎 02831	 彊伯鼎 02676	 獄簋 近二 436	 盠駒尊 06011.2
 甗 商圖 03356	 卻咎簋 04197	 仲殷父簋 03965.1	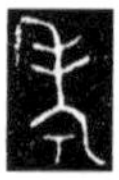 井人妄鐘 00109.1	 晉侯㸙馬壺 近出 971	 □叔買簋 04129	 師害簋 04116.2
 單五父壺二 近二 871	 曾仲大父蠡簋 04204.1	 仲殷父簋 03967.2	 仲殷父簋 03964.2	 戎生編鐘 近出 28	 伯公父簠 04628.2	 大簋蓋 04125

1035

孝

孝				耇		
			 且日庚簋 03991			
 仲車父簋 商圖 04683	 追簋 04220  史墻盤 10175	 曶鼎 02838A  癲鐘 00246	 㝬鐘 00088  㦰方鼎 02789.2		 馬方彝 商圖 13538	 梁其壺 09716.2  由盨蓋 商圖 05673
 伯孝□盨 04407.1  戎生編鐘 近出 31	 姬鼎 02681  㝬叔㝬姬簋 04063.2	 辛仲姬皇母鼎 02582  伯鮮鼎 02663	 兮仲鐘 00069  仲爯父鼎 02529	 叔角父簋 03959		

1310 （臀）屍	1309 尸		1308 毳	1307 毛		1306 耆*
屍	尸		毳	毛		耆
	 H11：51 ＋107	 旅鼎 02728  小臣謎簋 04239.2		 方鼎 02729  毛伯戈 近出 1113	 毛公旅方鼎 02724  班簋 04341.A	
 永盂 10322  衛簋 04210.2	 無曩簋蓋 04228  录戜簋 05420.1	 录戜簋 05419  無曩簋 04225.1	 毳盉 09442  毳盤 10119	 應侯見工鼎 近二 323  虒簋 商圖 05295	 孟簋 04162  應侯見工鼎 近二 323	
 師寰簋 04313.1  屍敖簋蓋 04213	 豐兮尸簋 04001.1  應侯簋 商圖 05311	 㝬鐘 00260.2  禹鼎 02833	 毳簋 03932.1  毳簋 03932.2	 毛與簋 04028  此簋 04304.2	 罍伯毛鬲 00587  此鼎 02821	 逨盤 近二 939

1314 ⿸尸月*	1313 ⿸尸夕*	1312 屖		1311 屒		
⿸尸月	⿸尸夕	屖		屒		
			 季屖簋 03556  御史競簋 04134			
 遹甗 00948  師𩛥鼎 02830		 競卣 05425.2  史墻盤 10175	 五祀衛鼎 02832  縣妃簋 04269			 史密簋． 近出 489  史密簋 近出 489 （摹）
 梁其鐘 00187.1  伯庶父匜 10200	 逨盤 近二 939	 五年琱生尊 二 近二 588  伯寶父盨 商圖 05570	 伯頵父鼎 02649  五年琱生尊 一 近二 587	 大鼎 02808  大鼎 02807	 大簋蓋 04298  大簋蓋 04299	 屖敖簋蓋 04213  鮏史屖壺 09718

1318 舟		1317 履			1316 ⿸尸彡*	1315 ⿸尸后*
	舟			履	⿸尸彡	⿸尸后
 H11：4	 舟父甲卣 04907  麥方尊 06015					 梟⿸尸后作父癸簋 03656.1  梟⿸尸后作父癸簋 03657
 洹秦簋 03867.1	 舟作寶鼎 01954  舟作寶簋 03375	 士山盤 近二 938 與《說文》古文相近。	 格伯簋 04264.1  九年衛鼎 02831	 五祀衛鼎 02832  格伯簋 04262.2	 逆鐘 00062  師道簋 近二 439	
	 楚簋 04246.1  楚簋 04246.2	 散氏盤 10176  散氏盤 10176	 □仲盤 10134  散氏盤 10176	 大簋蓋 04298  大簋蓋 04299		

1319 俞

艅

師艅鼎
02723

艅伯卣
05222.2

艅伯卣
05222.1

龏作乑母辛鬲
00688

豆閉簋
04276

師艅簋蓋
04277

不𡢁簋蓋
04329

不𡢁簋
04328

1320 （朕）⿰舟关

⿰舟关

□方鼎
02505.2

天亡簋
04261

先獸鼎
02655

𤼈作周公簋
04241

□方鼎
02505.1

大盂鼎
02837A

朕作父癸觶
06475

小臣傳簋
04206

章伯𠭰簋
04169

𪊨鐘
00092

□鼎
02765

仲辛父簋
04114

曶鼎
02838A

追簋
04220

穸鼎
02755

大鼎
02807

㦰方鼎
02824

恒簋蓋
04200

追簋蓋
04222A

眉壽鐘
00041

𤼈有嗣爯鬲
00679

鄧公簋
03776

□叔買簋
04129

膡侯盤
10133

會始鬲
00536

此鼎
02821

鄧公簋
03775

魯伯愈父匜
10244

趞鼎
02815

1321

般

般						
或用作「槃」。參見「槃」字。	 漁伯盤 10064  父盤 10075	 吳盤 10066  漁伯鎣 09409.1	 作册般甗 00944  敄□般盉 09386			
	 走馬休盤 10170  仲姞盤 商圖 14418	 裘衛盉 09456  龕盤 10119	 七年趞曹鼎 02783  利鼎 02804	 由鼎 商圖 02453	 獄簋 近二 438  由盨蓋 商圖 05673	 獄鼎 近二 310  馮方彝 近二 902
	 師寏父盤 10111  □□盤 10085	 王盉 09438  宗仲盤 10071	 函皇父鼎 02745  函皇父簋 04141.1	 不𡢁簋 04328	 封仲簋蓋 04124  元年師事簋 04279.1	 頌鼎 02827  伯父簋 04027

1325	1324	1323		1322		
⿰舟泉 *	⿰舟若 *	⿰舟尹 *		（服）⿰舟𠬝		
⿰舟泉	⿰舟若	⿰舟尹		⿰舟𠬝		
	 ⿰舟若伯器 10546	 ⿰舟尹父己尊 08933  ⿰舟尹觶 近二 600	 ⿰舟尹父癸尊 05752  ⿰舟尹父丙觶 06388		 作册䰧卣 05432. 2  □簋 商圖 05106	 大盂鼎 02837A  ⿱炏大作周公簋 04241
					 吕服余盤 10169  由盨蓋 商圖 05673	 靜簋 04273  裘衛盉 09456
 晉侯蘇編鐘 近出 36  晉侯蘇編鐘 近出 36				 逨盤 近二 939	 番生簋蓋 04326  駒父盨蓋 04464	 大克鼎 02836  毛公鼎 02841A

1329	1328				1327	1326
允	兒				方	艗*
允	兒				方	艗
 班簋 04341A		 伯戈 近出 1122  H11：84	 楷侯簋蓋 04139  天亡簋 04261	 大盂鼎 02837A  史逨方鼎 02164	 作册般甗 00944  師旂鼎 02809	 轉作寶艗盤 10055
	 兒鼎 01038  者兒觶 06479		 士山盤 近二 938	 史墻盤 10175  豳公盨 近二 458	 𤼈鐘 00251  录伯䧹簋蓋 04302	
	 𩰫比盨 04466	 師克盨蓋 04468  噩侯鼎 02810	 不𡢁簋蓋 04329  番生簋蓋 04326	 禹鼎 02833  師克盨 04467.1	 南宫乎鐘 00181.2  噩侯鼎 02810	

舟部　方部　儿部

1332 兢　　1331 兄　　1330 兊

兢		⿰虫兄		兄	兊	夋
		 史楳⿰虫兄作且辛簋 03644  叔䟽父卣 05428.1	 䢅鼎 02704  折方彝 09895.2	 史䚡敖尊 近出 634  䀠兄丁卣 05002.2		
		 帥隹鼎 02774A		 屯尊 05932  鼎 02705		
 䣄比盨 04466	 五年琱生尊二 近二 588	 邿召簠 近出 526  五年琱生尊一 近二 587	 伯公父簠 04628.2  伯公父簠 04628.1	 蔡姞簋 04198  季良父壺 09713	 兊簋 03955  卌三年逨鼎三 近二 332	 不𡢁簋 04328  不𡢁簋 04328

		1337 先	1336 殅	1335 ⿰身兄*	1334 ⿰足兄*	1333 ⿰扌兄*
		先	殅	⿰身兄	⿰足兄	⿰扌兄
	 沈子它簋盖 04330	 令鼎 02803  大盂鼎 02837A		 ⿰身兄作父壬簋 03654.1  ⿰身兄作父壬簋 03654.2		 ⿰扌兄簋 03630
 王臣簋 04268.1  伯先父鬲 00649	 伯先父鬲 00655  尹姞鬲 00754	 𤼈鐘 00247  芇伯歸夆簋 04331			 ⿰足兄簋 03700  ⿰足兄簋 03701	
 揚簋 04294  師顯簋 04312	 毛公鼎 02841B  ⿰鬲各史⿸尸兄壺 09718	 南宮乎鐘 00181.2  梁其鐘 00187.1	 散氏盤 10176			

1339			1338			
視			見			
視		覞	見			
 史視父甲尊 05868  史視觚 07279	 珥方鼎 02612  珥方鼎 02613	 何尊 06014	「見」與「視」字初文偶有混同，「見」的曲筆不易寫，偶有變直筆的，未見「視」字變曲筆的。	 作册魖卣 05432.1	 見作甗 00818  沈子它簋盖 04330	
 應侯視工簋一 近二430	 應侯視工鐘 00107  史墻盤 10175		 九年衛鼎 02831  賢簋 04105.1	 賢簋 04105.2  史墻盤 10175	 𤼈鐘 00252  賢簋 04104.1	 𤼈簋 04170.1  卯簋蓋 04327
					 㝬鐘 00260.2  駒父盨蓋 04464	 師克盨 04467.2  虢季子白盤 10173

1342 (㝵)㝵　　1341 觀　　1340 親

㝵		觀	雚	親		
		 觀肇鼎 02076			「視」字初文，後加「氏」或「示」爲聲。	 H11：92  H11：102
與「得」一字。參見「得」字。	 師望鼎 02812  師道簋 近二 439		 效卣 05433.1A 或以「雚」爲「觀」。參見「雚」字。	 親簋 近二 440  親簋 近二 440		
 虢叔旅鐘 00238.1  五年琱生尊一 近二 587	 井人妄鐘 00111.1  梁其鐘 00187.1					

1346				1345	1344	1343
䚀*				覓*	覲	親
䚀				覓	堇	親
				 班簋 04341. A  班簋 04341B	 𩰫方鼎 02579 以「堇」爲「覲」。參見「堇」字。	
 史墻盤 10175	 𤼈簋 04171. 1  追簋 04220	 𤼈簋 04172. 2  追簋 04223. 2	 𤼈鐘 00246  𤼈簋 04170. 1	 曶鼎 02838A		 王臣簋 04268. 2  盠駒尊 06011. 2
 追夷簋 近二 428	 戎生編鐘 近出 29  追夷簋 近二 428	 史頌簋 04229. 1A  史頌簋 04232. 1	 井人妄鐘 00109. 1  史頌鼎 02787			 克鐘 00204

1352 [方欠]*	1351 炊*	1350 次		1349 吹	1348 [巂見]*	1347 [爾見]*
[方欠]	炊	次		吹	[巂見]	[爾見]
	 子炊爵 近二 791	 史次鼎 01354	 叔趯父卣 05428.2  叔趯父卣 05429.1	 吹作楷妊鼎 02179  叔趯父卣 05428.1	 [巂見]爾尊 商圖 11765  [巂見]爾尊 商圖 13662	 [爾見]作父戊卣 05311.2
 果簋 03474.1  果簋 03474.2		 次卣 05405.1  次尊 05994				
		 有𤔲簡簋蓋 商圖 05104	 虞𤔲寇壺 09695.1	 虞𤔲寇壺 09694.1  虞𤔲寇壺 09694.2		

1357	1356		1355	1354		1353
㱃	⿰嘼欠*		⿰鬲欠*	⿰矢欠*		⿰册欠*
飲	⿰嘼欠		⿰鬲欠	⿰矢欠		⿰册欠
 毛公旅方鼎 02724 與《説文》古文相合。	 ⿰嘼欠作父乙簋 03305			 ⿰矢欠簋 03745	 ⿰册欠父癸鼎 02258	 ⿰册欠作父癸卣 05315.2  ⿰册欠作父癸簋 03662
		 走馬休盤 10170	 訇簋 04321  五年師事簋 04216.2	 師湯父鼎 02780		 ⿰册欠作父癸尊 05907
			 無叀鼎 02814  袁盤 10172			

		1360	1359		1358	
		㝽	盜		㳄	
		㝽	盜	氵侃	㳄	㱃
		 公豐父簋 商圖 05014				
		 九年衛鼎 02832  裘衛盉 09456				 曩仲觶 06511.1  曩仲觶 06511.2
			 逨盤 近二 939	 □生殘鐘 00105 與《說文》或體相合。	 㸒戒鼎 近出 347	 善夫山鼎 02825

西周文字字形表 卷九

	1361 顏		1362 頌		1363 頵
	⿸产畐		頌		頵
早期					
中期	 九年衛鼎 02831  九年衛鼎 02831	 九年衛鼎 02831  九年衛鼎 02831	 瘋鐘 00252		
晚期			 史頌鼎 02787  頌鼎 02828	 頌鼎 02829  史頌匜 10220	 伯頵父鼎 02649  寰盤 10172

1367 顧	1366 ⿰靁頁			1365 顯		1364 碩
⿰鳥頁	⿰靁頁		⿰⿱㬎皿頁	顯		碩
 沈子它簋蓋 04330				 顯卣 05389.1  顯卣 05389.2		
 帥隹鼎 02774A			 殷穀盤 10127  殷穀盤 10128	 毳盤 10119  毳匜 10247		 叔碩父鼎 02596
 毛公鼎 02841B	 史⿰靁見鼎 02762(摹)	 魯伯愈父匜 10244	 魯伯愈父盤 10113  魯伯愈父盤 10114		 宴簋 04118.1  宴簋 04118.2	 叔碩父甗 00928  善夫山鼎 02825

1373 頪	1372 ⿰豕頁	1371 頫	1370 顉	1369 頊		1368 順
頪	⿰豕頁	俯	顉	頊	⿰川竟	⿰川見
		 伯夌簋 03537.1  伯夌簋 03537.2			 𢼸卣 05410.1  𢼸卣 05410.2	 何尊 06014
 頪甗 00865					 虎簋蓋 近出 491  虎簋蓋 近二 442	
	 王作⿰豕頁王姬鬲 00584		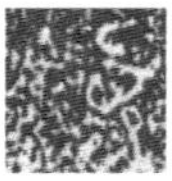 楚公逆編鐘 近出 97  楚公逆編鐘 近出 97(摹)	 頊燹盨 04411		

顯

						顯
					 大盂鼎 02837A  沈子它簋蓋 04330	 史獸鼎 02778  天亡簋 04261
 師遽方彝 09897.2	 大師虘簋 04252.2  師遽方彝 09897.1	 史牆盤 10175  大師虘簋 04252.1	 即簋 04250  大師虘簋 04251.1	 匡卣 05423A  𦶡伯歸夆簋 04331	 衛簋 04210.2  录伯𢦚簋蓋 04302	 𠭯鐘 00092  瘐鐘 00247
 此簋 04304.2  此簋 04305	 楚簋 04247.1  楚簋 04249	 師酉簋 04290  毛公鼎 02841B	 師酉簋 04288.1  師酉簋 04289.1	 康鼎 02786  大鼎 02808	 公臣簋 04185  此簋 04303.2	 頌鼎 02829  公臣簋 04184

	1379 丏*	1378 顯*	1377 顢*	1376 頔*	1375 頟*	
分	万	顯	顢	頔	頟	
	 倗丏簋 03667  丏父辛爵 08945			 頔卣 05188.2  頔卣 05188.1		
 師望鼎 02812  史墻盤 10175			 九年衛鼎 02831  五祀衛鼎 02832		 五祀衛鼎 02832	
		 師顯簋 04312  師顯簋 04312	 季良父壺 09713			 此簋 04306  揚簋 04294

首

						首
					 癸作周公簋 04241	 令鼎 02803  班簋 04341A
 𢊁簋 04167  獄簋 近二438	 史懋壺 09714  師遽方彝 09897.1	 師酉簋 04288.1  录伯𢦏簋蓋 04302	 𣪕簋蓋 04243  大師虘簋 04252.2	 𢦏方鼎 02789  大簋 04165	 不指方鼎 02736  七年趞曹鼎 02783	 師奎父鼎 02813  弭叔師察簋 04254
 師嫠簋 04324.1  屖敖簋蓋 04213	 元年師事簋 04282.1  伊簋 04287	 元年師兌簋 04274.1  元年師事簋 04280.1	 大克鼎 02836  無𠭯簋蓋 04228	 噩侯鼎 02810  頌鼎 02829	 南宮乎鐘 00181.2  善夫山鼎 02825	 大鼎 02807  康鼎 02786

䭫

		⿰旨頁	頃	⿰旨手	⿰亻旨	
 沈子它簋蓋 04330	 班簋 04341A  𤇈作周公簋 04241	 令鼎 02803  臣諫簋 04237	隸定字形與「頃刻」之「頃」同形。			
 𢦚方鼎 02789.1  弭叔師察簋 04254	 三年𤼈壺 09726  獄簋 近二 438	 不指方鼎 02736  鼎 02765	 备簋 04194.2	 乖伯歸夆簋 04331		 老簋 近二 426  乖伯歸夆簋 04331
 康鼎 02786  大鼎 02808	 趞鼎 02815  師酉鼎 04288.1	 南宮乎鐘 00181.2  南宮柳鼎 02805			 屖敖簋蓋 04213	 頌簋 04339

頵						
 逆鐘 00063  大簋 04165		後二形當是誤脱聲旁。	 卯簋蓋 04327  守鼎 02755	 幾父壺 09722  十三年瘋壺 09723.2	 大師虘簋 04252.1  師瘨簋蓋 04283	 豦簋 04167  遹簋 04207
	 不期簋 04328	 師餘簋蓋 04277  揚簋 04294	 元年師兌簋 04274.2  元年師兌簋 04275.2	 無㠱簋蓋 04228  大簋蓋 04299	 公臣簋 04184  公臣簋 04186	 頌鼎 02827  大克鼎 02836

1382 縣

縣

縣妃簋
04269

縣妃簋
04269

1383 須

須

遣叔吉父盨
04416

遣叔吉父盨
04417

達盨蓋一
近二 455

或用作「盨」。參見「盨」字。

立盨
04365

伯多父盨
04368.1

叔盨
04378

弭叔作叔班盨蓋
04430

昜叔盨
04390

鄭義伯盨
04391

伯孝□盨
04408.1

伯孝□盨
04408.2

諫季獻盨
04413.1

伯梁其盨
04446.1

晉侯對盨
近出 504

曶叔奐父盨
近二 454

1386 文					1385 㐱	1384 顗
文					㐱	顗
 文簋 03471	 能匋尊 05984	 師餘鼎 02723	 旂鼎 02670	 文方鼎 01810	 㐱卣蓋 05343	 顗爵 近出761
 □耳■簋 03826	 厚趠方鼎 02730	 伯□作文考父辛卣 05393.2	 伯作文公卣 05316.2	 旂鼎 02555		 大盂鼎 02837A
 𤼈鐘 00255	 录作辛公簋 04122.1	 利鼎 02804	 師趛鬲 00745	 㪤鐘 00092	 㐱尊 05942	
 師趛鬲 00745	 昝簋 04194.2	 是□簋 03917	 ■者鼎 02662	 𤼈鐘 00249		
 師害簋 04117.2	 笱小子簋 04037	 虢文公子■鼎 02635	 梁其鐘 00190	 兮仲鐘 00069		
 梁其鐘 00188.1	 曾伯文簋 04052.1	 史喜鼎 02473	 虢文公子■鬲 00736	 井人妄鐘 00109.1		

鄧小仲方鼎 近出 343	伯尊 05961	保卣 05415.2	𠂤承卣 05318.1	天亡簋 04261	楷侯簋蓋 04139	录簋 03863

H11：112	趞父戊罍 09817	庚贏卣 05426.2	作册睘卣 05407.2	作册夨令簋 04300	𩛥伯𣪕簋 04169	文父丁尊 05733

倗伯鼎 近二 307	□尊 05988	䌛卣 05430.2	攺盨 04414	盂簋 04162	㫚鼎 02838A	戜方鼎 02824

㲱鼎 商圖 01738	獄簋 近二 438	㫚尊 05931	周乎卣 05406.2	臣諫簋 04237	是婁簋 03911.2	服方尊 05968

士百父盨 近二 457	訇簋 04321	此簋 04310	黿乎簋 04158.1	事族簋 04089.1	德克簋 03986	虢文公子□鼎 02636

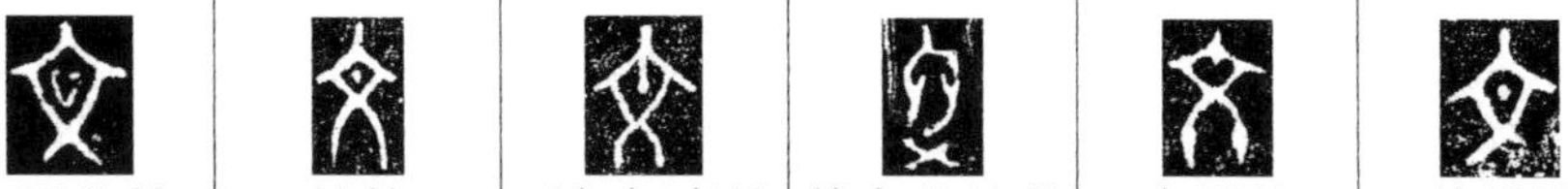

	叔□父簋 03922.2	㝬簋 04317	元年師事簋 04281	伯家父簋蓋 04156	害□簋 03996	伯鮮鼎 02663

		1391	1390	1389	1388	1387
		髮	髟	⿰鬲攵*	彥*	⿰文文*
		⿰犮首	髟	⿰鬲攵	彥	⿰文文
	與《說文》或體同。	 召卣 05416.1  召卣 05416.2	 晉竹父丁罍 09810  克罍 近出 987	 敳⿱宀彔⿰鬲攵簋 03746	 彥父丁鼎 02499	 ⿰文文簋 02930
 ⿰犮首鐘 00035  豳公盨 近二 458	 史墻盤 10175  史墻盤 10175	 瘨鐘 00246  者鼎 02662	 史墻盤 10175			

1392 司

司

司女㠯康方鼎
01906

龏姛方鼎
02433

史墻盤
10175

㝬鐘
00260.2

善夫山鼎
02825

商卣
05404.1

右司工錛
近二 972

毛公鼎
02841B

揚簋
04294

1393 卩

卩

卩父己爵
08544

元卩鼎
商圖 01793

1394 令

令

雝伯鼎
02531

[illegible]鼎
02740

員方鼎
02695

㝉鼎
02755

史頌鼎
02787

大鼎
02808

士上卣
05421.2

作册折尊
06002

臣諫簋
04237

申簋蓋
04267

無㠱簋
04225.1

晉侯蘇編鐘
近出 36

大盂鼎
02837A

或以「令」爲「命」，二字一形分化。參見「命」字。

㾓鐘
00246

黿乎簋
04157.1

黿乎簋
04157.2

1395 迎

迎

迎作母戊甗
00907

1399 ⿰土卩*	1398 卭*	1397 ⿰丨卩*		1396 卲		
⿰土卩	卭	⿰丨卩		卲		⿰刀卩
 ⿰土卩□簋 03464  ⿰土卩簋 03731	 卭父丁斝 09240	或讀作「孚」。	 FQ2①  FQ2④	 𤼈作周公簋 04241	 伯姜鼎 02791  卲作寶彝簋 03382	 H11：82
			 豳公盨 近二 458	 刺鼎 02776  史墻盤 10175	 戲鐘 00088  𤼈鐘 00246	
			 賸匜 10285.1	 頌鼎 02829  逨盤 近二 939	 梁其鐘 00188.1  毛公鼎 02841A	

1406	1405	1404	1403	1402	1401	1400
卿	卯	色	印	鄙*	卲*	玴*
卿	卯	色	印	鄙	卲	玴
 伯卿鼎 02167  臣卿鼎 02595	 守卣 近出 597  亞亩父乙鼎 商圖 01365	 中[illegible]父壺 近二 866  中[illegible]父壺 近二 866				
	隸定字形與「卯時」之「卯」同形。			 五祀衛鼎 02832		
 毛公鼎 02841B  番生簋蓋 04326			 毛公鼎 02841A  毛公鼎 02841B		 卲智簋 04197	 賸匜 10285.1

1409 辟				1408 鄉*	1407 卯*	
辟		陊		鄉	卯	
 作冊魖卣 05432.1	 大盂鼎 02837A	 保員簋 近出484	 皿辟簋 03438	 令鼎 02803	 卯父丁爵 08452	 卿卣 05258.2
 商尊 05997	 獻簋 04205		 婦爵 09029	 方彝 09892.2	 卯父己鼎 01612	 [illegible]士卿父戊尊 05985
 瘨鐘 00249	 師望鼎 02812			 靜簋 04273		
 瘨簋 04170.1	 戜方鼎 02824					
 小克鼎 02799	 眉壽鐘 00041			 噩侯鼎 02810		 伯公父簠 04628.1
 毛公鼎 02841B	 小克鼎 02796					 伯公父簠 04628.2

1413	1412	1411	1410			
旬	勻	匊	匍			
旬	勻	匊	匍			
 新邑鼎 02682	 勻作寶彝簋 03381			 大盂鼎 02837A	 叔趯父卣 05429.1	 叔趯父卣 05428.1
	 匍盉 近出 943			 匍盉 近出 943	 辟卣 近出 599	 臣諫簋 04237
 緐卣 05430.2	 典鼎 02696	 番匊生壺 09705		 𤼈鐘 00251	 史墻盤 10175	 𤼈簋 04173.1
 緐卣 05430.1	 晋鼎 近二 432			 史墻盤 10175	 南姞甗 近二 123	 𤼈簋 04174.2
	 多友鼎 02835		 訾鼎 近二 324	 師克盨 04467.2	 伯公父簠 04628.2	 小克鼎 02800
			 逨盤 近二 939	 師克盨蓋 04468	 逨盤 近二 939	 師害簋 04117.2

	1417 (冢)𠣎		1416 𠣾		1415 𩚬	1414 匌
	𠣎	復	𠣾	般	𩚬	匌
	 班簋 04341A		 𠣾鼎 02061 與《説文》或體相合。	 毛公旅方鼎 02724  農作寶簋 03367	 作冊矢令簋 04300	
 䚄簋 近二 440	 趞簋 04266  呂壺蓋 09728		 史墻盤 10175			 瘐鐘 00251
	 多友鼎 02835	 多友鼎 02835  多友鼎 02835	 晉侯對鼎 近出 350			 禹鼎 02833

1421				1420	1419	1418
(敬)敬				茍	⿰匋系*	⿹勹酉*
⿰芍攵		茍		芍	⿰匋系	⿹勹酉
 柞伯簋 近出 486  叔趯父卣 05428.2		 班簋 04341A	 芍作父丁鬲 00543	 大盂鼎 02837A  大保簋 04140		 乃子克鼎 02712B
 五年師事簋 04218  五年師事簋 04216.2	 親簋 近二 440	 瘐鐘 00252  師虎簋 04316			 降人⿰匋系簋 03770	

1422

鬼

畋	鬼	敬				
 小盂鼎 02839A	 H11：8 陳  H11：8 徐			 叔趯父卣 05428.1	 叔趯父卣 05428.1  叔趯父卣 05428.2	
	 鬼作父丙壺 09584			 畯簋 商圖 05386	 對罍 09826  逆鐘 00063	 五年師事簋 04216.1  五年師事簋 04217.2
		 師酉簋 04289.2  元年師事簋 04280.1	 師酉簋 04288.2  師酉簋 04291	 師克盨 04467.2  師酉簋 04288.1	 大克鼎 02836  師克盨 04467.1	

1423	1424	1425	1426	1427	1428	1429
虩	醜	鬾*	魁*	䰡*	甶	畏
虩	䤁	鬾	魁	䰡	甶	畏
 作册虩卣 05432.1  作册虩卣 05432.2		 鬾父卣 05243.1  鬾父卣 05243.2		 H11：13	 H11：20  H11：21	 大盂鼎 02837A  班簋 04341A
			 魁作且乙尊 05891		 長甶簋 03581  長甶簋 03582	
	 虢仲簠 近二 470					 毛公鼎 02841A  毛公鼎 02841B

	1433 密	1432 繼	1431 山		1430 岫*	
	密	嵫	山		岫	
			 啟卣 05410.2  H11：123	 山父乙鼎 01561  癸山簋 03070	 尊 05979	 曾侯諫簋 商圖 03292
 虎簋蓋 近二 442	 趞簋 04266  虎簋蓋 近出 491		 士山盤 近二 938	 伯山父壺蓋 09608  豳公盨 近二 458		
		 伯□簋 03784	 歸叔山父簋 03799	 善夫山鼎 02825  大克鼎 02836		 駒父盨蓋 04464

	1439	1438	1437	1436	1435	1434
	廣	廦	廄	廬	毎*	峻
	廣	廦	廄	廬	毎	䟕
	 廣作父己簋 03611  班簋 04341A	 簋 商圖 05106			 毎作尊彝卣 05113	
 史墻盤 10175	 瘐鐘 00246  通录鐘 00064		 引簋甲 商圖 05299	 師湯父鼎 02780		
 禹鼎 02833  多友鼎 02835	 士父鐘 00146  士父鐘 00147		 录盨 04358.1  录盨 04357.2			 大克鼎 02836

1441 庶		1440 庇				
庶		庇				
 庶觶 06510.1  H11：74	 大盂鼎 02837A  庶觶 06510.1	 申作庇鼎 近二 221				
	 裘衛盉 09456  庶盂 10311					
 卌三年逨鼎二 近二 331	 毛公鼎 02841A  伯庶父盨蓋 04410		 應侯簋 商圖 05311	 不期簋蓋 04329  戎生編鐘 近出 27	 番生簋蓋 04326  不期簋 04328	 廣簋蓋 03890  叔向父禹簋 04242

1443 廟

1442 廙

廟				庿	廙	
		 小盂鼎 02839	 逐敀諆鼎 02375  曓方鼎 02739			
 逆鐘 00060  晙簋 商圖 05386	 盠方彝 09899.1  盠方彝 09899.2	 同簋 04271  吴方彝蓋 09898A	 九年衛鼎 02831  免簋 04240			
 師酉簋 04289.1  師酉簋 04289.2	 元年師事簋 04279.1  師酉簋 04288.2	 元年師兑簋 04274.1  元年師兑簋 04275.1	 廟孱鼎 02417  南宮有嗣鼎 02631	 □季鬲 00718 與《説文》古文相合。	 卌三年逨鼎四 近二 333	 晉侯蘇編鐘 近出 47  卌三年逨鼎一 近二 330

	1446 应*	1445 ⿸广向*		1444 庠*		
	应	⿸广向		庠		
	 静方鼎 近出 357	 ⿸广向監鼎 近出 297	 遣尊 05992  作册折觥 09303.2	 遣卣 05402.1  作册睘卣 05407.2		
 達盨蓋 近出 506	 不指方鼎 02736  農卣 05424.1					
	 元年師事簋 04281				 元年師事簋 04280.2  虢季子白盤 10173	 大克鼎 02836  元年師事簋 04280.1

1451 厰	1450 厂	1449 ⿸广菐*		1448 ⿸广盅*	1447 ⿸广享*	
厰	厂		⿸广菐	⿸广盅	⿸广享	⿱宀立
		 2號卜甲 或釋「僕」。	 令鼎 02803  ⿸广菐父己盉 09406	 伯⿸广盅甗 00868	 伯⿸广享父鼎 02535	
						 師虎簋 04316
 士父鐘 00146  士父鐘 00147	 散氏盤 10176					 揚簋 04295

1453 厤	1452 厲					
厤	厲		⿱宀敢	⿸厂敢		
	 散伯簋 03780.2  伯山父壺蓋 09608	 五祀衛鼎 02832  散伯簋 03780.1				
 毛公鼎 02841B		 應監甗 商圖 03329	 不𣄰簋蓋 04329	 不𣄰簋 04328	 虢季子白盤 10173	 不𣄰簋 04328  兮甲盤 10174

1459 廄*	1458 㡳*		1457 㡴*	1456 厝*	1455 床*	1454 厌*
廄	㡳		㡴	厝	床	厌
 𩆏伯廄簋 04169	 方鼎 02702  作册夨令簋 04300					隸定字形與「厭」之簡化字同形。
		 六年召伯虎簋 04293	 師隹鼎 02774A  五年召伯虎簋 04292	 厝𦨶騵鼎 02491		
					 魯內小臣床生鼎 02354	 晉侯銅人 近二 968  叔多父盤 商圖 14533

1466	1465	1464	1463	1462	1461	1460
厝*	䣓*	厬*	㕛*	㕕*	厤*	㕩*
厝	䣓	厬	㕛	㕕	厤	㕩
	 高卣 05431(摹)	 噩侯厬季簋 03668  厬季尊 05912	 臣諫簋 04237			
 宰獸簋 近二 441  宰獸簋 近二 441					 伯敢畀盨 近出 499	
			 晉侯銅人 近二 968	 毛公鼎 02841B		 叔多父盤 商圖 14533

1470 昜		1469 勿		1468 長		1467 石
昜		勿		長		石
 昜簋 04042  小臣宅簋 04201		 FQ1	 大盂鼎 02837A  量侯簋 03908	 臣諫簋 04237  長子鼎 商圖 01791	 寡長方鼎 01968  作長鼎 02348	
 小臣鼎 02678  鼎 02765	 衛簋甲 商圖 05368	 獄簋 近二 438  獄盤 近二 937	 恒簋蓋 04199  六年召伯虎簋 04293	 史墻盤 10175	 長由簋 03582  長由盉 09455	 己侯貉子簋蓋 03977  作册益卣 05427
 旛叔樊鼎 02679  伊簋 04287	 師嫠簋 04325.1  師克盨 04467.1	 師酉簋 04288.1  師嫠簋 04324.1	 禹鼎 02833  伯農鼎 02816	 卌二年逨鼎一 近二 328	 卌二年逨鼎一 近二 328  卌二年逨鼎一 近二 328	

石部　長部　勿部

1473 1472 1471

豕 而 冄

豕	而	冄	昜			
 車豕父戊爵 08921  車豕父戊爵 08922					 匽侯銅泡 11860  匽侯銅泡 11861	 鬮卣 05322  貉子卣 05409.1
			 五年師事簋 04217.2  五年師事簋 04216.2	 五年師事簋 04216.2  五年師事簋 04217.1		 永盂 10322
 函皇父鼎 02745  函皇父簋 04141.1	 屖敖簋蓋 04213	 師寰簋 04313.1  師寰簋 04314				

1480	1479	1478	1477	1476	1475	1474
彘	⿰絲㣇	㣇	⿰系豕*	豙	豦	豭
彘	⿰絲㣇	㣇	⿰系豕	豙	豦	豭
	 召卣 05416	 作㣇商簋 03453				
 裘衛盉 09456  三年㾼壺 09726	 㒼簋 04195.1		 師𩛥鼎 02830		 豦簋 04167  盠駒尊蓋 06011.2	
				 毛公鼎 02841B  番生簋蓋 04326	 般仲豦簠 04485.2	 頌鼎 02829

1483 (豚)䝐		1482 ⿰彖卜*		1481 彖		
䝐	豚	⿰彖卜		彖		
 亞䝐作父乙鼎 02315  士上卣 05421.2	 H11：1 徐 與《說文》或體同。	 H11：128	 H11：73  H11：127			 㚖作周公簋 04241 或釋「豙」，讀「墜」。
 䝐卣 05365				 應叔彖鼎 商圖 01600 或釋「豖」。	 趩觶 06516	 逆鐘 00063  录伯𢦚簋蓋 04302
				 大簋蓋 04299  大簋蓋 04298		 克鐘 00207  逨盤 近二 939

	1488	1487	1486	1485	1484	
	貂	貘	貙	豹	豸	
	貂	獏	玁	豹	豸	
		 H11：19	 玁卣 05249.2  玁卣 05249.1		 克盉 近出 942  克罍 近出 987	 士上盉 09454.1
 𬒞伯歸夆簋 04331  敔簋蓋 近出 483	 尹姞鬲 00754  𬒞伯歸夆簋 04331			 師酉鼎 近二 326		
				 㸒戒鼎 近出 347		

1489		1490	1491	1492	1493	1494
貉		貍	貖*	[豸巽]*	兕	易
貉		貍	貖	[豸巽]	兕	易
 伯貉卣 05233.1  伯貉卣 05233.2	 貉子卣 05409.1  伯貉尊 05845			 H11：25 陳	 H11：113	 圉甗 00935  龏姛方鼎 02434
 己侯貉子 簋蓋 03977		 貍作父癸尊 05904				 痶鐘 00247  痶鐘 00250
			 五祀㝬鐘 00358.2			 克鐘 00204  大鼎 02808

1495

象

象		益				
 象且辛卣 近出 566	 象且辛尊 05609  象且辛卣 近出 566	 何簋 商圖 05137 以「益」爲「易」。	 德鼎 02405  叔德簋 03942		 簋 04088 金文「易」表賞賜之義。	 父鼎 02453  耳卣 05384.1
	 師湯父鼎 02780  匡卣 05423A			 采隻簋乙 商圖 05155  由盨蓋 商圖 05673	 師𩛥鼎 02830  曶壺蓋 09728	 尹姞鬲 00754  庚季鼎 02781
				 不⿰其丮簋蓋 04329  琱伐父簋 04050.1	 柞鐘 00133  宴簋 04118.1	 大簋蓋 04125  師酉簋 04288.1

馬

西周文字字形表 卷十

馬					
 FQ4	 㝬馭觥蓋 09300	 大盂鼎 02837A	 作册大方鼎 02760	 揚方鼎 02612	早期
 2號卜甲	 叔夨方鼎 近二 320	 御正衛簋 04044	 令鼎 02803	 方鼎 02729	早期
 格伯簋 04262.2	 趞簋 04266	 散簋 04099.1	 師奎父鼎 02813	 尹姞鬲 00755	中期
 录伯㦰簋蓋 04302	 豆閉簋 04276	 殺簋蓋 04243	 九年衛鼎 02831	 公貿鼎 02719	中期
 無㠱簋 04225.1	 鄭牧馬受簋蓋 03878	 多友鼎 02835	 師同鼎 02779	 克鐘 00204	晚期
 無㠱簋 04226.1	 公臣簋 04184	 毛公鼎 02841B	 大鼎 02808	 孟辛父鬲 00740	晚期

1498 驪　　1497 駒

驪	駒		嗎			
 FQ5④			 㲋視駒簋 03750			
	 盠駒尊 06011.2  逹盨蓋一 近二 455	 師奎父鼎 02813  九年衛鼎 02831		 盠方彝 09899.1  應侯見工簋二 近二 431	 霸簋 商圖 04609  吳方彝蓋 09898A	 瘨盨 04462  緐卣 05430.2
	 兮甲盤 10174  叔駒父簋 商圖 04668	 伯農鼎 02816  駒父盨蓋 04464		 大簋蓋 04298  嗣馬南叔匜 10241	 公臣簋 04186  大簋蓋 04299	 史頌簋 04229.1A  史頌簋 04234

1504	1503		1502	1501	1500	1499
驫	馹		驅	駟	駱	騅
驫	馹		敺	駟	駱	騅
 驫姛簋 03567						
 驫姛鼎 02193. A  驫姛鼎 02193. B （摹）	 兵季簋甲 商圖 04463  兵季簋乙 商圖 04464				 盠駒尊蓋 06012	 盠駒尊 06011. 1
		 師寰簋 04313. 2 與《説文》古文同。	 多友鼎 02835  師寰簋 04313. 1	 伯駟父盤 10103		

1505	1506	1507	1508	1509	1510	
⿰馬㐬*	⿰馬更*	⿰馬岡*	⿰馬京*	⿰耒馬*	⿰麥廌	
⿰馬㐬	⿰馬更	⿰馬岡	⿰馬京	⿰耒馬	鬷	
 H11：41				 H11：41		
			 㽙□⿰馬京鼎 02491		 鬷孟征盨 04420.1  鬷孟征盨 04420.2	 鬷孟征盨 04421.1  鬷孟征盨 04421.2
	 大鼎 02807  大鼎 02808	 大鼎 02807  大鼎 02808	 散氏盤 10176			

1516 麋	1515 麇	1514 鹿	1513 [麥鹿]*	1512 [鹿心]*	1511 灋	
麋	麇	鹿	[麥鹿]	[鹿心]	灋	
		 貉子卣 05409.1	 [麥鹿]作父己觶 近出 675		 柞伯簋 近出 486  畯簋 商圖 05386	 大盂鼎 02837A  大盂鼎 02837B
	 麇癸爵 近出 901 （摹）	 命簋 04112.1  命簋 04112.2		 衛盉 近出 943	 親簋 近二 440  伯農鼎 02816	 恒簋蓋 04199  逆鐘 00063
 師害簋 04116.2	 伯□父簋 03995				 師嫠簋 04324.1  戎生編鐘 近出 29	 師酉簋 04288.1  大克鼎 02836

1522	1521	1520	1519		1518	1517
⿱色⿱酉皿*	⿱色酉*	色	麀*		麗	麃
⿱色⿱酉皿	⿱色酉	色	麀		麗	麃
	 柞伯簋 近出 486	 叔色簋 近二 386		 H11：128	 荆子鼎 商圖 02385  H11：123	 麃父卣 05348.1  麃父卣 05348.2
 ⿱色⿱酉皿侯鼎 近二 236			 裘衛盉 09456	 元年師事簋 04280.1  元年師事簋 04282.1	 元年師事簋 04279.1  元年師事簋 04279.2	 九年衛鼎 02831  麃父尊 05930
 遣小子⿰車帀簋 03848						

1528	1527	1526		1525	1524	1523
犬	[illegible]*	[illegible]*		勉*	逸	兔
犬	[illegible]	[illegible]		勉	[illegible]	兔
 員方鼎 02695  史犬觶 06168			 叔勉方彝 09888.1  叔勉方彝 09888.2	 大盂鼎 02837A  叔勉方尊 05962	 小盂鼎 02839A	
 仲姞甗 商圖 03317	 䌛卣 05430.1  䌛卣 05430.2				 卯簋蓋 04327	
 師農鼎 02817A  師農鼎 02817B （摹）		 向智簋 04033			 多友鼎 02835	 圅皇父鼎 02548

1533		1532	1531	1530	1529	
獘		獲	臭	龙	狗	
獘		隻	臭	龙	狗	
		 柞伯簋 近出 486 「獲」與「隻」一形分化，此爲分化之前的寫法。參見「隻」字。	 子臭卣 04849		 長子狗鼎 02369	 犬牢册甗 近二 117
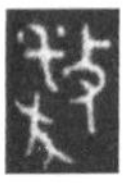 仲獘簋 近出 471	 䔡簋一 近二 424	 戜簋 04322.1  戜簋 04322.2				
	 卌二年逑鼎一 近二 328	 禹鼎 02833  柞伯鼎 近二 327		 吳龙父簋 03982		

犬部

1537	1536	1535				1534
猶	狄	(狂)狌				獻
猷	狄	狌		獻		獻
					 寓鼎 02718  否叔卣 近出 603	 史獸鼎 02778  獻侯鼎 02626
 史墻盤 10175	 戰狄鐘 00049  史墻盤 10175	 孟狂父鼎 近出 338		 五年召伯虎簋 04292	 不期簋蓋 04329  弡伯歸夆簋 04331	 六年召伯虎簋 04293  不期簋 04328
 㝬鐘 00260.2  毛公鼎 02841B	 逨盤 近二 939		 多友鼎 02835  譔季獻盨 04413.2	 多友鼎 02835  譔季獻盨 04413.1	 虢季子白盤 10173	 㝬簋 04317  善夫山鼎 02825

	1541 ⿰圭犬*	1540 狤*		1539 狽*	1538 ⿰犭术*	
	⿰圭犬	狤		狽	⿰犭术	
金文或將「⿰圭犬」誤書作「狌」。	 ⿰圭犬父鼎 02141  ⿰圭犬馭觥蓋 09300		 狽元作父戊卣 05278.2  作狽寶彝器 10539	 狽作寶尊彝卣 05197  狽元作父戊卣 05278.1		
	 ⿰圭犬馭簋 03976	 伯狤父鬲 00615			 孚公⿰犭术甗 00918	
 番生簋蓋 04326  逨盤 近二 939	 大克鼎 02836					 戎生編鐘 近出 27  逨盤 近二 939

1546 獄		1545 獄	1544 獸*	1543 猲*		1542 獇*
獄		獄	獸	猲		獇
		 魯侯獄鬲 00648		 猲盦方鼎 01768	 獇尊 05775	 獇作旅彝卣 05119.2  獇作旅彝卣 05119.1
 六年召伯虎簋 04293	 獄簋 近二 438  獄盉 近二 836	 史墻盤 10175  獄鼎 近二 310				
 蔡簋 04340A		 焂戒鼎 近出 347	 師獸簋 04311(摹)			

1550 炊	1549 尞		1548 燮		1547 能	
炊	尞		燮		能	
	 H11：4  H11：30	 章伯𣪕簋 04169  保員簋 近出 484			 能匋尊 05984	 沈子它簋蓋 04330  能匋尊 05984
 炊伯啙盤 商圖 14382			 㒼簋 04195.2  豳公盨 近二 458	 獄簋 近二 436  裘衛盉 09456		 縣妃簋 04269
				 項燮盨 04411  燮王鬲 近出 126	 逨盤 近二 939	 毛公鼎 02841B  番生簋蓋 04326

1555			1554	1553	1552	1551
光			照	燓	[illegible]	熬
光			[illegible]	焚	[illegible]	熬
 夨令方彝 09901.1  叔夨方鼎 近二 320	 盥卣 05416.1  盥尊 06004	 害鼎 02749  獻簋 04205			 H11：14  H11：83	
	 獄盉 近二 836  獄盤 近二 937	 𤼈鐘 00246  史墻盤 10175	 史墻盤 10175			
 虢季子白盤 10173  戎生編鐘 近出 29	 禹鼎 02833  毛公鼎 02841A	 梁其鐘 00188.2  梁其鐘 00190		 多友鼎 02835		 兮熬壺 09671.1（摹）  兮熬壺 09671.2（摹）

1560	1559	1558			1557	1556
滕*	⿸厂⿱目火*	⿰⿱罒火戈*			焂*	⿹戈火*
滕	⿸厂⿱目火	⿰⿱罒火戈			焂	⿹戈火
 吾作滕公鬲 00565  滕侯方鼎 02154.2			 叔趯父卣 05429.2  焂作觶 06193	 叔趯父卣 05428.2  叔趯父卣 05429.1	 叔趯父卣 05428.1  叔趯父卣 05428.1	
 滕虎簋 03828  滕虎簋蓋 03830						 曩侯弟鼎 02638
	 ⿸厂⿱目火耪壺 09635	 五年琱生尊一 近二 587			 散氏盤 10176  焂戒鼎 近出 347	

1565 黑		1564 粦	1563 燮	1562 炎	1561 熮*	
黑	沓	粦	燮	炎	熮	
 亶伯馭簋 04169  𥃝卣 05416.1				 作册夨令簋 04300  𥃝卣 05416.1		 滕侯簋 03670
	 虎簋蓋 近出 491  史墻盤 10175	 尹姞鬲 00755  親簋 近二 440	 燮簋 04046		 九年衛鼎 02831	 滕虎簋 03831
 鑄子叔黑臣簋 03944	 逨編鐘 近出 106  卌三年逨鼎二 近二 331	 逨盤 近二 939	 楚公逆編鐘 近出 97			

1569 熒		1568 悤		1567 ⿱黑⿰黑黑*	1566 黊*	
焚		忎		⿱黑⿰黑黑	黊	
 熒簋 04121  熒子戈 10888	 熒子旅作且乙甗 00930  熒作周公簋 04241					 盥卣 05416.2
 己侯簋 03772.1  己侯簋 03772.2	 熒伯鬲 00632  五祀衛鼎 02832			 熒伯鬲 00632		
	 熒有嗣爯鬲 00679  康鼎 02786	 毛公鼎 02841A  番生簋蓋 04326	 㝬鐘 00260.2  大克鼎 02836		 賸匜 10285.1	

赤

赤						
	 柞伯簋 近出 486	 麥方鼎 02706  赤尊 05816		 𢐗伯盤 10064	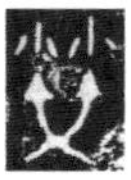 作公丹鎣 09393  𢐗伯鎣 09409.1	 㚇子旅鼎 02503  大盂鼎 02837A
 利鼎 02804  免簋 04240	 衛簋 04209.2  元年師事簋 04281	 庚季鼎 02781  录作辛公簋 04122.1	 由盨蓋 商圖 05673	 卯簋蓋 04327  裘衛盉 09456	 簋 04192.2  衛簋 04209.2	 弭伯師耤簋 04257  師轉鎣 09401.2
 元年師兌簋 04274.1  頌鼎 02828	 伯農鼎 02816  頌鼎 02827	 南宮柳鼎 02805  趞鼎 02815				

1571

大

					大	
 克罍 近出 987  H11：15	 大保卣 05018.1  御正良爵 09103	 作册大方鼎 02760  大盂鼎 02837A	 大祝禽方鼎 01938  大保方鼎 02159	 臣谏簋 04237  亞大父乙觶 06375	 大作媢鬲 00540  大保方鼎 1735	
		 作册益卣 05427  作乖方尊 05993	 免簋 04240  農卣 05424.1	 犾伯歸夆簋 04331  大簋 04165	 𪺞鐘 00088  伯泌父鬲 00671	 申簋蓋 04267
		 内大子白 簠蓋 04537  散氏盤 10176	 師嫠簋 04325.1  頌簋 04332.1	 内大子鼎 02448  師嫠簋 04324.1	 兮仲鐘 00067  鄭大師小 子甗 00937	 郃咎簋 04197  楚簋 04246.2

大部

1577 奊* 奊	1576 夷 夷	1575 夸 夸	1574 奄 奄		1573 夾 夾	1572 奎 奎
 奊作車爵 08832 或釋「蔡」。			 雁公鼎 02553  雁公鼎 02554	 夾作彝壺 09533.2  夾作父辛卣 05314.1	 大盂鼎 02837A  夾作父辛卣 05314.2	
						 永盂 10322
	 南宫柳鼎 02805	 伯夸父盨 04345		 卌三年逨 鼎二 近二 331	 禹鼎 02833  卌二年逨 鼎二 近二 329	

1582	1581		1580		1579	1578
吳	夨		亦		⿱大易*	奎*
吳	夨		亦		⿱大易	奎
 吳方鼎 00997  吳盉 09407	 夨王方鼎蓋 02149  夨戈 10783	 夨伯鬲 00515  能匋尊 05984	 FQ2③	 毛公旅方鼎 02724  效尊 06009		
 九年衛鼎 02831  兩簋 04195.2	 公作車鑾鈴 12029 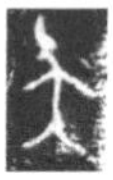 夨叔簋 近出 422	 同卣 5398.1  同卣 05398.2	 師𩛥鼎 02830  六年召伯虎簋 04293	 𢐗伯鼎 02676  師𩛥鼎 02830		 師奎父鼎 02813
 吳王姬鼎 02600  師酉簋 04288.1	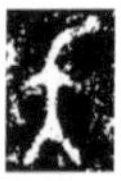 散伯簋 03780.2  夨王簋蓋 03871	 散伯簋 03780.1  夨賸盨 04353	 兮甲盤 10174  賸匜 10285.1	 禹鼎 02833  伯公父簠 04628.1	 伯碩⿱大易盤 10112	

1586 九	1585 交			1584 奔	1583 喬	
九		交	倴	奔	喬	
	 交鼎 02459	 作且己觚 07289  交父辛觶 近二 615		 大盂鼎 02837A  熒作周公簋 04241	 伯喬父簋 03762	 班簋 04341A  戜馭觥蓋 09300
 史墻盤 10175			 戜簋 04322.1  戜簋 04322.2	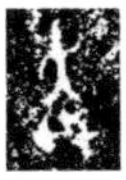 效卣 05433.2A	 恒簋蓋 04199	 同簋蓋 04270  靜簋 04273
	 交君子叕簠 04565.1  交車戈 10956	 琱伐父簋 04048.2  琱伐父簋 04049.1		 大克鼎 02836  晉侯蘇編鐘 近出 40		 吴尨父簋 03982  作吴姬匜 10186

1587 [尢比]*	1588 壺					
[尢比]	壺					
 [尢比]伯罍卣 05317 或釋「[尢皮]」。	 長隹壺尊 05695A  堯作壺 09518.2	 伯作寶壺 09528.1  伯作寶壺 09529	 孃妊壺 09556.2  長隹壺爵 08816	 作旅壺 09519  能溪壺 近出 954	 隹壺卣 近出 563  堯作壺 09518.1	
	 皆作尊壺 09535.1  皆作尊壺 09535.2	 㠱媯壺 09555  天姬壺 09552	 大師小子師望壺 09661  中伯壺蓋 09667	 番匊生壺 09705  散車父壺 09697	 中伯壺 09668  散氏車父壺 09669	 周㚔壺 09691.1  三年瘭壺 09726
	 𨙸仲多壺 09572  魯侯壺 09579	 伯魚父壺 09599.2  晉叔家父壺 近二 869	 伯魯父壺 09600.2  㪤史屖壺 09718	 伯多壺 09613  孟上父壺 09614.2	 內公壺 09598  㝬車父壺 09602.1	 㝃伯㠱生壺 09615  虢季壺 近出 958

壺						
	 員作旅壺 09534.1  員作旅壺 09534.2					
 壺 09618.1 甲  壺 09618.2 甲	 壺 09618.1 乙  壺 09618.2 乙				 伯山父壺蓋 09608 此字形近「章」，然據銘文，應是「壺」。	 晉侯僰馬壺 近二 865  蘇軍壺 近出 967
		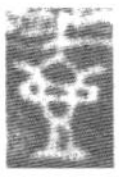 楊姞壺 近出 960  應侯壺一 近二 863	 內大子白 壺蓋 09644  晉侯僰馬壺 近出 971	 㝵壺 09635  𪛌寇良父壺 09641	 伯公父壺蓋 09656  呂王壺 09630	 伯濼父壺蓋 09620  鄧孟壺蓋 09622

懿

懿	⿰壹欠		⿰金壹	⿱壹皿	⿰壹殳	
 㠱仲壺 近出 965		 沈子它簋蓋 04330				 㠱仲壺 近出 965
		 班簋 04341A				
 瘭鐘 00251	 匡卣 05423B	 穆父作姜懿母鼎 02332		 晉侯斷壺 近二 875	 㠱仲觶 06511.2	 伯戜觶 06454
 㠱仲觶 06511.2	 𪏨公盨 近二 458	 師𩛥鼎 02830		 仲姞壺 商圖 12257	 㠱仲觶 06511.1	 伯作姬觶 06456.1
 單伯昊生鐘 00082			 函皇父鼎 02745			
 禹鼎 02833			 函皇父簋 04141.1			

1592 (執)⿰㚔丮		1591 睪		1590 㚔		
⿰㚔丮		⿱罒夭		㚔		
 執卣 05391.1  執卣 05391.2	 執父乙爵 09003  員方鼎 02695			 㚔父癸爵 08705  父辛觥 09292.1	 㚔爵 07708  㚔父己爵 08582	
 不𡢁簋 04328  不𡢁簋 04328	 五祀衛鼎 02832  㦰簋 04322.1		 縣妃簋 04269  史墻盤 10175		 父辛方彝 09884  蘇軍壺 近出 967	 史墻盤 10175
 虢季子白盤 10173  翏生盨 04459.1	 師同鼎 02779  多友鼎 02835	 毛公鼎 02841A  師睪父簋 03892	 梁其鐘 00188.2  伯氏始氏鼎 02643			 戎生編鐘 近出 29  逨盤 近二 939

1594 盭　　　　1593 圉

盭		圉				
 盭嗣土幽且辛尊 05917	 旅鼎 02728  盭嗣土幽卣 05344.2	 圉卣 05374.1  圉卣 05374.2	 圉方鼎 02505.1  圉方鼎 02505.2	 圉簋 03825.1  圉簋 03824		 執父辛卣 近二 519  執父辛卣 近二 519
				 史墻盤 10175		 不㠱簋蓋 04329  逵盨蓋 近出 506
 史頌簋 04236.2  㝬簋 04317	 史頌簋 04229.1A  史頌簋 04234				 散氏盤 10176  師寰簋 04313.1	 翏生盨 04459.2  兮甲盤 10174

1595

報

報
 作册夨令簋 04300
 作册夨令簋 04300
 五年召伯虎簋 04292
 六年召伯虎簋 04293
 五年琱生尊一 近二 587
 五年琱生尊二 近二 588

1596

奢

奢
 奢簋 04088

1597

亢

亢	
 亞高作父癸簋 03655	 效作且辛尊 05943
 亢父癸尊 05808	 夨令方彝 09901.1
 亢僕簋 03869	 盠方彝 09900.1
 趞簋 04266	 獄盉 近二 836

1598

𠦪

𠦪		
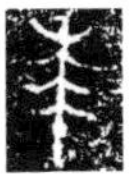 圉甗 00935	 圉簋 03824	 伯椃簋 04073
 獻侯鼎 02626	 圉簋 03825.1	 叔簋 04132.2
 衛鼎 02733	 九年衛鼎 02831	 王臣簋 04268.1
 九年衛鼎 02831	 伯幾父簋 03766.1	 录伯戜簋蓋 04302
 善夫山鼎 02825	 散車父簋 03881.1	 番生簋蓋 04326
 毛公鼎 02841A	 三年師兑簋 04318.2	 師克盨蓋 04468

<table>
<tr><td>1601
奚</td><td>1600
奏</td><td colspan="2">1599
⿰夲丸</td><td colspan="3"></td></tr>
<tr><td>奚</td><td>奏</td><td colspan="2">⿰夲丸</td><td colspan="3"></td></tr>
<tr><td>
能奚壺
近出 954</td><td>
H11：174</td><td></td><td></td><td></td><td>
H11：84

H11：112</td><td>
圉卣
05374.2

盂爵
09104</td></tr>
<tr><td>
逋盂
10321</td><td></td><td></td><td></td><td>
录伯㦰簋蓋
04302

吴方彝蓋
09898B</td><td>
幾父壺
09722

吴方彝蓋
09898A</td><td>
裘衛盉
09456

幾父壺
09721</td></tr>
<tr><td></td><td></td><td>
兮二年逨鼎一
近二 328</td><td>
虢季子白盤
10173

兮甲盤
10174</td><td></td><td></td><td>
杜伯盨
04450.1

杜伯盨
04452</td></tr>
</table>

1604 夫					1603 ⿱⿰耳目大*	1602 ⿱罒大
		夫		大	⿱⿰耳目大	⿱罒大
 小夫卣 5320.2	 夫尊 05442  亞夫盉 09394.1	 夫作且丁甗 00916  大盂鼎 02837A				
 ⿱或豕簋 04322.2  姉季姬尊 近二 586	 君夫簋蓋 04178  ⿱或豕簋 04322.1	 師農鼎 02817A  舀鼎 02838A	以「大」爲「夫」。或許是形近誤書；或許是「夫」與「大」一形分化，此爲分化之前的寫法。	 大鼎 02808  大鼎 02807		
 善夫克盨 04465.2A  大簋蓋 04298	 此簋 04304.1  小克鼎 02796	 善夫吉父鬲 00701  善夫吉父鬲 00702			 伯侯父盤 10129	 ⿱罒大簋 04153(摹)

1607 立		1606 ⿰吉夫*				1605 ⿰夫古*
立		⿰吉夫				⿰夫古
	 史獸鼎 02778  立爵 09031			 子方鼎一 近二 318  H11：232	 ⿰吉夫鼎 02063  甗鼎 02721	
 格伯簋 04264.1  走馬休盤 10170	 立鼎 02069  𣪘簋蓋 04243			 录作辛公簋 04122.1  戜簋 04322.1	 遹甗 00948  師𩛥簋 02830	
 ⿰吉夫簋 04317  頌鼎 02827	 無叀鼎 02814  伯椃虘簋 04093	 ⿰吉夫叔鼎 02767	 ⿰吉夫簋 04317  ⿰吉夫叔簠 04552	 ⿰吉夫叔⿰吉夫姬簋 04067.1  ⿰吉夫叔⿰吉夫姬簋 04065.1	 ⿰吉夫鐘 00260.2  ⿰吉夫叔⿰吉夫姬簋 04062.1	 ⿰夫古衍簋蓋 03804  ⿰夫古中衍鐘 近二 4

1612	1611		1610	1609		1608
⿰囟比	巤		⿲立弓立*	替		竝
⿰囟比	巤		⿲立弓立	㚢		竝
 史⿰囟比敖尊 近出 634			 ⿲立弓立作父乙尊 05944  ⿲立弓立父乙觥 09296.2			 乃子克鼎 02712A  H11：6
				 獄盤 近二 937	 獄簋 近二 438  獄盉 近二 836	
 鄧公簋 03775  鄧公簋 03776	 師寰簋 04313.2  師寰簋 04314	 巤季鼎 02585  師寰簋 04313.1				 逨盤 近二 939

1615 惪		1614 息		1613 心		
惪		息		心		
		 息伯卣蓋 05385  息父丁鼎 近出 231	 息父丁鼎 01598  父乙簋 03862		 女心觶 近出 657	
 惪盤 10110	 嬴霝惪簋 03585  季嬴霝惪盤 10076			 師𩛥鼎 02830  師望鼎 02812	 痶鐘 00247  𢦏方鼎 02824	
				 散氏盤 10176  戎生編鐘 近出 27	 大克鼎 02836  㝬鐘 04317	 鄧公簋 近出 457  鄧公簋 近出 458

1618 憖	1617 憲				1616 念	
憖	害			念	念	
 憖卣 05254		 伯害盉 09430.1  伯害盉 09430.2	 害鼎 02749  害鼎 02749			 沈子它簋蓋 04330
 憖作且辛尊 05892			 史墻盤 10175  𫊸簋 商圖 05295	 段簋 04208	 萬諆觶 06515  爯簋 商圖 05213	 師隹鼎 02774A  㦰方鼎 02824
 南公有嗣鼎 02631	 㝬簋 04317  戎生編鐘 近出 27	 揚簋 04294  揚簋 04295	 井人妄鐘 00109.2  善夫山鼎 02825	 毛公鼎 02841B		 大克鼎 02836

1619 慶		1620 忱	1621 悽	1622 懋		
慶		忱	悽	懋		
			 悽作父乙爵 08877	 御正衛簋 04044  小臣宅簋 04201	 召卣 05416.1  師旂鼎 02809	 小臣謎簋 04238.2  小臣謎簋 04239.1
 五祀衛鼎 02832  六年召伯虎簋 04293	 六年召伯虎簋 04293	 王人忱輔甗 00941		 懋史繇鼎 01936  師隹鼎 02774A	 免卣 05418  卯簋蓋 04327	 史懋壺 09714  史懋壺 09714
 焂戒鼎 近出 347						

1628	1627	1626	1625	1624	1623	
⿱心皿*	⿱未心*	惷	愉	悆	慕	
⿱心皿	⿱未心	⿱𡗗心	愈	悆	慕	
 季⿱心皿尊 05940	 班簋 04341A			 季悆作旅鼎 02378		 小臣謎簋 04239.2  ⿱畾皿尊 06004
 豳公盨 近二 458					 史墻盤 10175	
	 柞伯鼎 近二 327  追夷簋 近二 428	 禹鼎 02833  毛公鼎 02841B	 魯伯愈父盤 10113  魯伯愈父匜 10244		 禹鼎 02833  㝬簋 04317	

		1631		1630	1629	
		⿰忄亶*		⿰忄盂*	⿰阝⿱斤心*	
		⿰忄亶		⿰忄盂	⿰阝⿱斤心	
		 憻季遽父卣 05358.1  憻季遽父尊 05947	 憻季遽父卣 05357.1  憻季遽父卣 05357.2			
				 豳公盨 近二 458 或讀爲「訏」。		 師望鼎 02812 或讀作「慎」。
					 逨盤 近二 939	 梁其鐘 00187.1  梁其鐘 00189.1

西周文字字形表　卷十一

1636	1635	1634	1633	1632	
涇	洮	沱	河	水	
涇	洮	沱	泂	水	
 涇伯卣 05226.1  涇伯卣 05227.1			 H11：30	 沈子它簋蓋 04330  敔作且丁尊 05983	早期
		 遹簋 04207  靜簋 04273	 同簋 04271  同簋蓋 04270	 同簋蓋 04270  同簋 04271	中期
 克鐘 00204  克鐘 00206	 散氏盤 10176  散氏盤 10176				晚期

	1641	1640	1639		1638	1637
	淮	油	滭		洛	浪
滩	淮	油	渒		洛	浪
				 H11：102	 隮作父乙尊 05986  H11：27	 保員簋 近出 484
 𢦏方鼎 02824	 录𢦏卣 05420.1  录𢦏卣 近二 548				 永盂 10322	
 晉侯銅人 近二 968 （摹）	 虢仲盨蓋 04435  散氏盤 10176	 散氏盤 10176	 大克鼎 02836		 大師虘豆 04692  虢季子白盤 10173	

1646 海		1645 湡	1644 洹	1643 濼	1642 淠	
海		湡	洹	濼	淠	
 小臣謎簋 04239.1  小臣謎簋 04239.2	 小臣謎簋 04238.1  小臣謎簋 04238.2	 □尹攺家卣 05368				
			 洹秦簋 03867.2	 戱鐘 00088  伯濼父壺 09570		
			 伯喜父簋 03838  伯喜父簋 03839	 伯濼父壺蓋 09620	 遅盨 04436.2	 孟淠父鼎 02213  遅盨 04436.1

1651 減	1650 泌		1649 滔	1648 淳		1647 衍
減	泌		[illegible]	淳	衍	[illegible]
				 章伯䰧簋 04169		 [illegible]耳父乙尊 05825
 長由盉 09455  元年師事簋 04280.1	 伯泌父鬲 00671					
 袁盤 10172  卌二年逨鼎二 近二 329		 觴姬簋蓋 03945  觴姬簋蓋 03945	 [illegible]嫼簋蓋 03874  [illegible]嫼簋蓋 03874		 姞中衍鐘 近二 4	 姞[illegible]簋蓋 03804

	1656 淵	1655 湋	1654 淪	1653 潏	1652 （汪）洼	
淵	𣶒	湋	淪	潏	洼	
 沇子它簋蓋 04330					 洼伯卣 05223.1  洼伯卣 05223.2	
	 史墻盤 10175					 元年師事簋 04279.2  元年師事簋 04282.1
		 湋伯簋 03821	 伯駟父盤 10103	 噩侯鼎 02810  伯㳄父簋 商圖 05276		 卌三年逨 鼎六 近二 335

1657 韸*		1658 淖	1659 沙			
韸		淖	沙			
 獄簋 近二 436  衛簋甲 商圖 05368	或讀爲「逢」，或讀爲「豐」，或讀爲「降」。		 王臣簋 04268.1  訇簋 04321	 走馬休盤 10170  輔師嫠簋 04286	 五年師事簋 04217.2  五年師事簋 04216.2	 五年師事簋 04218  弭伯師耤簋 04257
		 晉侯蘇編鐘 近出 40	 無鼎 02814  寰盤 10172			

1665 潦	1664 㳅	1663 湛		1662 濤	1661 潢	1660 滎
潦	㳅	湛		濤	潢	滎
 潦伯甗 00872	 H11：54 陳					
		 毛公鼎 02841A  賸匜 10285.1	 翏生盨 04461.2 與《說文》古文同。	 翏生盨 04459.1  翏生盨 04459.2	 師訇簋 04342(摹)	 師奐父鎣 商圖 14704

	1671	1670	1669	1668	1667	1666
	淢	涇	洽	淊	沈	涿
𣲗	淢	涇	洽	淊	沈	𣄼
 伯姜鼎 02791 「戓」誤作形近的「戌」。	 卿盤 商圖 14432	 伯姜鼎 02791	 大保簋 商圖 04482		 沈子它簋蓋 04330  沈子它簋蓋 04330	
		 史懋壺 09714		 淊御事罍 09824  淊御事罍 09825		 仲𣄼父鼎 02533 與《説文》奇字同。
		 散氏盤 10176				

1672 湯			1673 液	1674 沫		
瀎	湯		液	盄	頮	釁
 再簋 近出 485 「戉」誤作形近的「戌」。						
	 仲枏父鬲 00746  仲枏父鬲 00747	 師湯父鼎 02780  湯伯壺 商圖 12172		 盄盉 09442	 㠯壺蓋 09728	 師臾鐘 00141  追簋 04223.1
	 多友鼎 02835  仲枏父簋 04154	 湯叔盤 10155  戎生編鐘 近出 30	 師顯簋 04312	 陽飤生簋蓋 03985	 盄簋 03931.1  盄簋 03931.2	 䜌季鼎 02585  姬鼎 02681

1676　　1675

瀘　　（淳）湻

瀘	湻	𩰫	盥			
			 仲枏父鬲 00747		 井叔采鐘 00356	 雁侯見工鐘 00108  追簋蓋 04222A
 㝬比盨 04466	 叔梁父匜 近出 1016	 𩰫伯盤 10149	 薛侯盤 10133	 交君子叕壺 09662	 鑄子叔黑臣簠 03944  㝬叔㝬姬簋 04065.2	 仲師父鼎 02743  梁其鼎 02768

1683	1682	1681	1680	1679	1678	1677
⿰氵⿱聿皿*	⿰氵⿱虍亏*	滆*	⿰氵杏*	淂*	⿰氵矢*	汸
⿰氵⿱聿皿	⿰氵⿱虍亏	滆	⿰氵杏	淂	⿰氵矢	汸
			 朋⿰氵杏爵 08229  朋⿰氵杏伯疑卣 05364.1	 啟作且丁尊 05983  FQ3		
	 老簋 近二 426 或隸定作「⿰氵⿱虍亏」，讀爲「濠」；或隸定作「滤」，讀爲「池」。	 達盨蓋 近出 506  達盨蓋一 近二 455				
 散氏盤 10176  散氏盤 10176					 ⿰氵矢伯寺簋 04007	 師顯簋 04312 《説文》視「汸」爲「方」之或體，本字形表移至「水」部之末。

	1688	1687	1686	1685		1684
	巠	川	瀕	涉		⿰氵穆*
	巠	川	瀕	涉		⿰氵穆
	 大盂鼎 02837A	 宜侯夨簋 04320  啟卣 05410.1	 瀕史鬲 00643  荧作周公簋 04241			
	 豳公盨 近二 458	 五祀衛鼎 02832  豳公盨 近二 458		 格伯簋 04262.1  格伯簋 04264.2	 格伯簋 04265  格伯簋 04263	 ⿰氵穆父作姜懿母鼎 02331  ⿰氵穆父作姜懿母鼎 02332
 師克盨 04467.2  卌三年逨鼎二 近二 331	 大克鼎 02836  㝬簋 04317		 㝬簋 04317			

1693 鬟	1692 泉	1691 州		1690 侃		1689 巟
鬟	泉	州		侃		巟
《說文》析形作「从泉緐聲」，與金文相合；而小篆字頭將「緐」誤作了「敏」。		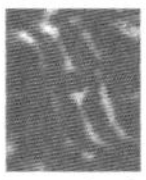 州子卣 近出 604	 焚作周公簋 04241  中州簋 03447		 保侃母簋蓋 03743  保侃母簋 03744	 巟伯簋 03530  巟伯簋 03531
 史墻盤 10175		 仲州鼎 商圖 01456	 州簋 近二 405  州簋甲 商圖 04284		 癲鐘 00246  萬諆觶 06515	
	 史顯鼎 02762(摹)  敔簋 04323(摹)		 鬲比盨 04466  散氏盤 10176	 井人妄鐘 00112  士父鐘 00147	 兮仲鐘 00069  兮仲鐘 00068	

1696	1695	1694
永	原	彙*
永	原	彙

1694 彙*

彙

小臣彙簋 商圖 04502

斁狄鐘 00049

善鼎 02820

癲鐘 00246

井人妄鐘 00112

師酉簋 04288.2

師酉簋 04288.1

卌三年逨鼎四 近二 333

1695 原

原

雝伯原鼎 02559

散氏盤 10176

1696 永

永

癸子旅作且乙甗 00930

从鼎 02461

叔宔簋 03724

伯梡簋 04073

作且丁鼎 02310

史獸鼎 02778

量侯簋 03908

作册折尊 06002

虘鐘 00088

伯章父鬲 00616

庚姬鬲 00639

中伐父甗 00931

癲鐘 00246

曐肇家鬲 00633

庚姬鬲 00637

剌鼎 02776

中義鐘 00026

中義鐘 00029

內公鼎 02475

王伯姜鬲 00607

中義鐘 00027

內公鐘 00031

井人妄鐘 00112

伯家父鬲 00682

1698　　1697

谷　　羕

谷		羕	⿱永止			
 敔卣 05410.2  ⿰歹可尊 06014	 敔卣 05410.1  敔作且丁尊 05983	 羕史尊 05811				 家父盘 近二 928  FQ2①
 格伯簋 04264.2  格伯簋 04263	 格伯簋 04265  格伯簋 04264.1		 仲𨰻盨 04399  獄簋 近二 436	 京叔盨 近二 446  ⿰鬲畫鼎 商圖 02441	 吴方彝蓋 09898A  史墻盘 10175	 格伯作晉姬簋 03952  格伯簋 04264.2
	 卌二年逨鼎一 近二 328  卌二年逨鼎二 近二 329		 叔向父簋 03852  孟簋 04162	 袒伯章盘 10130  作冊封鬲一 近二 94	 妊⿰王要母簋 03845  內大子白壺蓋 09644	 伯吉父鼎 02656  散伯簋 03778.2

		1702 (雷)靁		1701 ⿰谷厰*		1700 ⿰谷侖*	1699 濬
靁	畾			⿰谷厰		⿰谷侖	叡
	 畾甗 00876  師旂鼎 02809	 作父乙罍 09815.2  陵父日乙罍 09816			 ⿰谷侖伯卣 05221.1  ⿰谷侖伯卣 05221.2	
 盠駒尊 06011.1  盠駒尊蓋 06012		 洎御史罍 09825  對罍 09826				 𩵦公盨 近二 458
 楚公逆鐘 00106			或謂此字是「厰」之增旁異體。	 卌二年逑鼎一 近二 328  卌二年逑鼎二 近二 329		

1706 零				1705 霝	1704 𩅰	1703 電
零				霝	𩅰	電
				 嬴霝德鼎 02171  沈子它簋蓋 04330		
	 季嬴霝德盉 09419  史墻盤 10175	 嬴霝悳簋 03585  追簋 04220	 追簋蓋 04222A  癲鐘 00254	 癲鐘 00247  霝作寶飤簋 03374		
 逨盤 商圖 14543	 此簋 04308  不期簋 04328	 頌鼎 02829  伯家父簋蓋 04156	 小克鼎 02798  此鼎 02823	 此鼎 02822  曾仲大父蛕簋 04203	 伯温父簋 近二 390	 番生簋蓋 04326

1712	1711	1710	1709		1708	1707
魚	雯*	雽*	需		雩	䨏
魚	雯	雽	需		雩	䨏
 魚父乙鼎 01551  魚父乙鼎 01553	 雯人守鬲 00529			 克罍 近出 987	 大盂鼎 02837A  小臣謎簋 04239.1	
 魚簋 02983  老簋 近二 426		 格伯簋 04265  格伯簋 04264.1	 孟簋 04162  孟簋 04163	 𠦪伯歸夆簋 04331  鯀卣 05430.1	 癲鐘 00251  靜簋 04273	
 毛公鼎 02841A  番生簋蓋 04326		 逨盤 近二 939	 伯公父簠 04628.2  曶叔奐父盨 近二 454	 逨盤 近二 939  逨盤 近二 939	 與仲雩父甗 00911  毛公鼎 02841B	 鄭虢仲簋 04025.1

1714 鰥　　1713 鯀

鰥	鯀						
	 鯀還鼎 02200. A  鯀還鼎 02200. B （摹）	 魚伯彭尊 商圖 11622  H11：48	 伯魚鼎 02168  伯魚簋 03535. 2	 魚父乙爵 08401  魚父癸方鼎 01686	 魚從鼎 01465  魚爵 07541	 魚父丁鼎 01585  魚羌鼎 01464
 作册益卣 05427	 史墻盤 10175					 老簋 近二 426
 毛公鼎 02841B  卌三年逨鼎二 近二 331						

1719	1718	1717	1716			1715
漁	盧*	罴*	鱻			鮮
漁	盧	罴	鱻			鮮
 井鼎 02720  井鼎 02720	 盧作父丁觶 06447	 罴作且乙鼎 02506				 鮮父鼎 02143
			 公貿鼎 02719			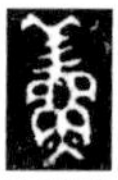 畢鮮簋 04061  鮮盤 10166A
	 兮甲盤 10174			 伯鮮盨 04361.2  散氏盤 10176	 伯鮮盨 04362.1  伯鮮盨 04361.1	 伯鮮甗 00940  伯鮮鼎 02663

1724 非	1723 選*		1722 ⿰巽刂*	1721 龕	1720 龍	
非	選	噀	⿰巽刂	龕	龍	⿰氵⿱⺈⿱田廾
 小臣傳簋 04206  班簋 04341A	 H11：112 陳				 作龍母尊 05809  H11：92	
 典鼎 02696  曶鼎 02838A				 史墻盤 10175		 遹簋 04207
 毛公鼎 02841B  蔡簋 04340A		 毛伯簋 04009	 㸚戒鼎 近出 347  毛公鼎 02841B	 眉壽鐘 00040  眉壽鐘 00041	 祖仲無龍匜 10249	

						 班簋 04341B
						 卯簋蓋 04327

1727 否		1726 不		1725 孔		
否		不		孔		
 班簋 04341A  否叔卣 近出 603	 H11：135 與「丕」一形分化。參見「丕」字。	 啟卣 05410.1  H11：47	 師旂鼎 02809  不壽簋 04060		早期	西周文字字形表　卷十二
		 縣妃簋 04269  縣妃簋 04269	 逆鐘 00062  師訊鼎 02830	 孔作父癸鼎 02021  師訊鼎 02830	中期	
 毛公鼎 02841B			 駒父盨蓋 04464	 伯公父簠 04628.1  虢季子白盤 10173	晚期	

	1728 杯*	1729 至		1730 跮	1731 西	
	杯	至		跮	西	
《說文》「否」字「口」部和「不」部重出。	 鼉卣 05416.1  鼉尊 06004	 啟卣 05410.1  啟卣 05410.2	 夨令方彝 09901.1  H11：3		 小臣逋鼎 02581A  伯□卣 05340.2	 西壺 商圖 12215  H11：8
	 師奎父鼎 02813  師虎簋 04316	 同簋蓋 04270  五年召伯虎簋 04292	 芾伯歸夆簋 04331  叔豊簋 近出 466	 師湯父鼎 02780	 師酉簋 04288.1  幾父壺 09721	 幾父壺 09722  夷伯簋 近出 481
	 番生簋蓋 04326	 多友鼎 02835  禹鼎 02833	 駒父盨蓋 04464  兮甲盤 10174		 □叔簋蓋 04130  訇簋 04321	 不𡢁簋 04328  散氏盤 10176

		1736 肁	1735 戹	1734 鹵禺*	1733 鹵	1732 鹵盍*
肆		肁	戹	鹵禺	鹵	鹵盍
 尊 06007		 寧簋蓋 04021  旁肁鼎 02071		 小臣謎簋 04238.2  小臣謎簋 04239.2		
	 倗伯鼎 近二 307  伯鼎 02460	 滕虎簋 03828  犀父己尊 05953	 录伯䧅簋蓋 04302		 免盤 10161	
		 師臾鐘 00141	 毛公鼎 02841B  三年師兌簋 04318.2		 戎生編鐘 近出 30	 楚公逆編鐘 近出 97  楚公逆編鐘 近出 97(摹)

1741	1740	1739		1738	1737	
闌	閒	闢		閈	門	
闌	閒	闢		閈	門	
		與《說文》引《虞書》同。	 大盂鼎 02837A  劦闢父丁斝 09241			
		 录伯戜簋蓋 04302	 伯闢簋 03773  伯闢簋 03774		 廿七年衛簋 04256.2  師瘨簋蓋 04283	 曶鼎 02838A  大師虘簋 04251.1
 噩侯鼎 02810	 㝬鐘 00260.1			 毛公鼎 02841B	 師酉簋 04288.1  散氏盤 10176	 頌鼎 02827  元年師兑簋 04275.1

	1745 闅*	1744 閔	1743 閉	1742 閑		
闅		閔	閉	閑	[illegible]	[illegible]
 闅作宄伯卣蓋 05297	 闅伯鼎 02041  闅伯鼎 02042	 師閔鼎 02281			 利簋 04131	
	 闅作旅簋 03376		 豆閉簋 04276	 同簋 04271		 [illegible]監父己鼎 02367
		 仲閔父盨 04398.1  仲閔父盨 04398.2	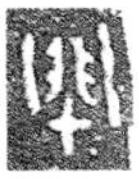 卌二年逨鼎一 近二 328  卌二年逨鼎二 近二 329			

	1750 聯		1749 耿	1748 耳	1747 ⿵門棘*	1746 ⿵門射*
聯	聅		耿	耳	⿵門棘	⿵門射
	 考母壺 09527.1  考母罍 09801	 聅作父丁觶 06446  考母簋 03346		 耳卣 05384.1  耳卣 05384.1	 ⿵門棘卣 05322	 ⿵門射作寶彝甗 00854
 任鼎 近二 325		 作聅匜鬲 00470  作聅匜鬲 近二 65				
			 禹鼎 02833  毛公鼎 02841B			

1754 聾	1753 聞		1752 聽	1751 聖		
聾	聞		耶	聖		
	 ■叔聞簋 03695  □公聞簋 03919	 大盂鼎 02837A  聞爵 09032	 大保簋 04140  天子耶觚 07296			
 聾作寶器鼎 01974	 𠦪伯歸夆簋 04331  宰獸簋 近二 441	 逆鐘 00062  录伯𢦚簋蓋 04302		 史墻盤 10175	 師望鼎 02812  師訊鼎 02830	 𤼈鐘 00246  師趛鬲 00745
	 ■季良父壺 09713  諫簋 04285.1	 毛公鼎 02841B  善夫克盨 04465.2A		 竈乎簋 04158.2  匽伯聖匜 10201	 大克鼎 02836  竈乎簋 04157.1	 井人妄鐘 00109.2  禹鼎 02833

1757 㩧		1756 手		1755 聝		
損	拜	手		聝		戠
			 臣諫簋 04237		 大盂鼎 02837A  大盂鼎 02837B	 戠鼎 01209
 各簋 04194.2	 輔師嫠簋 04286 與《説文》引楊雄説相合。	 王臣簋 04268.1  無曩簋蓋 04228	 逆鐘 00063  無曩簋 04225.1	 戜簋 04322.2  蓍簋二 近二 425 （摹）	 戜簋 04322.1 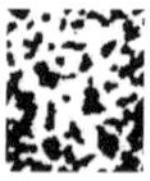 蓍簋一 近二 424	
 康鼎 02786		 揚簋 04294  不㠱簋蓋 04329	 噩侯鼎 02810  南宮乎鐘 00181.2	 柞伯鼎 近二 327  卌二年逑鼎二 近二 329	 多友鼎 02835  虢季子白盤 10173	

捧

令鼎 02803

臣諫簋 04237

焚作周公簋 04241

沈子它簋蓋 04330

逆鐘 00063

不指方鼎 02736

穸鼎 02755

大師虘簋 04251.1

𦀚伯歸夆簋 04331

無異簋蓋 04228

幾父壺 09721

幾父壺 09722

七年趞曹鼎 02783

師奎父鼎 02813

曶鼎 02838A

大簋 04165

恒簋蓋 04199

永盂 10322

柞鐘 00134

南宮乎鐘 00181.2

南宮柳鼎 02805

趩鼎 02815

頌鼎 02827

大簋蓋 04299

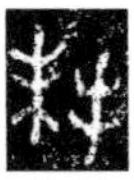
楚簋 04246.2

師酉簋 04291

大鼎 02807

師酉簋 04288.1

公臣簋 04184

虪簋 04215.2

元年師兌簋 04274.1

卌二年逑鼎一 近二 328

頮						
 康簋 04167  獄簋 近二 438	 靜卣 05408  十三年𤼈壺 09723.1	 師瘨簋蓋 04283  录伯𢦚簋蓋 04302	 靜簋 04273  豆閉簋 04276	 趞簋 04266  盠方彝 09899.2	 大師虘簋 04251.2  大師虘簋 04252.1	 無㠱簋蓋 04227  三年𤼈壺 09727
	 頌壺 09731.1  頌壺蓋 09732.1	 柞鐘 000135  柞鐘 00136	 善夫克盨 04465.1A  寰盤 10172	 不䫇簋蓋 04329  頌簋 04332.1	 師嫠簋 04324.1  不䫇簋 04328	 揚簋 04294  大簋蓋 04298

1761 揚 珥		1760 承 承		1759 拏 叉	1758 扶 敖	
 珥方鼎 02612  珥方鼎 02613	 珥作父辛鼎 02255  珥方鼎 02612	 小臣謎簋 04239.2  小臣謎簋 04239.1	 匽侯簋 03614  亖承卣 05318.1	 叉爵 08198 此字或釋「拏」，或釋「叉」。	 敖作旅鼎 01979(摹)	
	 簋 04192.1  簋 04192.2		 承仲觶 商圖 10589			 獄盉 近二 836  獄盤 近二 937
			 茍侯戈 商圖 16749			

⿰昜丮		⿰⿱日王丮				⿰王丮
 歸妸方鼎 02726  舍父鼎 02629	 盂卣 05399.2  𠭯尊 06007				 𣪕𨐨方鼎 02729  作册折觥 09303.1	
 大師盧簋 04251.2  趞簋 04266	 尹姞鬲 00754  敔簋 04099.2	 永盂 10322  師酉簋 04288.2	 六年召伯虎簋 04293  剌鼎 02776	 免簋 04240  師酉簋 04288.1	 𢾊鐘 00092  㝖鼎 02755	 柞鐘 00134
 頌簋 04332.1  頌簋 04333.1	 多友鼎 02835  郃㽙簋 04197	 䖒簋 04215.2  師𩛥簋 04325.1	 師𩛥簋 04324.1  晉侯蘇編鐘 近出 46	 康鼎 02786  揚簋 04295	 克鐘 00207  䖒簋 04215.1	

				⿰易丮		
		 作册折尊 06002  叔夨方鼎 近二 320	 庚嬴卣 05426.1  庚嬴卣 05426.2	 伯姜鼎 02791  章伯䢅簋 04169	 夨令方彝 09901.2  令鼎 02803	 歸刅方鼎 02725  夨令方彝 09901.1
 善鼎 02820  㦰方鼎 02824	 無㠱簋 04225.2  無㠱簋蓋 04228	 䢅尊 06008  無㠱簋 04225.1	 㒼簋 04195.2  追簋 04223.2	 師奎父鼎 02813  盂簋 04162	 呂服余盤 10169  敳簋 04099.1	 君父簋蓋 04178  縣妃簋 04269
 保侃母壺 09646.1  大鼎 02807	 頌鼎 02829  大克鼎 02836	 趞鼎 02815  此鼎 02821	 南宮乎鐘 00181.2  梁其鐘 00189.2	 柞鐘 00133  柞鐘 00138		 公臣簋 04184  公臣簋 04185

1764 擐	1763 （擁）⿰扌雝	1762 振				
⿱罒叚	⿰鬳攵	辰				
 伯⿱罒叚卣 05326.2  伯⿱罒叚卣 05327.1	 大盂鼎 02837A  辛鼎 02660					
	 ⿰鬳攵鼎 商圖 02367  ⿰鬳攵鼎 商圖 02367	 伯中父簋 04023.2  伯中父簋 04023.1	 殳簋蓋 04243  十三年瘐壺 09723.2	 遡盂 10321  達盨蓋 近出 506	 競卣 05425.1  十三年瘐壺 09723.1	 追簋 04219  瘐盨 04462
	 毛公鼎 02841B  㝬簋 04317		 敔簋蓋 近出 483  卌二年逨鼎一 近二 328	 戎生編鐘 近出 29  晉侯蘇編鐘 近出 46	 大簋蓋 04298  賸匜 10285.1	 無叀鼎 02814  頌鼎 02827

撲

⿰業戈	⿸厂⿰業殳	⿸厂⿰業又	⿸广⿰業刂	⿸广業	⿰菐殳	
					 ⿰菐殳父乙尊 05957	 伯⿰菐殳卣 05327.2  伯⿰菐殳卣 05326.1
	 應侯見工鼎 近二 323					
 㝬鐘 00260.1  散氏盤 10176		 應侯簋 商圖 05311	 禹鼎 02833	 兮甲盤 10174		

		1768 女		1767 捷	1766 拲	
		女	⿰壴戈	⿰屮戈	⿰光攵	厮
 師艅鼎 02723	 辛女彝鼎 01712	 寧女鬲 00462	 呂行壺 09689	 曐鼎 商圖 02364	 亞⿰光攵父辛觶 06413	
 矢令方彝 09901.2	 者女甗 00917	 䢅作又母 辛鬲 00688			 ⿰光攵爵 近出 768	
 舀鼎 02838A	 師訊鼎 02830	 京姜鬲 00641	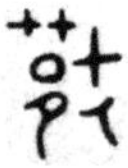 壴鼎 商圖 02354 （摹）	 癲鐘 00251		
 豆閉簋 04276	 五祀衛鼎 02832	 善鼎 02820		 史墻盤 10175		
 王作姬□ 女鬲 00646	女盨蓋 04352	 䵼伯毛鬲 00587	 卌二年逨 鼎一 近二 328			 逨盤 近二 939
 此鼎 02821	 師酉簋 04289.2	 無叀鼎 02814	 卌二年逨 鼎二 近二 329			

1770 姜　　1769 姓

姜		生				
息伯卣 05386 伯姜鼎 02791	齊姜鼎 02148 □鼎 02704		H11：98 H11：1	叔趯父卣 05428.1 □尊 05979	大盂鼎 02837A 伊生簋 03631	盠父鼎 02672 令鼎 02803
己侯簋 03772.1 堯盉 09436.1	從鼎 02435 𢦏方鼎 02789.1	衛簋甲 商圖 05368 以「生」爲「姓」。參見「生」字。	□父盉 09416 呂服余盤 10169	師虎簋 04316 卯簋蓋 04327	恒簋蓋 04200 王臣簋 04268.1	录伯𢦏簋蓋 04302 伯蔡父簋 03678
伯姜鬲 00605 王伯姜鬲 00647	仲姜鬲 00523 盨姬鬲 00575	叔奼簋 04137 兮甲盤 10174	三年師兑簋 04318.1 頌簋 04332.1	此簋 04303.2 師寰簋 04313.1	虤簋 04215.2 弭伯師耤簋 04257	頌鼎 02827 公臣簋 04184

1771

姬

姬						
商尊 05997	姬作乎姑日辛鼎 02333	妾姬鬲 00527		魯侯盉蓋 09408	楷侯簋蓋 04139	作己姜簋 03230
王作仲姞方鼎 02147	㠯伯簋 03531	㵒伯甗 00908		作册夨令簋 04301	作册睘卣 05407.2	吕姜作簋 03348
庚季鬲 00638	𠂤季簋乙 商圖 04464	𢼄鐘 00089	晉姜簋 近二 382	己侯貉子簋蓋 03977	九年衛鼎 02831	王作仲姜鼎 02191
庚季鬲 00639	庚季鬲 00637	旅姬鬲 00532		鬲簋 04195.2	己侯簋 03772.2	大師作叔姜鼎 02409
觴姬簋蓋 03945	散伯匜 10193	魯侯鬲 00545	㠱孟姜匜 10240	夨王簋蓋 03871	姜林母簋 03571	叔皇父鬲 00588
㝬女盨蓋 04352	吳王姬鼎 02600	王作姬□女鬲 00646	王作姜氏簋 近出 429	兮吉父簋 04008	伯家父簋 03856.1	王伯姜鬲 00607

匽侯簋
03614

𢡱季遽父卣
05357.2

商卣
05404.1

庚姬器
10576

夆伯鬲
00696

格伯作晉姬簋
03952

孟姬安甗
00910

伯姬作□簋
03350

伯章父鬲
00616

伯章父鬲
00617

師趛鬲
00745

中伐父甗
00931

中伯壺蓋
09667

師賸父鼎
02558

仲𪘴父簋
04102

萳簋
04195.2

彌伯井姬羊尊
05913

伯作姬觶
06456.1

中伯盨
04356

𤔲寇良父壺
09641

師酉簋
04288.1

王作親王姬鬲
00584

□季鬲
00718

伯夏父鬲
00719

鄭伯筍父鬲
00730

趞鼎
02815

苺伯簋
03722

侯氏簋
03781

歸叔山父簋
03797.2

伯□父簋
04027

季宮父簠
04572

師寏父盤
10111

1773 嬴				1772 姑		
		嬴	鄎	姑		
		 嬴霝德鼎 02171	 鄎季簋 03558  鄎季尊 05860	 遣卣 05402.2	 遣卣 05402.1  姑亙母觶 06451	 霸姑鼎 02184.1  霸姑鼎 02184.2
	 嬴盤 商圖 14380	 季嬴霝德盉 09419  季嬴霝德盤 10076	 鄎季卣 05240.1  鄎季卣 05240.2	 散伯車父鼎 02700  次卣 05405.2	 散伯車父鼎 02699  次卣 05405.1	 遣叔吉父盨 04418.2 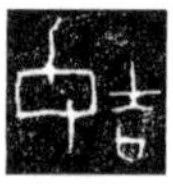 散伯車父鼎 02697
 楚嬴盤 10148  黃君簋蓋 04039	 筍伯大父盨 04422.1  京叔盤 10095	 作予叔嬴鬲 00563  成伯孫父鬲 00680			 仲姞鬲 00555  孟辛父鬲 00740	 仲姞鬲 00547  伯庸父鬲 00576

		1776 妘	1775 嫣		1774 姚	
		娟	嫣		姚	
		 周[illegible]生簋 03915 與《説文》籀文同。	 刺[illegible]鼎 02485		 □公簋 近二 415	
			 䵼嫣壺 09555		 姚鼎 02068  井南伯簋 04113	
 函皇父簋 04141.1  季良父簠 04563	 王中皇父盉 09447  函皇父鼎 02548	 夆娟鼎 02516  輔伯𢿏父鼎 02546	 𨻰侯簋 03815  伯侯父盤 10129	 叔𠭯父簋蓋 04070  應姚鬲 近二 79	 旛叔樊鼎 02679  毛伯簋 04009	 郜仲簠一 近二 472  郜仲簠二 近二 473

1777 婚		1778 妻	1779 婦			
聞		妻	帚		婦	
		 □父丁罍 09811.1  王妻簋 近二 377	 婦嫡觶 06143  婦攺罍 近出 981	「婦」與「帚」一形分化，此爲分化之前的寫法。參見「帚」字。	 中婦鼎 01714  □婦方鼎 02140	 𪯛婦方鼎 02368  亞□婦觶 06347
 𦽬伯歸夆簋 04331  𨟻公盨 近二 458	以「聞」爲「婚」。參見「聞」字。	 農卣 05424.1			 縣妃簋 04269  圓君盉 09434	
 善夫克盨 04465.1A  □季良父壺 09713	 善夫克盨 04465.2A				 叔㚸簋 04137	

女部

1781 母		1780 妊				
母		妊				
 寧女方鼎 02107	 龏作又母辛鬲 00688	 妊爵 09027	 王妊作簋 03344	 義伯簋 03619	 婦爵 08135	 陸婦簋 03621
 田告母辛方鼎 02145.2	 𨚕作母戊甗 00907	 嫚妊壺 09556.1	 吹作楷妊鼎 02179		 婦爵 09029	 作册夨令簋 04301
 帥隹鼎 02774A	 師趛鬲 00745	 格伯簋 04264.2	 鼎 02765			
 逆鐘 00062	 鼎 02075	 弭叔鬲 00572	 格伯簋 04262.1			
 話簋 03841.1	 諶鼎 02680	 妊小簋 04123	 叡砮妊簋 03785			
 㚤母簋 03845	 頌鼎 02829	 王盉 09438	 孟弜父簋 03962			

1782

姁

姁						
 祐□父作瞿姁鼎 02334	「母」或與「女」混。	 史母癸簋 03225	 考母壺 09527.2  考母壺 09527.1	 姞𥃢母方鼎 02330  北子作母癸方鼎 02329	 姞亙母觶 06451  弔母簋 03226	 毛公旅方鼎 02724  臣諫簋 04237
	 虎簋蓋 近出 491	 散車父壺 09697  宰獸簋 近出 490	 作册嗌卣 05427.1  𤔲盉 09442	 靜簋 04273  卯簋蓋 04327	 瀗父作姜懿母鼎 02331  㦰方鼎 02824	 師𩛥鼎 02830  仲伐父甗 00931
		 卌三年逨鼎六 近二 335	 卌三廿逨鼎一 近二 330  卌三年逨鼎五 近二 334	 叔商父鼎 近出 323  卌三年逨鼎二 近二 331	 頌簋 04333.1  兮甲盤 10174	 𤔲簋 03932.2  伯康簋 04160

	1785 妣		1784 威		1783 姑	
妣	匕		威		姑	
 倗作義丏妣鬲 00586  舌作妣丁爵 08978	或以「匕」爲「妣」。參見「匕」字。	 我方鼎 02763.2  𩏂作匕癸尊 05893			 庚嬴卣 05426.1	 □卣 05389.2  姬作氒姑日辛鼎 02333
 戜方鼎 02789.2  戜方鼎 02789.1			 瘨簋 04171.1  瘨簋 04172.2	 瘨鐘 00247  瘨簋 04170.1		 爯簋 近出 485
 召仲鬲 00672  召仲鬲 00673			 叔向父禹簋 04242	 虢叔旅鐘 00238.1  虢叔旅鐘 00239.1	 應侯簋 商圖 05311  㝬叔㝬姬簋 04062.1	 復公子簋 04011  㝬叔㝬姬簋 04062.2

1790 嫨	1789 媾	1788 娙	1787 妹		1786 姊	
嫨	冓	嬗		妹	姊	
		 嬗妊壺 09556.1  嬗妊壺 09556.2	 1號卜甲  叔趯父卣 05428.2	 大盂鼎 02837A  叔趯父卣 05428.1		與《說文》籀文同。
					 公仲□簋 近二 411	
 嫨仲簋 03620.1  嫨仲簋 03620.2	 叔多父盤 商圖 14533 以「冓」爲「媾」。參見「冓」字。	 齊嬗姬簋 03816  鮇甫人匜 10205			 季宮父簠 04572  井公簋 商圖 04874	

1791 奴

奴

奴寶甗
00851

1792 妦

妦

妦母簋
03845

叔妦簋
04137

善夫梁其簋
04147.1

善夫梁其簋
04148.1

善夫梁其簋
04149.1

善夫梁其簋
04149.2

善夫梁其簋
04150.2

叔高父匜
10239

1793 嬃

嬃

遣盉
09433

1794 改

改

叔改簋蓋
03728

縣改簋
04269

王作番改鬲
00645

虢文公子鬲
00736

始

始	姛		妀			
	 寓鼎 02718	 瀕史鬲 00643  龏姛方鼎 02434		 叔作妀尊簋 03365		
 季良父盉 09443				 虎叔簋 近二 412  虎叔簋 近二 412		 番匊生壺 09705
 曾始鬲 00536  伯氏始氏鼎 02643		 保侃母壺 09646.1  保侃母壺 09646.2	 叔向父簋 03849.1  叔向父簋 03849.2	 叔向父簋 03850.1  叔向父簋 03850.2	 穌甫人盤 10080  穌公盤 商圖 14404	 穌衛改鼎 02382  筍伯大父盨 04422.2

（㚸）姛				㚸		
 雝㚸簋 03568	 叔㚸方彝 09888.1  班簋 04341A	 叔㚸方尊 05962  匽侯旨鼎 02628	 驫姛簋 03567  奢簋 04088	 乙未鼎 02425		
			 驫姛鼎 02193.A  驫姛鼎 02193.B （摹）	 尸鼎 近二 297		
					 仲師父鼎 02743  頌鼎 02829	 頌鼎 02827  頌鼎 02828

1800	1799	1798	1797		1796	
孌	媅	娳	好		媚	
孌	媅	娳	好		媚	
	 周生簋 03915				 子媚罍 近出 980	 子媚罍 09784.2  子媚罍 09784.1
		 乎簋 03769.2	 中作好旅彝卣 05341.1  𨚕公盨 近二 458	 𤔲鐘 00088  井南伯簋 04113		
 中伯盨 04355  中伯盨 04356				 伯好父簋 03691  杜伯盨 04451		

1805		1804	1803		1802	1801
嫚		妶	嫖		妄	媢
嫚		妶	嫖		妄	妟
		 弔妶父乙器 10533  弔妶父己尊 近出 623				
 鄧公簋 近出 457  鄧公簋 近出 458	 鄧公簋 03776  鄧公簋 03775		 鬲姬簋蓋 03945  鬲姬簋蓋 03945	 瀰嫖簋蓋 03874  瀰嫖簋蓋 03874	 毛公鼎 02841B  卌三年逨鼎二 近二 331	 弄孟壺蓋 09622

1810 妃*	1809 姦	1808 妏	1807 媿			1806 妻
妃	姦	妏	媿			妻
 婦妃罍 近出 981		 妏作乙公觶 07304				 伯妻簋 03537.1  伯妻簋 03537.2
	 長甶盉 09455			 龜盤 10119  龜匜 10247	 倗仲鼎 02462  圅君盉 09434	 是妻簋 03910.1  是妻簋 03910.2
			 䛠叔䛠姬簋 04064.2	 復公子簋 04011  䛠叔䛠姬簋 04064.1	 內子仲□鼎 02517  龜簋 03931.1	 讏鼎 近二 324  邢公簋 商圖 04874

女部

1817	1816	1815	1814	1813	1812	1811
妢*	妓*	妦*	妃*	妖*	妄*	⿷匸女*
妢	妓	妦	妃	妖	妄	⿷匸女
		 女妦作簋 03347  ⿱畾皿卣 05416.1	 亞疑妃盤 10045			 ⿷匸女侯戈 10887.1
		 君夫簋蓋 04178		 伯先父鬲 00649  伯先父鬲 00651		
 㠱侯簋 近出 470	 仲師父鼎 02743  仲師父鼎 02744				 井人妄鐘 00111.1  井人妄鐘 00112	

1824	1823	1822	1821	1820	1819	1818
嬢*	嬰*	嫡*	嫯*	婞*	娊*	𡝩*
嬢	嬰	嫡	嫯	婞	娊	𡝩
 嬢作父庚鼎 02578		 婦嫡觶 06143	 作母嫯彝鼎 01903			 𡝩鼎 00998
	 宗婦鄁嬰盤 10152			 叔向父簋 03849.1  叔向父簋 03849.2	 庚姬鬲 00637  庚姬鬲 00639	

1830	1829	1828	1827	1826	1825	
⿰女袁*	⿰女盍*	⿰女盧*	媏*	媢*	媡*	
⿰女袁	⿰女盍	⿰女盧	媏	媢	媡	
		 ⿰女盧⿰豕束敔簋 03746		 大作媢鬲 00540		
 伯蔡父簋 03678						
	 伯疑父簋蓋 03887		 鄭登伯鼎 02536		 杞伯每亡鼎 02495	 杞伯每亡鼎 02494.1  杞伯每亡鼎 02494.2

1837	1836	1835	1834	1833	1832	1831
嬞*	㜮*	孃*	嫱*	嬖*	嬉*	嫞*
嬞	㜮	孃	嫱	嬖	嬉	嫞
				 嬖方鼎 02579	 嬉卣蓋 04762  嬉卣 04763	
			 散車父壺 09697			
 伯梁父簋 03793.1  伯梁父簋 03793.2	 曾侯簠 04598	 季宫父簠 04572				 杜伯鬲 00698  □公鋪 04684(摹)

1841 弗	1840 乂	1839 民		1838 毋		
弗	秎	民		母		
 旂鼎 02555  毛公旅方鼎 02724	 秎父甲簋 03751	 何尊 06014	 大盂鼎 02837A  班簋 04341A	「毋」實借「母」字爲之，許慎誤别爲二。參見「母」字。	 毛公旅方鼎 02724  師旂鼎 02809	
 尹姞鬲 00755  師𩛥鼎 02830			 史墻盤 10175  豳公盨 近二 458			
 𩰫攸从鼎 02818  毛公鼎 02841B			 大克鼎 02836  㝬簋 04317		 逆鐘 00062	 伯梁父簋 03794.1  伯梁父簋 03794.2

1843 氏 氏

1842 弋 弋

	 何尊 06014  H11：4	 小臣氏樊尹鼎 02351  楷侯簋蓋 04139	 令鼎 02803  作任氏簋 03455			 H11：65  H31：4
 南姞甗 近二 123  录㦰卣 近二 548	 乎簋 03769.2  毳盤 10119	 嬴氏鼎 02027  公貿鼎 02719	 𤼈鐘 00248  𤼈鐘 00249	 農卣 05424.1  𤼈鐘 00246	 㦰方鼎 02824  曶鼎 02838A	 豦簋 04167  盠駒尊 06011.2
 䲨季鼎 02585  頌鼎 02828	 睪氏詹鑰 10350  逆鐘 00060	 內公鬲 00711  頌鼎 02829	 益公鐘 00016  虢季氏子■鬲 00683	 五年琱生尊二 近二 588	 賸匜 10285.1  五年琱生尊一 近二 587	 大簋蓋 04299  不䫌簋 04328

厂部 氏部

1844

⿰氏氏*

⿰氏氏

曶鼎
02838A

曶鼎
02838B

1845

⿱⿰氏氏⿰口口*

⿱⿰氏氏⿰口口

曶鼎
02838A

曶鼎
02838B

1846

氒

氒

魯侯獄鬲
00648

義中方鼎
02338

𤼈鐘
00247

姬作氒姑日辛鼎
02333

井人妄鐘
00109.1

大克鼎
02836

效父簋
03822

姞曶母方鼎
02330

伯陶鼎
02630

格伯簋
04264.2

大鼎
02807

楚公逆鐘
00106

彔簋
03863

□簋
04097

戜鼎
02074

□鼎
02705

虢叔旅鐘
00240.1

仲爯父簋
04189.1

□盉
09428

H11：105

史墻盤
10175

孟狂父甗
近出 164

散氏盤
10176

仲爯父簋
04189.2

1847

氏

氏

匍盉
近出 943

任鼎
近二 325

	肈	[启+戈]	戈			
	 曆方鼎 02614		 豐伯戈 11014  [illegible]自戈 11012	 小臣宅簋 04201  呂自戈 10955.1	 戈且癸鼎 01514  戈父己鼎 01606	 戈甗 00768  戈父甲甗 00807
 師𩛥鼎 02830	 衛鼎 02733  善鼎 02820		 走馬休盤 10170  師道簋 近二 439	 王臣簋 04268.1  㦰簋 04322.2	 豦簋 04167  弭伯師耤簋 04257	 戈作寶鼎 01948  師奎父鼎 02813
 般仲豦簠 04485.2  [illegible]甗 商圖 03356	 梁其鐘 00187.1  般仲豦簠 04485.1	 虢叔旅鐘 00238.1		 五年師事簋 04216.2  輔伯戈 近二 1115	 楚公豪戈 11064  逆鐘 00062	 伯晨鼎 02816  無叀鼎 02814

1853	1852	1851	1850			
成	賊	戟	戎			
成	賊	戚	戎			
 作册夨令簋 04300  史成作父壬卣 5288.1		 爻癸婦鼎 02139		 史戎鼎 02169  臣諫簋 04237	 戎佩玉人卣 05324  班簋 04341A	 戎作從彝 05124.2  大盂鼎 02837A
 遹甗 00948  善鼎 02820			 𢦚簋 04322.1	 不期簋蓋 04329  𦺇簋一 近二 424（摹）	 𢦚簋 04322.2  戎佩玉尊 05916	 𢦚方鼎 02824  不期簋 04328
	 散氏盤 10176		 卌二年逨鼎一 近二 328  □戎盨 商圖 05537	 翏生盨 04460  散氏盤 10176	 虢季子白盤 10173  𡰥敖簋蓋 04213	 師同鼎 02779  多友鼎 02835

1856 或	1855 戜	1854 戲				
或	戜	戲		戲		
 或作父癸方鼎 02133  或作父丁鼎 02249	 戜伯鼎 01913  班簋 04341A	 作戲卣 05144.1  作戲爵 商圖 07681	 作戲尊彝甗 00850  作戲卣 05144.2		 簋 03732.2 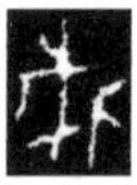 史戍卣 商圖 13167	 史戍作父壬卣 05288.2  簋 03732.1
 舀鼎 02838A  裘衛盉 09456	 戜者鼎 02662	 虎簋蓋 近二 442	 豆閉簋 04276  虎簋蓋 近出 491	 師虎簋 04316  師虎簋 04316	 競卣 05425.2  殷簋 近出 487	 㕡尊 06008  录戜卣 05420.1
 毛公鼎 02841A  毛公鼎 02841B	 晉侯蘇編鐘 近出 38		 戲伯鬲 00666  戲伯鼎 02043			

1859 武			1858 戕	1857 戈		
		武	戕		戈	
 H11：112	 H11：1  H11：112	 作册大方鼎 02759  作册大方鼎 02760		 父丁爵 09009	 叔趩父卣 05428.1  叔趩父卣 05429.1	
 格伯簋 04264.1  格伯簋 04264.2	 格伯簋 04262.1  格伯簋 04263	 𤼈鐘 00251  師訊鼎 02830	 淮伯鼎 商圖 02316	 獄盤 近二 937  爯簋 商圖 05213	 獄簋 近二 438  獄盉 近二 836	 五年召伯虎簋 04292  宰獸簋 近出 490
 多友鼎 02835  毛公鼎 02841B	 禹鼎 02833  禹鼎 02833	 㝬鐘 00260.1  南宫柳鼎 02805	 伯戕父簋 商圖 05276  伯戕父簋 商圖 05277		 鬲比盨 04466  禹鼎 02833	 多友鼎 02835  諫簋 04285.1

1862 ⿰大戈*	1861 ⿰又戈*				1860 戠	
⿰大戈	⿰又戈				戠	
 ⿰大戈父辛甗 00821	 ⿰又戈父丁盉 近出 936				 何尊 06014  H11：28	
		 趩觶 06516	 免簠 04626  豆閉簋 04276	 格伯簋 04263  格伯簋 04264.2	 格伯簋 04265  格伯簋 04264.1	 史墻盤 10175  應侯見工簋 近二 430
					 郘𠭰簋 04197	 虢季子白盤 10173  散氏盤 10176

	1866	1865			1864	1863
	⿹戈酉*	⿰扌戈*			⿹戈夂*	⿹戈示*
	⿹戈酉	⿰扌戈			⿹戈夂	⿹戈示
	 1號卜甲	 ⿰扌戈簋 02921  ⿰扌戈且丁尊 05601				 伯⿹戈示方鼎 02336
 五年師事簋 04216.2  五年師事簋 04217.1	 師奎父鼎 02813  弭伯師耤簋 04257		 ⿹戈夂方鼎 02789.1	 伯⿹戈夂簋 03489  ⿹戈夂作旅簋 03378	 ⿹戈夂作旅甗 00837  ⿹戈夂方鼎 02789.2	
	 寰盤 10172					

	1870 戚		1869 戉	1868 ⿵冂或*	1867 ⿰𢆉戈*	
	戚		戉	⿵冂或	⿰𢆉戈	
 戚作父癸鼎 01901  啟卣 05410.1	 伯戚父簋 近二 372  戚觶 商圖 10491				 ⿰𢆉戈作寶簋 03368  ⿰𢆉戈作寶簋 03369	
	 戚姬簋 03569		 史墻盤 10175	 𢦚簋 04322.1  𢦚簋 04322.2		 五年師事簋 04217.2
		 師克盨 04467.1  虢季子白盤 10173	 師克盨蓋 04468  師克盨 04467.2			

1871

我

我						
 沈子它簋蓋 04330  朙我作鼎 01988	 毛公旅方鼎 02724  大盂鼎 02837A	 叔我鼎 01930  座父鼎 02671	 戚父己盉 09358	 戚父癸爵 08707  父乙簋 近出433	 隹作父己尊 05901  作父丁鼎 02319	 啟卣 05410.2  啟作且丁尊 05983
 九年衛鼎 02831  盠方彝 09899.1	 縣妃簋 04269  不期簋 04328	 善鼎 02820  曶鼎 02838A				
 師寰簋 04313.1  師寰簋 04313.2	 毛公鼎 02841B  叔向父禹簋 04242	 㝬鐘 00260.1  𩰫攸从鼎 02818				

1874 亡	1873 直	1872 義				
亡	直	義				
 辛鼎 02660		 倗丏簋 03667	 師旂鼎 02809	 倗作義丏妣鬲 00586		 FQ1
 大保簋 04140		 義伯簋 03619	 叔單簋 03624	 義仲方鼎 02338		
 師望鼎 02812	 恒簋蓋 04199	 作册益卣 05427	 𤼈鐘 00255	 𤼈鐘 00248		 盠方彝 09899.2
 通簋 04207		 史墻盤 10175	 𤼈簋 04171.1	 𤼈鐘 00249		 六年召伯虎簋 04293
 士父鐘 00146		 中義鐘 00029	 仲義父鼎 02541	 中義鐘 00027	 應侯簋 商圖 05311	 㝬簋 04317
 士父鐘 00148		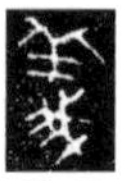 仲義父鼎 02542	 鄭義羌父盨 04392	 仲義父鼎 02209		 駒父盨蓋 04464

1875

乍

乍						

从鼎 02461	士作父乙方鼎 02314	鼎作父乙甗 00880	伯作鬲 00465	H11：20	天亡簋 04261	臣諫簋 04237

農父簋 03461	彈作父辛鼎 02321	爻癸婦鼎 02139	矢伯鬲 00515	H11：113	何尊 06014	獻簋 04205

楷仲作旅簋 03363.2	從鼎 02435	羞鼎 01770	𠭯鐘 00088		獄簋 近二 436	史墻盤 10175

作父庚觶 06295	剌鼎 02776	伯遟父鼎 02195	伯𩫖父鬲 00616			豳公盨 近二 458

雝伯原鼎 02559	伯家父鬲 00682	予王鬲 00635	時伯鬲 00590	杞伯每亡鼎 02495	虢叔旅鐘 00241	大克鼎 02836

內伯多父簋 04109.1	善夫吉父鬲 00704	善夫吉父鬲 00703	樊君鬲 00626	杞伯每亡鼎 02494.2	㝬簋 04317	梁其鐘 00188.1

1876

亡

亡						
 敔卣 05410.1  臣諫簋 04237	 辛囂相簋 近二 429  H11：12	 宁狽父丁斝 09242  子出鬲 近二 73	 天亡簋 04261  隻作父癸卣 05291.1	 甚孿君簋 03791  翏簋 03994	 伯魚鼎 02168  遽伯睘簋 03763	 伯擐簋 05327.2  伯擐簋 05327.1
 鼎 02280  師訊鼎 02630						 應侯鼎 近出 273  觶 近出 677
 梁其鐘 00188.1  姬鼎 02681		 豐侯母鬲 近二 76  夾[illegible]簠 商圖 05896	 戎生編鐘 近出 30  梁姬罐 近出 1046	 頌簋 04333.1  袒伯匜 10237	 師害簋 04117.2  頌簋 04332.1	 伯家父簋 03857.2  大克鼎 02836

1878　1877

匽　匿

		匽	匿			
 害鼎 02749  匽侯簋 03614	 小臣鼎 02556A  堇鼎 02703	 匽侯旨作父辛鼎 02269  圉方鼎 02505.2	 大盂鼎 02837A  大盂鼎 02837B			 曩鐘壺 近出 965  曩鐘壺 近出 965
				 追簋 04223.1  彊伯井姬羊尊 05913	 己侯貉子簋蓋 03977  追簋 04220	 彧者鼎 02662  追簋蓋 04222A
		 大克鼎 02836  匽伯聖匜 10201		 尌仲簋蓋 04124  杜伯盨 04449	 克鐘 00205  小克鼎 02796	 頌鼎 02829  季良父壺 09713

1879 匹

1880 匸

匸	砒	砙				
 匸賓父癸鼎 02132  乃孫作且己鼎 02431					 㪤繇方鼎 02729  御正衛簋 04044	 匽侯盂 10303.1  匽侯盂 10305
		 應侯見工簋一 近二 430  姊季姬尊 近二 586	 曶鼎 02838B  㪔簋 04099.1	 彔伯㦰簋蓋 04302  無㠱簋 04225.1	 尹姞鬲 00754  尹姞鬲 00755	
	 大鼎 02808	 逨盤 近二 939	 兮甲盤 10174  戎生編鐘 近出 29	 大鼎 02807  師克盨蓋 04468	 單伯昊生鐘 00082  史頌鼎 02788	

1882					1881	
匜					(匡)⿷匚㞷	
它	匜		⿷匚⿰金㞷	⿷匚黃	⿷匚㞷	
					 匡卣 05423A  匡卣 05423B	 舀鼎 02838A  匡卣 05423A
 ⿱白儿叔匜 10181.1  魯士商𠭯匜 10187	「匜」之象形字。	 宗仲匜 10182  貯子己父匜 10252	 ⿰言夫叔簠 04552	 旨簠 04516	 師麻叔簠 04555  史免簠 04579.2	 尹氏貯良簠 04553  禹鼎 02833

 有伯君黄生匜 10262  散伯匜 10193	 魯伯愈父匜 10244  叔□父匜 10248	 𪢬孟姜匜 10240  蘇馬南叔匜 10241	 尋伯匜 10221  塲𩚘生匜 10227	 召樂父匜 10216  周窐匜 10218	 鄭義伯匜 10204  黄仲匜 10214	 蔡侯匜 10195  匽伯聖匜 10201

1884 ⿷匚夗*

1883 医*

⿷匚夗	医	鉈	⿱它皿	⿷匚它	⿰乜又	
 𨻰作父乙尊 05986	 考母作聮医 03346  考母壺 09527.1					
	 作聮医鬲 00470  作聮医鬲 近二 65	 中友父匜 10224			 作仲姬⿰乜又 10192	
		 史頌匜 10220	 叔穀匜 10219  𥙡伯匜 10237	 鮴甫人匜 10205		 番匜 10271 以「它」爲「匜」。參見「它」字。

1888 弭				1887 弓	1886 緇*	1885 甾
弭				弓	緇	甾
		 梓伯簋 近出 486	 作旅弓卣 05033  弓鼎 近出 195	 弓父癸鼎 01678  作公尊彝鼎 02181		 甾作父己觶 06504
 弭叔鬲 00572  弭叔師察簋 04253	 同卣 05398.2  靜卣 05408	 豆閉簋 04276  㦰簋 04322.1	 十五年趞曹鼎 02784  𢾊簋 04099.2	 弓鼎 01214  師湯父鼎 02780		 畯簋 商圖 05386
 弭叔作叔班盨蓋 04430			 卌二年逨鼎一 近二 328  卌二年逨鼎二 近二 329	 伯農鼎 02816  虢季子白盤 10173	 毛公鼎 02841A  虢季子白盤 10173	 訇簋 04321

1889

彊

彊						
		多用作「疆」。	 辛鼎 02660  大盂鼎 02837A			
 淊御史罍 09824  史墻盤 10175	 不䫜簋蓋 04329  梁其壺 09716.3	 五祀衛鼎 02832  中辛父簋 04114	 㾊鐘 00246  𩠐鐘 00035	 師湯父鼎 02780	 弭伯師耤簋 04257  弭叔盨 04385	 弭叔師察簋 04253  弭叔師察簋 04254
 師臾鐘 00141  梁其鐘 00190	 曼龏父盨 04434  散氏盤 10176	 井人妄鐘 00110  仲師父鼎 02743	 眉壽鐘 00040  眉壽鐘 00041			

	1892 蠠	1891 弘		1890 引		
彇	彌	弘		引		
		 高作父乙方鼎 02316(摹)	 弘作彝鬲 00488  盄弘卣 05257	 訇引觚 07278  師旂鼎 02809	 毛公旅方鼎 02724  引尊 05950	
	 史墻盤 10175			 獄盤 近二 937  引簋 商圖 04620	 師訊鼎 02830  作册益卣 05427	
 蔡姞簋 04198	 禹鼎 02833			 頌簋 04333.1  頌簋 04332.1	 頌鼎 02828  頌簋蓋 04338	 梁其鼎 02768

1897 ⿰弓叟*	1896 ⿰弓㐱*	1895 ⿱弓丂		1894 發		1893 弩
⿰弓叟	⿰弓㐱	⿱弓丂		發	⿰弓殳	弩
 ⿰弓叟作旅鼎 01772  ⿰弓叟作旅鼎 03236		 ⿱弓丂作父辛器 10581	 仲子觥 09298.2	 發作父辛鼎 02321  仲子觥 09298.1	 亘⿰弓殳末簋 近二 363	
	 ⿰弓㐱簋 商圖 04953					 農卣 05424.1

1902 弜	1901 彊*	1900 彊*		1899 彇*	1898 弽*	
弜	彊		彊	彇		弽
 弜爵 07735  亞弜父丁爵 08891		 彊季尊 05858  彊季卣 05241.2	 彊伯簋 03528  彊季卣 05241.1		 弽伯簋 03617  弽伯盤 10064	 弽伯甗 00895  弽伯甗 00908
	 彊啟方彝 09889		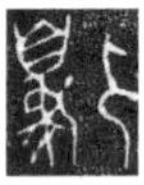 彊伯井姬羊尊 05913	 長由盉 09455	 弽作井姬鼎 02192	 弽伯鼎 02276  弽伯盤 10063

1907 孫	1906 系	1905 盭	1904 㢼*	1903 弼		
孫	縣	盭	㢼	弼	弻	
 熒子旅作且乙甗 00930  乃孫作且己鼎 02431	 𢿌縣方鼎 02729					 典弜兔尊 近二 592  H11：134
 𡚱肇家鬲 00633  鼎 02349		 瘐鐘 00251  史墻盤 10175				
 內公鐘 00031  昆疕王鐘 00046		 逨盤 近二 939	 孟㢼父簋 03960.2  孟㢼父簋 03960.1	 毛公鼎 02841B  番生簋蓋 04326	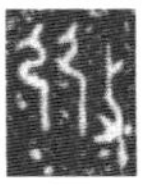 㷉戒鼎 近出 347 與《說文》古文同。	

1908

繇

繇						
				□尊 05941 □尊 06007	寧簋蓋 04021 小臣宅簋 04201	敔簋 03827 彔簋 03863
	𣞤史繇鼎 01936 录伯𢦔簋蓋 04302	伯作蔡姬尊 05969 楚公豪鐘 00043	即簋 04250 縣妃簋 04269	晉人簋 03771 格伯作晉姬簋 03952	𢦔方鼎 02789 啇簋 03738	格伯簋 04263 宊鼎 02755
師克盨 04467.1 師克盨 04467.2	師寰簋 04313.1 師寰簋 04313.2	晉侯僰馬壺 近出 971 □氏□簋乙 商圖 04916	遅盨 04436.1 遅盨 04436.2	𩁹季鼎 02585 姒□母鼎 03845	𣪕父甗 00929 仲殷父鼎 02463	予王鬲 00635 伯□鼎 02538

					 卌二年逨鼎一 近二 328	 散氏盤 10176  柞伯簋 近二 327

西周文字字形表　卷十三

1911 經		1910 純	1909 糸		
巠	忳	屯	糸		
 大盂鼎 02837A 或以「巠」爲「經」。參見「巠」字。			 糸父壬爵 08665	 糸父丁鬲 00501  糸父丁爵 08497	早期
	 師道簋 近二 439	 師奎父鼎 02813 或以「屯」爲「純」。參見「屯」字。			中期
		 無叀鼎 02814			晚期

	1914	1913			1912	
	絕	絡			織	
絜	紉	絘			戠	經
		 沈子它簋蓋 04330  沈子它簋蓋 04330				
	 格伯簋 04262.1  格伯簋 04262.2		 采隻簋甲 商圖 05154 以「戠」爲「織」。參見「戠」字。	 趩觶 06516  采隻簋甲 商圖 05154	 豆閉簋 04276  免簠 04626	
 伯山父鼎 商圖 02211					 郘智簋 04197	 虢季子白盤 10173

<table>
<tr><th>1918</th><th colspan="2">1917</th><th colspan="3">1916</th><th>1915</th></tr>
<tr><th>綥</th><th colspan="2">縮</th><th colspan="3">終</th><th>絅</th></tr>
<tr><th>綨</th><th colspan="2">[illegible]</th><th colspan="3">終</th><th>絅</th></tr>
<tr><td>
攸簋
03906.2
與《說文》或體相合。</td><td></td><td></td><td></td><td>
FQ2①</td><td>
熒作周公簋
04241
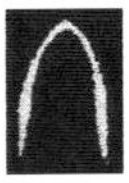
麥方尊
06015</td><td></td></tr>
<tr><td></td><td></td><td>
瘨鐘
00246

史墻盤
10175</td><td>
追簋蓋
04222A

追簋
04223.1</td><td>
追簋
04220

瘨鐘
00249</td><td>
瘨鐘
00248

追簋
04219</td><td></td></tr>
<tr><td></td><td>
善夫山鼎
02825

蔡姞簋
04198</td><td>
梁其鐘
00188.1

梁其鐘
00190</td><td>
此鼎
02821

頌鼎
02827</td><td>
頌簋蓋
04336

小克鼎
02799</td><td>
井人妄鐘
00109.1

小克鼎
02796</td><td>
師酉簋
04288.1

師酉簋
04290</td></tr>
</table>

	1921	1920				1919
	組	綏				紳

緌	組	縠	⿰𤔔叀		⿰𤔔田	
					 ⿰𤔔田父盤 10068  伯⿰𤔔田盉蓋 09418	 作册⿰𤔔田卣 05400.2  方彝 09892.1
		 史墻盤 10175	 史墻盤 10175	 五祀衛鼎 02832  師瘨簋蓋 04284	 ⿰𤔔田父盉 09395.2	 ⿰𤔔田簋 03443  ⿰𤔔田父盉 09395.1
 虢季氏子緌簋 03971  虢季氏子緌簋 03973	 師寰簋 04313.1  師寰簋 04314		 仲爯父簋 04189.2	 大克鼎 02836  仲爯父簋 04189.1		

1926 緐	1925 維	1924 縅		1923 縈	1922 縷	
緐	⿰糸隻	絨		縈	縷	
 緐簋殘底 04146  班簋 04341A						
 師虎簋 04316  緐卣 05430.2			 己侯簋 03772.2  申簋蓋 04267	 縈伯簋 03481  己侯簋 03772.1		
 叔向父禹簋 04242  戎生編鐘 近出 30	 虢季子白盤 10173	 毛公鼎 02841B			 散氏盤 10176	 虢季子縵卣 05376  虢季氏子縵壺 09655

彝

彝						
 作父庚甗 00881.1	 呇甗 00875	 作寶彝鬲 00849	 朿册作父己鼎 02125	 伯作彝鬲 00829	 作彝鬲 00471	 𣪊甗 商圖 03363 （摹）
 田農甗 00890	 鼎作父乙甗 00880	 闕作寶彝鬲 00854	 𢍉作又母辛鬲 00688	 作父乙鼎 02007	 □作彝鬲 00508	 2 號卜甲
 戜方鼎 02824	 員方鼎 02695	 甚諆臧鼎 02410	 立鼎 02069	 作旅彝鼎 01789	 作寶彝鬲 00569	 史墻盤 10175
 櫑仲簋 03549	 剌鼎 02776	 或者鼎 02662	 才僕父鼎 02183	 □作寶彝鼎 01973	 作旅彝鼎 01788	
 蔡姞簋 04198	 遣小子𩊚簋 03848	 小克鼎 02800	 小克鼎 02798	 史頌鼎 02787	 王作親王姬鬲 00584	
 史頌簋 04229.1A	 封仲簋蓋 04124	 小克鼎 02801	 小克鼎 02799	 小克鼎 02796	 姬鼎 02681	

㚸作母戊甗
00907

伯作彝鼎
01728

叔作寶尊彝鼎
02054

揚方鼎
02612

作從彝簋
03281

作寶尊彝簋
03399

束夌簋
03437

乃子作父辛甗
00924.1

□鼎
01754

雁公鼎
02554

作寶彝簋
03272

伯作寶彝簋
03361

作寶尊彝簋
03400

文簋
03471

犾馭簋
03976

賢簋
04105.2

豦簋
04167

縣妃簋
04269

中作好旅彝卣
05341.2

同卣
05398.2

作父丁□尊
05826

賢簋
04104.1

孟簋
04162

君夫簋蓋
04178

免簠
04626

豚卣
05365

農卣
05424.2

倗尊
05955

史頌簋
04230

史頌簋
04232.1

曾侯簠
04598

作旅彝甗
近二 109

卌二年逑鼎二
近二 329

□甗
商圖 03356

史頌簋蓋
04231

㝬簋
04317

宗婦𨞾嬰盤
10152

王鼎
近二 248

卌三年逑鼎二
近二 331

1929	1928					
䊵	緈*					
綽	緈					
		 作寶彝卣 05034.1	 御正衛簋 04044	 玤[illegible]冀作父癸簋 03686	 史楳兄作且辛簋 03644	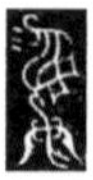 向簋 03572
		 H11：1	 大保簋 04140	 攸簋 03906.1	 子阩作父己簋 03653	 陸婦簋 03621
		 史墻盤 10175	 文考日己方彝 09891.2	 內伯壺 09585.1	 牆父乙爵 09068	 員作父壬尊 05966
			 師遽方彝 09897.1	 中追父方彝 09882	 瘨父丁爵 09070	 牆父乙爵 09067
 蔡姞簋 04198	 毛公鼎 02841B  番生簋蓋 04326					

1931 ⿰素司*　1930 ⿰素令*

⿰素司	⿰素令	⿰𤔔卓		繛		⿰巠卓
 史墻盤 10175	 師⿰黹丮鼎 02830		 㾓鐘 00246			
	 㝬簋 04317  師克盨蓋 04468	 卌三年逑鼎四 近二 333	 卌二年逑鼎一 近二 328  卌二年逑鼎二 近二 329	 戎生編鐘 近出 32	 梁其鐘 00188.1  梁其鐘 00190	 善夫山鼎 02825

1937 蠆	1936 蛕	1935 虫	1934 率	1933 轡	1932 絲	
萬	蝨	虫	率	轡	絲	
與「萬」一字分化，「萬」是「蠆」字初文。參見「萬」字。		 甲虫爵 08000  H11：22	 大盂鼎 02837B	 轡父癸簋 03436	 資尊 05997  何尊 商圖 05137	 乃子克鼎 02712A  寓鼎 02718
				 公貿鼎 02719  師道簋 近二 439	 獄盤 近二 937  獄盉 近二 836	 曶鼎 02838A  曶鼎 02838B
	 曾仲大父蝨簋 04203  曾仲大父蝨簋 04204.1		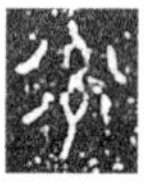 柞伯鼎 近二 327			 叔多父盤 商圖 14533

絲部　率部　虫部

1943	1942	1941	1940		1939	1938
蠶	蠳*	蝱*	蟺		茧	蜀
蠶	蠳	蝱	蟺	[艹/䖵]	茧	蜀
 伯蠶爵 商圖 08496			 蟺伯簋 03526			 班簋 04341A  H11：68
	 史墻盤 10175	 蝱鼎 02765  蝱鼎 02765	 蟺姜鼎 02028	 士山盤 近二 938		
	 賸匜 10285.2				 茧公諴簠 04600	

1949	1948		1947	1946	1945	1944
黽	⿱艹龜*		龜	它	⿰方求*	⿱求䖵
黽	⿱艹龜		龜	它	⿰方求	求
 天黽父乙鼎 01554  天黽父癸方鼎 01684	 亞⿱艹龜爵 07814	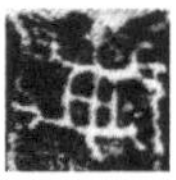 龜父丁爵 08459  H11：18	 叔龜父丙簋 03426  叔龜父丙簋 03427	 沈子它簋蓋 04330 或用作「匜」。參見「匜」字。		「⿱求䖵」與「求」一形分化，「求」是「⿱求䖵」之初文。
				 師遽方彝 09897.1		 㝵鼎 02838B  君夫簋蓋 04178
 師同鼎 02779  黽壺蓋 09677.1				 㒭叔匜 10181.1  魯士商𠭯匜 10187	 㚸⿰方求壺 09635	 番生簋蓋 04326  駒父盨蓋 04464

1953 二		1952 𪔂*	1951 鼂*	1950 鼀		
二		𪔂	鼂	鼀		
 簋 04097  H11：15	 歔䌛方鼎 02729  大盂鼎 02837A	 𪔂方尊 06005				 黽爵 07536
 九年衛鼎 02831  免簋 04240	 應侯見工鐘 00107  鼎 02705		 鼂簋 04159		 鼀伯鬲 00669	
 此簋 04306  此簋 04307	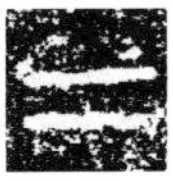 鼀乎簋 04158.1  大簋蓋 04299			 魯伯愈父盤 10113  魯伯愈父匜 10244	 鼀乎簋 04158.1  杞伯每亡鼎 02495	

1955 恒　　　　1954 亟

恒	亙		亟		叺	人
 恒父簋 近出 418  恒父簋 近出 448		 姑亙母觶 06451 「亙」與「恒」古今字，「亙」是古字。				 班簋 04341A
 舀鼎 02838B  恒簋蓋 04199	 師道簋 近二 439	 亙鼎 02380  亙觶 06461			 史墻盤 10175	
			 伯梁其盨 04446.2  五年琱生尊二 近二 588	 毛公鼎 02841B  伯梁其盨 04446.1		

1958			1957		1956	
土			凡		亘	
土			凡		亘	
 嗣土疑簋 04059	 折方彝 09895.1  旟嗣土梡簋 03671	 亳鼎 02654  大盂鼎 02837A	 簋 商圖 05106 或用作「槼」。参見「槼」字。	 㺇伯甗 00908  凡尊 05497	 亘弢耒簋 近二 363	
 十三年瘓壺 09724.2	 五祀衛鼎 02832  五年召伯虎簋 04292	 盠方彝 09900.2  十三年瘓壺 09723.1	 晉韋父盤 近二 929	 舀鼎 02838A  㦰簋 04322.1		 恒簋蓋 04200
 此簋 04310  師顯簋 04312	 麩鐘 00260.1  此鼎 02821	 此鼎 02823  南宮乎鐘 00181.1	 散氏盤 10176	 多友鼎 02835  鬲比盨 04466		

	1963	1962	1961	1960		1959
	在	埽	堵	堣		地
	才	⿰阝帚	堵	⿰鬲禺	墜	隊
或以「才」爲「在」。參見「才」字。	 大盂鼎 02837A  德方鼎 02661	 王盂 近出 1024	 麥方鼎 02706			 保員簋 近出 484  H31：4
	 吕方鼎 02754			 史頌簋 04229.1A  史頌簋 04229.2		 縣妃簋 04269
	 克鐘 00204  伯椃虘簋 04093			 史頌鼎 02787	 㝬簋 04317 與《説文》籀文同。	

	1966	1965	1964			
	封	壎	坒			
扟	圣	塤	靴			在
 作扟從彝罍 商圖 13793		 陶彙 2・3  陶彙 2・5	 靴敫伯簋 03615  靴卣 05355.2	 啟作且丁尊 05983	 作册魖卣 05432.1  作册魖卣 05432.2	 大盂鼎 02837A  大盂鼎 02837A
	 六年召伯虎簋 04293					 燮簋 04046
 伊簋 04287  師害鐘 近二 8						 晉侯蘇編鐘 近出 43  膂鼎 近二 324

1970 圭	1969 埸	1968 （坯）坏		1967 城		
圭	埸	⿰𩫏不	坏	𩫨		
 天圭斧 近出 1242			隸定字形與「壞」之簡化字同形。	 H31：5 與《說文》籀文同。	 班簋 04341A  師衛簋 商圖 05142	
 五年召伯虎簋 04292  師遽方彝 09897.1		 競卣 05425.1  競卣 05425.2			 城虢遣生簋 03866	
 多友鼎 02835  毛公鼎 02841B	 埸飤生匜 10227		 噩侯鼎 02810	 晉侯蘇編鐘 近出 38  柞伯鼎 近二 327	 元年師兌簋 04275.2  散氏盤 10176	 作册䂂鬲二 近二 95

1977	1976	1975	1974	1973	1972	1971
堯	⿱蟲土*	僔*	⿱日⿱二土*	⿰酉⿱夂圭*	屇*	圣*
兂	⿱蟲土	僔	⿱日⿱二土	⿰酉⿱夂圭	屇	圣
 堯作壺 09518.1  堯作壺 09518.2		 叔僔觶 06486	 ⿱日⿱二土方鼎 02739		 小臣單觶 06512	 圣作父戊簋 03610
 堯盉 09436.2  堯盤 10106	 師𩛥鼎 02830		 ⿱日⿱二土肇家鬲 00633			
				 ⿰酉⿱夂圭史屖壺 09718  ⿰酉⿱夂圭仲鄭父簋 03895(摹)		

1980 里		1979 艱		1978 堇		
里		囏		堇		
				 堇臨作父乙簋 03647  敀卣 05410.1	 堇臨作父乙方鼎 02312  方鼎 02579	 堇伯鼎 02155  堇伯鼎 02156
	 九年衛鼎 02831  九年衛鼎 02831				 裘衛盉 09456  五年召伯虎簋 04292	 帥隹鼎 02774A  頌簋 04332.1
 史頌簋 04229.1A  史頌簋 04232.1	 史頌鼎 02787  史頌鼎 02788	 毛公鼎 02841B 與《說文》籀文同。	 不𡢁簋 04328  不𡢁簋蓋 04329	 卌二年逨鼎二 近二 329  卌三年逨鼎二 近二 331	 頌鼎 02827  頌壺蓋 09732.1	 㝬鐘 00260.1  善夫山鼎 02825

釐

釐		釐	孷	𠩺		
	 班簋 04341A					 𠩺鼎 02067.1  𠩺鼎 02067.2
 录伯彧簋蓋 04302  㝵壺蓋 09728	 叡鐘 00092  㝐鼎 02755	 應侯見工簋一 近二 430  應侯見工簋二 近二 431	 史墻盤 10175	 應侯爯盨 近出 502	 内伯壺 09585.1  内伯壺 09585.2	 作釐伯簋 03588  豆閉簋 04276
 師酉簋 04289.2  小克鼎 02796	 師酉簋 04288.1  師酉簋 04288.2		 叔向父禹簋 04242			

1983 田　　1982 野

田			埜			
 田農簋 03576  H11：3	 田告父丁鼎 01849  田告父丁爵 08903	 田告甗 00889  田農甗 00890				
 永盂 10322	 格伯簋 04264.1  裘衛盉 09456	 㝐鼎 02755  五祀衛鼎 02832	 東盉 商圖 14790 與《説文》古文相合。			 睘鼎 近出 352
 晉侯對盨 近出 503	 伯田父簋 03927  散氏盤 10176	 大克鼎 02836  鬲攸从鼎 02818	 大克鼎 02836	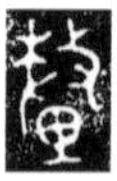 伯大師釐盨 04404	 無㠱簋 04225.1  無㠱簋 04226.1	 小克鼎 02799  小克鼎 02800

里部　田部

1984 （畝）晦

晦

簋
商圖 05106

賢簋
04104.1

賢簋
04105.1

賢簋
04104.2

賢簋
04105.2

師寰簋
04313.1

師寰簋
04313.2

師寰簋
04314

兮甲盤
10174

1985 甸

甸

與「佃」實爲一字，《説文》分别爲二，本字形表合併字頭。

格伯簋
04262.1

格伯簋
04264.2

格伯簋
04265

柞鐘
00133

柞鐘
00138

南宮柳鼎
02805

衜鼎
近二 324

1986 畯

畍

大盂鼎
02837A

追簋
04219

追簋
04223.1

追簋
04223.2

畯簋
商圖 05386

南宮乎鐘
00181.2

梁其鼎
02768

此鼎
02821

此簋
04306

1987 留

留

𧽊鼎
02815

1991 黃 | 1990 畺 | 1989 ⿰禾番* | 1988 ⿰爿畐*

黃				畺	⿰禾番	⿰爿畐
	 𥃝卣 05416.1	 黃子魯天尊 05970	 士上盉 09454.1			
	 尊 06007	 𥃝卣 05416.2	 士上卣 05421.2			
 即簋 04250	 元年師事簋 04279.1	 七年趞曹鼎 02783	 師器父鼎 02727		 史墻盤 10175	
 殷簋 近出 487	 史墻盤 10175	 𦳫簋 04195.1	 剌鼎 02776		或謂是「稼」之異體。	
 師克盨蓋 04468	 □叔買簋 04129	 趞鼎 02815	 柞鐘 00134	 毛伯簋 04009		 散氏盤 10176
 康鼎 02786	 師龢簋蓋 04277	 曾伯文簋 04051.2	 南宮柳鼎 02805	 蔡公子壺 09701		

田部　畕部　黃部

1995 勇	1994 加		1993 劼	1992 男		
戚	加		劼	男		
	 子方鼎一 近二 318	 加作父戊爵 08924  叔加簋 03485			 夨令方彝 09901.1  夨令方彝 09901.2	
		 邵簋 近二 432  嬴加鼎 商圖 01607				 虎簋蓋 近二 442  元年師事簋 04281
 伯戚父簠 04554 與《說文》或體同。	 應侯簋 商圖 05311	 虢季子白盤 10173  曶叔奐父盨 近二 454	 戎生編鐘 近出 30	 翏生盨 04461.1  師寰簋 04313.2	 無男鼎 02549  師寰簋 04313.1	 頌鼎 02828  此簋 04308

1996 勑*	1997 助*	1998 勘*	1999 劦			
勑	助	勘	⿱劦吅	㚘		
 勑⿰阝敫作丁侯鼎 02346	 天亡簋 04261					
			 𤔲公盨 近二 458	 瘨鐘 00247  瘨鐘 00249		
		 中勘鬲 00710(摹)		 南宫乎鐘 00181.1  戎生編鐘 近出 30		

2000

金

西周文字字形表 卷十四	呂		全		金
早期	 效父簋 03822  □高卣 05319.2	隸定字與「呂」之簡體同。此字或謂是「鋁」字初文。	 臣□殘簋 03790  禽簋 04041	 御史競簋 04135 隸定字與「完全」的「全」同形。	 臣卿鼎 02595  舍父鼎 02629
中期			 衛簋甲 商圖 05368		 小臣鼎 02678  師𩛥鼎 02830
晚期			 伯家父簋蓋 04156  番□□匜 10271	 伯公父勺 09935  曾仲大父螽簋 04203	 伯公父簠 04628.1  宗婦鄁嫛鼎 02787

	 柞伯簋 近出 486	 臣卿簋 03948  作册折尊 06002	 利簋 04131  歸𠨘方鼎 02725	 矢令方彝 09901.2  寏鼎 02721	 師𩛥鼎 02723  過伯簋 03907	 麥方鼎 02706  矢令方彝 09901.1
 獄盤 近二 937	 吳方彝蓋 09898B  遹甗 00948	 同卣 05398.2  幾父壺 09722	 彔作辛公簋 04122.1  彔伯𢦚簋蓋 04302	 叔專父盨 04454.1  叔專父盨 04454.2	 曶鼎 02838A  獄盤 近二 937	 九年衛鼎 02831  霸簋 商圖 04609
	 師寰簋 04313.2  師嫠簋 04324.1	 師寰簋 04313.1  師嫠簋 04324.2	 史頌簋蓋 04231  史頌簋 04232.1	 叔姬鼎 02562  𡰥敖簋蓋 04213	 毛公鼎 02841A  毛公鼎 02841B	 曾伯宮父穆鬲 00699  師同鼎 02779

			2003 鑄		2002 鋚	2001 錫
			[illegible]	鋚	[illegible]	錫
	 大僕盤 10054  何簋 商圖 05137	 王七祀壺蓋 09551  大僕方鼎 01735	 作册大方鼎 02760  大僕卣 05018.1			
			 內公簋甲 商圖 04825  番匊生壺 09705	 彔伯𢦏簋蓋 04302  呂服余盤 10169	 吳方彝蓋 09898A  訇簋 04321	 生史簋 04101
 楚嬴盤 10148  湯叔盤 10155	 伯好父簋 03691  內大子白壺蓋 09644	 內公鼎 02475  仲殷父簋 03964.2	 奠鑄友父鬲 00684  內公鬲 00711	 多友鼎 02835  康鼎 02786		

[illegible]			[illegible]	[illegible]		
			 庚午簋 商圖 03958			
 仲鑠盨 04399	 王人㤟輔甗 00941	 格伯簋 04264.2  作册益卣 05427	 㬪肇家鬲 00633  周乎卣 05406.2	 焂伯鬲 00632  霸簋 商圖 04609		
		 录盨 04360.1  录盨 04360.2	 录盨 04358.1  录盨 04358.2		 筍伯大父盨 04422.2  内公壺 09598	 仲殷父簋 03967.2  仲殷父簋 03968

鐈		鍾		鑄	鑄	
			「鍾」與「鐘」金文用法無別，本是一字之異體，《説文》分别爲二。			
		 楚公冢鐘 00044	 楚公冢鐘 00042  楚公冢鐘 00045			 楚公冢鐘 00042
 伯公父簠 04628.2	 多友鼎 02835  伯公父簠 04628.1	 兮仲鐘 00069	 益公鐘 00016  兮仲鐘 00070	 鑄子叔黑臣簋 03944  晉侯鬲二 近二 69	 師同鼎 02779  虢叔盨 04389	 晉侯對鼎 近出 350  晉侯對鼎 近出 342

2006	2007		2008	2009	2010	
鑊	鎣		鑿	鋝	鈞	
鑊	熒	鎣	𣫞	孚	匀	匌
 仲子觥 09298.1	 強伯鎣 09409.1 或以「熒」爲「鎣」。參見「熒」字。		 𣫞赤尊 05816	 商卣 05404.2 以「孚」爲「鋝」。參見「孚」字。	 匍盉 近出 943 或以「匀」爲「鈞」。參見「匀」字。	 小臣守簋 04180  小臣守簋 04181
		 伯百父鎣 09425  周䈞盉 商圖 14793		 趞簋 04266	 典鼎 02696	 幾父壺 09722  幾父壺 09721
				 毛公鼎 02841B	 多友鼎 02835	 屖敖簋蓋 04213  楚公逆編鐘 近出 97

2012 鐘 | 2011 鈴

鍊	鏞	⿰金命	鈴	令		
				或以「令」爲「鈴」。參見「令」字。	 成周鈴 00416  成周鈴 00417	 陶子盤 10105
 ⿰虘又鐘 00088						
	 戎生編鐘 近出 31 與《說文》或體同。	 毛公鼎 02841B	 師寰簋 04313.1  番生簋蓋 04326			

鐘

		 叔専父盨 04455.1	 叔専父盨 04456.2  叔専父盨 04454.2	 叔専父盨 04455.2  井叔采鐘 00356	 瘨鐘 00246  井叔采鐘 00356	 𠭰鐘 00089  𠭰鐘 00092
 井人妄鐘 00112  中義鐘 00028	 㝬鐘 00260.2  士父鐘 00146	 師嫠簋 04324.1  師嫠簋 04325.1	 虢叔旅鐘 00244  公臣簋 04184	 鄭井叔鐘 00022  梁其鐘 00188.1	 兮仲鐘 00065  大克鼎 02836	 中義鐘 00024  中義鐘 00027

	2016 鍚	2015 鏓		2014 鎗	2013 鏄	
[木+鍚]	鍚	鏓		鎗	鏄	
 楚公豪鐘 00042	 逆鐘 00062					
	 楚公逆編鐘 近出 97  楚公逆編鐘 近出 97(摹)	 梁其鐘 00188. 1  梁其鐘 00192	 戎生編鐘 近出 31  逑編鐘 近出 106	 梁其鐘 00188. 1  梁其鐘 00192	 㑾仲衍鐘 近二 4	 昆疕王鐘 00046  己侯虓鐘 00014

	2022	2021	2020	2019	2018	2017
	𨮁*	鏲*	鋛*	鉥*	鈧*	鋪
𨯂	𨪾	鏲	鋛	鉥	鈧	鋪
		 亢鼎 近二 321 字从「金」之異體，故置金部末。				
	 㲃中鐘 00036		 九年衛鼎 02831	 弭伯師耤簋 04257	 弭伯師耤簋 04257	
 兮仲鐘 00070	 兮仲鐘 00065					 師同鼎 02779

2026 処		2025 幵	2024 ⿰金雝*	2023 鑵*		
	處	幵	⿰金雝	鑵	鐕	⿰金嗇
	 臣諫簋 04237			 中作旅鑵蓋 09986		
 曶鼎 02838B	 ⿸疒興鐘 00252	 幾父壺 09722		 伯觶 近二 617		 ⿸疒興鐘 00246
 史墻盤 10175	 曶鼎 02838A			 伯觶 近二 617		
 ⿰甚夫鐘 00260.1	 井人妄鐘 00109.2		 梁其鐘 00188.1		 柞鐘 00134	 南宮乎鐘 00181.1
最後一個字形脫落部分偏旁。	 井人妄鐘 00112		 梁其鐘 00192			

𠭯	且					
呂伯觶 06503	□且辛爵 09046	亞且辛觶蓋 06371	□且己簋 03140	恒作且辛壺 09564	㷉子旅作且乙甗 00930	戈且癸鼎 01514
用作「祖」。參見「祖」字。	用作「祖」。參見「祖」字。	齊史疑且辛觶 06490	且丁父己卣 05044	□夫作且丁甗 00916	且癸爵 08365	□作且戊鼎 01814
師虎簋 04316		豆閉簋 04276	曶鼎 02838B	仲辛父簋 04114	且鼎 00984	仲枏父鬲 00746
楷尊 近二 583			申簋蓋 04267	㦰方鼎 02789.2	善鼎 02820	仲枏父鬲 00747
䓊公諴簋 04600		師嫠簋 04325.1	弭叔師察簋 04253	師臾鐘 00141	□叔買簋 04129	單伯□生鐘 00082
□甗 商圖 03356		杜伯盨 04449	元年師事簋 04279.1	無㠱簋蓋 04228	卻咎簋 04197	禹鼎 02833

2032 斷	2031 斯	2030 斧	2029 斤	2028 爼		
[illegible]	斯	斧	斤	[illegible]	爼	
 量侯簋 03908 與《說文》古文合。			 征人鼎 02674  征人鼎 02674	 小臣傳簋 04206		
				 㦰方鼎 02789.2  㦰方鼎 02789.1	 三年瘋壺 09726  三年瘋壺 09727	 史墻盤 10175
	 禹鼎 02833	 大子車斧 近出 1243				

2034 断*

2033 新

断	新				新	
	 叔觶 近二 619	 新邑戈 10885	 臣卿簋 03948	 臣卿鼎 02595		 新𡨦簋 03439
	 新邑鼎 02682	 臣衛父辛尊 05987	 鰥士卿父戊尊 05985	 新邑鼎 02682		
	 虎簋蓋 近二 442	 殷簋 近出 487	 十五年趞曹鼎 02784	 叔碩父鼎 02596		
	 士山盤 近二 938	 虎簋蓋 近出 491	 師遽簋蓋 04214	 師湯父鼎 02780		
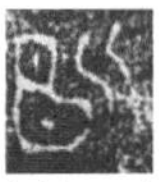 晉侯断簋 近出 476	 頌壺蓋 09732.2	 頌壺蓋 09732.1	 中義父鼎 02544	 中義父鼎 02542	 師酉簋 04288.1	 師酉簋 04291
 晉侯断簋 近出 477		 逨盤 近二 939	 頌鼎 02829	 中義父鼎 02543	 師酉簋 04289.2	 散氏盤 10176

2039 車		2038 矛	2037 升	2036 斳*	2035 斫*	
車		矛	升	斳	斫	
 夨作車爵 08832  車父辛尊 05750	 ⿰土卩父簋 03464  作車簋 03454					
 九年衛鼎 02831  不⿰其凡簋蓋 04329	 伯農鼎 02816  䌛卣 05430.1	 㦰簋 04322.1  㦰簋 04322.2	 ⿱夂日簋 04194.2		 筍侯戈 商圖 16749	
 師同鼎 02779  三年師兌簋 04318.2	 車鼎 01149  克鐘 00204			 師寰簋 04313.1		 晉侯斫簋 近二 418

2040

較

較						
		 FQ4 與《説文》小篆相同。	 小車父丁爵 09071  保員簋 近出 484	 獻簋 04205 與《説文》籀文相合。	 大盂鼎 02837A  小臣宅簋 04201	 車戈 近出 1082  叔夨方鼎 近二 320
	 吳方彝蓋 09898B  吳方彝蓋 09898A	 散車父壺 09697  散伯車父鼎 02697	 彔伯𢦚簋蓋 04302  同卣 05398.1			
 師克盨蓋 04468  番生簋蓋 04326	 毛公鼎 02841B  三年師兌簋 04318.2	 亘車父壺 09602.2	 師同鼎 02779  亘車父壺 09601.2		 兮甲盤 10174  毛公鼎 02841B	 伯車父盨 04382  伯車父盨 04383

2045 𨋩	2044 軎	2043 軝		2042 轗	2041 軫	
厇	軎	軝		轗	軫	較
與「厇」同。參見「厇」字。	 揚方鼎 02612  揚方鼎 02613	 叔趪父卣 05428.1				
						 录伯𢦏簋蓋 04302
			 番生簋蓋 04326  卌三年逨鼎二 近二 331	 毛公鼎 02841B  三年師兌簋 04318.2	 番生簋蓋 04326	

2050 輔		2049 斬	2048 輂	2047 輚		2046 軍
	輔	斬	輂	軓	⿹气車	軍
			 輂卣 05189  輂作匕癸尊 05893			
	 輔師嫠簋 04286	 伯簋 近出 438		 九年衛鼎 02831	 穌⿹气車壺 近出 967  穌⿹气車壺 近出 967	
 師嫠簋 04324.1  師嫠簋 04325.1	 輔伯雁父鼎 02546  師嫠簋 04324.1				 晉侯蘇編鐘 近出 38	 晉侯蘇編鐘 近出 37

2051 轉*

轉

轉作寶盤盤
10055

師轉鋚
09401.1

師轉鋚
09401.2

師克盨
04467.2

師克盨蓋
04468

卌三年逨鼎二
近二 331

2052 𠂤

𠂤

大盂鼎
02837A

作册疐鼎
02504

仲𠂤父鼎
02046

小克鼎
02796

2號卜甲

用作「師」。參見「師」字。

2053 官

官

戒作蒼宮鬲
00566

小臣傳簋
04206

師奎父鼎
02813

師農鼎
02817A

無叀鼎
02814

師酉簋
04288.1

𨻰作父乙尊
05986

師虎簋
04316

申簋蓋
04267

師酉簋
04289.1

番伯鐳
09971

2054 𠂤朿*

𠂤朿

兮甲盤
10174

	2058		2057		2056	2055
	陽		陰		陵	䧏*
陽	陽	滄	隂		陵	䧏
 師餘鼎 02723	 陽尹簋 03578				 陵父日乙罍 09816  陵鼎 近出 292	
 夷伯簋 近出 481	 農卣 05424.1  應侯見工鐘 00108	 永盂 10322		 夆伯鬲 00696  陵作父乙尊 05823	 陵叔鼎 02198  三年瘐壺 09726	
 南宫柳鼎 02805	 虢季子白盤 10173  陽飤生簋蓋 03985		 敔簋 04323(摹)		 散氏盤 10176	 䧏伯盨 04346 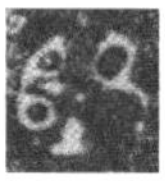 晉伯䧏父甗 近出 162

2064	2063	2062	2061	2060	2059	
陟	隥	限	陂	阿	陸	
陟	⿰阝异	限	陂	阿	陸	
 沈子它簋蓋 04330  班簋 04341A	 班簋 04341A	 伯限爵 09036  辛鬲相簋 近二 429			 陸婦甲角 08372  義伯簋 03619	 陸婦簋 03621  陸册鼎 01359
 𤼈鐘 00247  𤼈鐘 00248		 曶鼎 02838A				
 㝬歸 04317  散氏盤 10176		 ⿰鬲斗比盨 04466	 敚䜌鼎 02790(摹)	 卌二年逨鼎 一 近二 328  卌二年逨鼎 二 近二 329		

	2068 阯	2067 陸	2066 阤	2065 降		
	址	陸	陀	降		
與《説文》或體同。	 中作匕己觶 06482  亞址父己爵 08926			 天亡簋 04261	 大保簋 04140  天亡簋 04261	 師衛簋 商圖 05142
		 五祀衛鼎 02832  豳公盨 近二 458		 降人[illegible]簋 03770  史墻盤 10175	 㾓鐘 00247  㾓鐘 00248	 㾓鐘 00250
			 㝬歸 04317	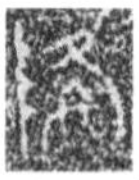 函皇父盤 10164  卌三年逑鼎二 近二 331	 井人妄鐘 00110  士父鐘 00146	 散氏盤 10176

2074	2073	2072	2071	2070		2069
陎*	⿰阝耳*	⿰阝号*	陶	陳		⿰阝卷
陎	⿰阝耳	⿰阝号	陶	陳		⿰阝关
 何簋 商圖 05136	 子⿰阝耳作父己簋 03653	 ⿰阝号仲卣 近二 527  ⿰阝号仲卣 近二 527	 陶子盤 10105		 小臣謎簋 04239.1  小臣謎簋 04239.2	 小臣謎簋 04238.1  小臣謎簋 04238.2
			 伯陶鼎 02630	 九年衛鼎 02831		 ⿰阝关簋 03475
			 不⿰其凡簋 04328  不⿰其凡簋蓋 04329			

2081	2080	2079	2078	2077	2076	2075
㢲阝*	陣*	隿*	隮*	陪*	隊*	陌*
隭	陣	隿	隮	陪	隊	陌
			 京隮仲盤 10083	 □伯陪簋 03242		 陌卣一 近二 535  陌卣二 近二 536
					 卯簋蓋 04327	
 卌二年逨鼎一 近二 328  卌二年逨鼎二 近二 329	 大克鼎 02836	 散氏盤 10176  散氏盤 10176				

2086	2085		2084	2083		2082
隣*	隬*		陷*	𨻰*		陦*
隣	隬		陷	𨻰		陦
 瀕史鬲 00643	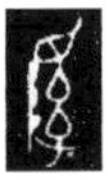 隬伯卣 05225.1  隬伯卣 05224.2	 隬伯方鼎 02160  隬伯簋 03524		 𨸏作𨻰仲方鼎 02267	 𨸏作𨻰仲方鼎 02264  𨸏作𨻰仲方鼎 02266	 中方鼎 02751(摹)  中方鼎 02752(摹)
 師𩛥鼎 02830  趩簋 04266			 𧻚盂 10321		 𨻰仲孛簋 03918	
		 季隬父匜 近二 952				

2090 宁		2089 四		2088 隮*	2087 隮*	
宁		三		隮	隮	翼
 宁册父丁觶 06445	 剌攸宁鼎 02436	 H11：40	 大盂鼎 02837B		 隮作父乙尊 05986	 隮作父乙尊 05986
 宁未父乙盉 09388.1	 宁矢父丁簋 03318	與《說文》籀文同。	 臣衛父辛尊 05987			
		 五祀衛鼎 02832	 瘭鐘 00251			
		 沓簋 04194.2	 九年衛鼎 02831			
		 趨鼎 02815	 柞鐘 00134	 逨盤 近二939		
		 元年師事簋 04279.1	 散伯車父鼎 02697			

2091 叕

叕

交君子叕簠
04565.1

交君子叕簠
04565.2

交君子叕壺
09662

2092 亞

亞

作父辛方鼎
02322

作父乙簋
03509

亞龜爵
07814

延作父辛角
09099

傳作父戊尊
05925

H11：181

㾓鐘
00247

㾓鐘
00248

𧇊孟征盨
04421.1

史墻盤
10175

史密簋
近出 489

史密簋
近出 489
（摹）

南宮乎鐘
00181.2

虢簋
04215.1

虢簋
04215.2

訇簋
04321

𧽙鼎
近二 324

逨盤
近二 939

2093 五

五

御正衛簋
04044

效父簋
03823

H11：2 徐

H11：7 陳

尹姞鬲
00755

吕方鼎
02754

㲃簋蓋
04243

伯農鼎
02816

揚簋
04294

弭叔作叔班盨蓋
04430

中五父簋蓋
03758

2096 九	2095 七		2094 六			
九	七		六		入	
 大盂鼎 02837A  唯叔簋 03950	 H11：81 陳	 中斿父鼎 02373  宜侯夨簋 04320		 伯六□方鼎 02337  保卣 05415.1	「六」與「入」一形分化，此爲分化之前的寫法。參見「入」字。	 效父簋 03823  H11：63
 師趛鼎 02713  穻鼎 02755	 廿七年衛簋 04256.2	 七年趞曹鼎 02783  廿七年衛簋 04256.1	 通簋 04207  師虎簋 04316	 遇甗 00948  仲枏父鬲 00747		
 克鐘 00204  先伯簋 03807	 此鼎 02822  此簋 04306	 此鼎 02821  此簋 04307	 叔尃父盨 04455.1  叔尃父盨 04455.2	 克鐘 00204  大簋蓋 04125		 毛與簋 04028

2098 萬　　2097 禽

萬				禽		
萬父乙卣 04964.2	□萬父乙尊 08868	从鼎 02461	遣鬲 00631	禽簋 04041	大祝禽方鼎 01937	小臣宅簋 04201
辛鼎 02660	方彝 09892.2	尊 06007	比甗 00913	禽簋 04041	大祝禽方鼎 01938	H11：59
堯盤 10106	靜簋 04273	作寶甗 00921	𤼈鐘 00246	不𡢁簋蓋 04329	不𡢁簋 04328	戜方鼎 02789.2
中自父簋 03754	倗尊 05955	伯□作尊鼎 02438	師賸父鼎 02558	睘鼎 近出 352	不𡢁簋 04328	十三年𤼈壺 09723.1
齊巫姜簋 03893	吳王姬鼎 02600	昆疕王鐘 00046	中義鐘 00024		多友鼎 02835	鄧公簋蓋 04055
中義鐘 00026	伯農鼎 02816	井人妄鐘 00110	中義鐘 00027		楚公逆編鐘 近出 97	散氏盤 10176

禹

禹						
 禹邑作旅鼎 02175				 小臣宅簋 04201	簋 03745	 害鼎 02749
 2號卜甲				 疊卣 05416.1	 翏簋 03993	 中簋 03723
 豳公盨 近二458			 縣妃簋 04269	 畢鮮簋 04061	 戜且庚簋 03865	 伯闢簋 03773
 禹盤 商圖14516			簋 04192.2	簋 04192.1	 己侯貉子簋蓋 03977	 伯艿簋 03792
 禹鼎 02833	簋 04075	 伯吉父簋 04035.1	 訇伯簋蓋 03846	 中競簋 03783	 中殷父鼎 02463	 虢叔旅鐘 00238.2
 禹鼎 02833	 伯庶父盨蓋 04410	 曾伯文簋 04052.1	 噩侯簋 03929	 𠭯侯簋 03815	 姬鼎 02681	 黿伯鬲 00669

2101 獸　　2100 嘼

<table>
<tr><td colspan="3">獸</td><td colspan="3">嘼</td><td></td></tr>
<tr>
<td>
史獸鼎
02778</td>
<td>
獸父戊爵
09053

員方鼎
02695</td>
<td>
先獸鼎
02655

啟卣
05410.1</td>
<td></td>
<td>
嘼當盧
近出 1258</td>
<td>
交鼎
02459

嘼作父乙卣
05329.2</td>
<td></td>
</tr>
<tr>
<td>
宰獸簋
近二 441

晉侯對盨
近二 453</td>
<td>
宰獸簋
近出 490

晉侯對盨
近出 504</td>
<td>
獸作父庚尊
05902

宰獸簋
近出 490</td>
<td></td>
<td></td>
<td>
嘼宮盉
近出 939

嘼宮盤
近出 1001</td>
<td></td>
</tr>
<tr>
<td></td>
<td></td>
<td></td>
<td>
散氏盤
10176</td>
<td>
嘼叔奐父盨
近二 454
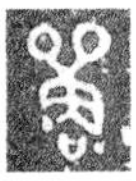
嘼叔奐父盨
近二 454</td>
<td>
師寰簋
04313.1

師寰簋
04313.2</td>
<td>
叔向父禹簋
04242

叔向父禹簋
04242</td>
</tr>
</table>

2103 乙　　　　2102 甲

乙				甲	十	
 H11：112	 天戉父乙觶 06222	 天册父乙鼎 01822	 □父乙鬲 00474	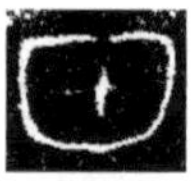 甲作寶方鼎 01949	 H11：84	 王且甲方鼎 01811
 H11：127	 □父乙角 08382	 父乙臣辰鼎 02006	 竟作父乙鬲 00497	 甲盉 09431.1	隸定字與數字「十」同形。	 御正衛簋 04044
	 作父乙簋 03510	 㝐鼎 02755	 㾓鐘 00246	 㦰方鼎 02824	 大師虘簋 04252.1	 命簋 04112.1
	 □父乙觶 06220	 曶鼎 02838A	 未父乙鼎 01562	 獄簋 近二438	 史墻盤 10175	 輔師嫠簋 04286
			 此鼎 02821	 弭叔師察簋 04253	 向□簋 04033	 柞鐘 00134
			 㝬叔鼎 02767	 兮甲盤 10174	 元年師兌簋 04275.2	 無叀鼎 02814

2104 亂

亂

五年琱生尊一
近二 587

五年琱生尊二
近二 588

2105 尤

尤

𢼊簋
04205

或釋爲「拇」之表意字。

2106 丙

丙

且辛父丙鼎
01997

爵且丙尊
05599

丙父乙方鼎
01543

父丙□鼎
01567

鬼作父丙壺
09584

卻咎簋
04197

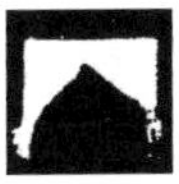
叔父丙鼎
01568

宁羊父丙鼎
01836

遇甗
00948

靜卣
05408

伯農鼎
02816

毛與簋
04028

2107 丁

丁

作且丁鼎
01812

H11：112

利鼎
02804

叔父丁簋
03184.1

叔専父盨
04454.2

叔専父盨
04454.1

且丁旅甗
00806

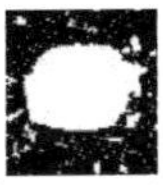
𠬝父丁鼎
01574

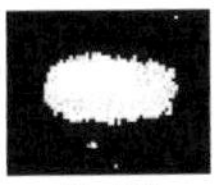
𪫧鐘
00088

𤼈鐘
00246

多友鼎
02835

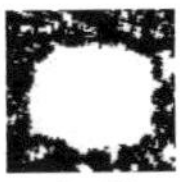
大鼎
02807

戊

戊						
 作父戊方鼎 02013  木工册作匕戊鼎 02246	 亞□父戊鼎 01863  作父戊鼎 02012	 𠨘作母戊甗 00907  作且戊鼎 01814	 伯矩鬲 00689.1  戈父戊甗 00814	 H11：133	 且丁爵 08325  □作且丁簋 03600	 H11：112
 豆閉簋 04276  同卣 05398.1	 𢦏方鼎 02789.2  師瘨簋蓋 04283	 廿七年衛簋 04256.1  □作且戊卣 05200.1	 父戊鼎 01601  不栺方鼎 02736			 同簋蓋 04270
		 晉侯蘇編鐘 近出 35	 不𡢁簋 04328  不𡢁簋蓋 04329			

成

成						
 成周鈴 00416	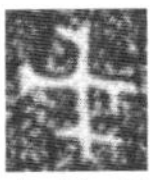 □戊作父辛鼎 近出 304	 嘗子父戊盉 09390.1	 癸旻爵 09034	 爻父戊爵 08534	 父戊簋 03056	 量方鼎 02739
 囸甗 00935	 □□父戊罍 近出 984	 嘗子父戊盉 09391.1	 戈父戊盉 09355	 加作父戊爵 08925	 作日戊尊 05887	 父戊簋 03055
 小臣鼎 02678  九年衛鼎 02831				 弭伯師耤簋 04257  十三年瘐壺 09723.2	 吴方彝蓋 09898B  史墻盤 10175	 同卣 05398.2  十三年瘐壺 09723.1
 㝬鐘 00260.2  史頌鼎 02788						

卷十四

戊部

2111 㠱

2110 己

㠱			己			
		 㠱女鼎 02146  中子觥 09298.2	 H11：128	 叔鼏鬲 00614  作父己鼎 02252	 班簋 04341A  H11：1	 成王方鼎 01734  獻侯鼎 02626
 無㠱簋蓋 04227  無㠱簋蓋 04228	 無㠱簋蓋 04227  無㠱簋蓋 04228	 公貿鼎 02719  㠱仲觶 06511.2		 𣪕鐘 00088  五年召伯虎簋 04292	 六年召伯虎簋 04293  叔專父盨 04454.2	 格伯簋 04262.1 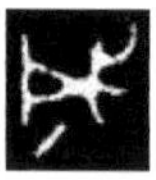 格伯簋 04263
	 師寰簋 04313.1	 戚伯㠱生壺 09615  師寰簋 04313.2	 宴簋 04118.1	 己侯虓鐘 00014  宴簋 04118.2		 師害簋 04117.2

2112 庚

庚

史父庚鼎
01624

羊父庚鼎
01627

庚姬鬲
00637

師趛鬲
00745

克鐘
00204

伯鮮甗
00940

旅鼎
02728

□父庚卣
05080.2

奉作父己鼎
02128

通录鐘
00064

伯鮮鼎
02663

父庚觶
06123

父庚鼎
02127

逆鐘
00060

揚方鼎
02613

H11：170 陳

2113 辛

辛

辛鬲
00450

龏作又母辛鬲
00688

癲鐘
00246

辛作寶彝鼎
01987

孟辛父鬲
00738

善夫伯辛父鼎
02561

斿父辛鼎
01632

且辛簋
03051

伯窺父盨
04438.2

應侯見工鐘
00107

辛中姬皇母鼎
02582

責父辛觶
06320

何簋
商圖 05137

伯窺父盨
04438.1

2114 辪

辪

H11：113

H31：3

叔趯父卣
05428.1

叔趯父卣
05429.1

大克鼎
02836

毛公鼎
02841B

何尊
06014

宗婦鄁嫛盤
10152

逨盤
近二 939

2115 辤

辝

[illegible]戲簋
03826

與《説文》籀文同。

戎生編鐘
近出 27

叔簋
近出 522

2116 辭

𤔲

[illegible]鼎
02740

令鼎
02803

仲枏父鬲
00746

瘐簋
04170.1

無叀鼎
02814

此鼎
02821

大盂鼎
02837A

𤔲土𤔲簋
03696

殺簋蓋
04243

諫簋
04285.2

頌鼎
02829

師嫠簋
04324.1

濬𤔲土疑簋
04059

與《説文》籀文相合。

2117

壬

壬		辭				嗣
 鳥壬倗鼎 02176  䚄作父壬簋 03654.1		 辭工丁爵 08792				
 公貿鼎 02719  吕方鼎 02754				與《説文》籀文同。	 師奎父鼎 02813  仲車父簋 商圖 04682	 㝉鼎 02755  師奎父鼎 02813
 梁其鼎 02768  湯叔盤 10155	 仲爯父簋 04189.2  賸匜 10285.2	 仲爯父簋 04188.1  兮甲盤 10174	 虞嗣寇壺 09694.1  虞嗣寇壺 09694.2	 此簋 04309  嗣寇良父壺 09641	 南宫柳鼎 02805  此簋 04303.1	 柞鐘 00134  癸有嗣爯鼎 02470

2119 子				2118 癸		
			子		癸	
H11：94	H11：1 H11：83	子父乙鼎 01534 子父己鼎 01621	訾子旅鬲 00582 諸女甗 00917	母癸爵 07997 H11：1	癸父鬲 00460 朕作父癸觶 06475	壬册父丁爵 08911
		穸鼎 02755	叡鐘 00092 壘肇家鬲 00633	格伯簋 04265 格伯簋 04264.2	孔作父癸鼎 02021 格伯簋 04262.1	叔□簋 03694
	衸氏𠟭簋乙 商圖 04916	伯堂鼎 02538 虢文公子□鼎 02634	内公鐘 00031 吕王鬲 00635	此簋 04303.1 此簋 04303.2	此鼎 02822 多友鼎 02835	□甗 商圖 03356

2121 㝅　　2120 字

㝅		字	𡿺			
 𨟭圜器 10360	 㝅鼎 01489  㝅作父乙方尊 05964		 H11：170 陳 與《說文》籀文相合。	 𡿺鼎 01046  𡿺車鑾鈴 12009	 作册折尊 06002  利簋 04131	 小臣傳簋 04206  作册折觥 09303.2
 虒簋 商圖 05295  應侯見工簋一 近二 430	 卯簋蓋 04327  殷㝅盤 10127					 六年召伯虎簋 04293
 虢叔尊 05914  叔㝅匜 10219	 㝅父甗 00929  虢叔作叔殷㝅簠蓋 04498	 善夫梁其簋 04148.2  善夫梁其簋 04149.1				 伯㳙父簋 商圖 05276  伯㳙父簋 商圖 05277

2124	2123		2122			
孟	季		孿			
孟	季		孿			
 卜孟簋 03577.2	 義仲方鼎 02338  季㞢簋 03556	 季作寶彝鼎 01931  季作父癸 方鼎 02325	 亞孿父辛觶 06414	 亞孿父辛簋 03334  甚孿君簋 03791		
 夆伯鬲 00696  孟姬安甗 00910	 季作寶盤 10048  𠂤季簋甲 商圖 04463	 伯𤞫父鬲 00615  季嬴霝德盉 09419		 士山盤 近二 938	 應侯見工簋 二 近二 431	 應侯見工簋 一 近二 430  應侯見工簋 二 近二 431
 □季鬲 00718  孟湀父鼎 02213	 良季鼎 02057	 季右父鬲 00559  虢季氏子 鬲 00683	 伯𠈇父簋 商圖 05276  伯𠈇父簋 商圖 05277	 㝬鐘 00260.1  㝬鐘 00260.1		

2126

⿱孤日*

2125

疑

⿱孤日	⿺辶⿰止吴		⿺辶吴		吴	
 ⿱孤日竹父丁罍 09810	 疑觶 06480.2  疑鼎 商圖 01799	 疑觶 06480.1  齊史疑且辛 觶 06490	 𣅀疑鼎 02178	 滐嗣土疑簋 04059  𣅀疑鼎 02177	 卣 05248  吴器 10553	
						 䣄孟征盨 04420.1  孟□簋 商圖 04444
		 伯疑父簋蓋 03887				 輔伯𢑚父鼎 02546  吴彭父簋 03980.2

子部

	2131 丑		2130 育	2129 孴	2128 孱	2127 孓
	叉	毓	𡰪	𣊫	孱	孓
與「叉」實爲一字，《説文》誤别爲二。參見「叉」字。	 寓鼎 02718  庶觶 06510.1	 吕仲僕爵 09095  班簋 04341A		 □□白戈 11333.2 與《説文》籀文相合。		
 戜方鼎 02789.2  肣簋 近二433	 戜方鼎 02789.1  同簋蓋 04270		 史墻盤 10175	 九年衛鼎 02831  九年衛鼎 02831		 孓父乙爵 08393
	 猒叔鼎 02767			 叡𣊫妊簋 03785	 廟孱鼎 02417	

2134 卯　　2133 寅　　2132 羞

卯			寅	𢍏	羞	羞
 𠨍作母戊甗 00907  [illegible]父丁鼎 02499			 歡繇方鼎 02729			 羞父乙爵 08392
 尹姞鬲 00755  番匊生壺 09705	 䰍鼎 商圖 02441  畯簋 商圖 05386	 趞簋 04266  由盨蓋 商圖 05673	 師趛鬲 00745  師奎父鼎 02813	 𢍏鼎 01770		 不𡢁簋 04328  五年師事簋 04216.1
 趞鼎 02815  此鼎 02821	 卻咎簋 04197  無異簋蓋 04227	 宴簋 04118.1  宴簋 04119.1	 柞鐘 00134  克鐘 00204		 仲姞鬲 00547  伯氏鼎 02443	 師同鼎 02779  姜休母鋪甲 商圖 06119

2137 㠯		2136 巳		2135 辰		
㠯	以		巳		辰	
 司女㠯康方鼎 01906	 以父丁觚 07108	 H31：1	 大盂鼎 02837A	 臣辰父乙鼎 02004	 臣辰册方鼎 01942	 H11：127
 師旂鼎 02809	 考以鼎 02024		 H11：5	 臣辰父乙卣 05150.1	 父乙臣辰鼎 02006	 H31：3
 𤼈鐘 00252				 段簋 04208	 不指方鼎 02736	
 多友鼎 02835				 录伯𢦚簋蓋 04302	 吕方鼎 02754	
 𩰫攸从鼎 02818			 毛公鼎 02841B	 [illegible]簋 04215.1	 伯農鼎 02816	
 大鼎 02808				 散氏盤 10176	 𩰫攸从鼎 02818	

2141	2140		2139		2138	
申	未		午		晃*	
申	未		午		晃	
 子申父己鼎 01873	 H11：113	 史獸鼎 02778	 2 號卜甲	 征人鼎 02674		 H11：138 ＋160
 御史競簋 04134		 㚸父丁簋 03905		 罍卣 05416.1		
 不𣪕簋 04328	 旂伯簋 商圖 05147	 未父乙鼎 01562	 五年師事簋 04216.1	 公貿鼎 02719		
 不𣪕簋蓋 04329		 𠦪伯歸夆簋 04331		 五年師事簋 04216.2		
 梁其鼎 02768		 多友鼎 02835	 弭叔作叔班 盨蓋 04430	 伯鮮鼎 02663	 善夫山鼎 02825	
 多友鼎 02835			 蔡公子壺 09701	 伯鮮鼎 02665		

2144 酒　　2143 酉　　2142 臾

酒		酉		酉	臾	
	「酒」與「酉」一字分化，此爲分化之前的寫法。參見「酉」字。	 征人鼎 02674  大盂鼎 02837A	 H11：112	 害鼎 02749  酉作旅卣 05042	 尹臾鼎 01351  尹臾鼎 01352	 矢令方彝 09901.1  咢作父辛器 10581
 三年瘐壺 09726  三年瘐壺 09727		 通簋 04207		 舀鼎 02838A	 傳尊 05864  師臾鐘 00141	 即簋 04250  申簋蓋 04267
		 季良父壺 09713		 師酉簋 04288.1		 杜伯盨 04450.1  杜伯盨 04451

2148	2147	2146			2145	
酓	酌	配			醴	
酓	酌	⿰酉卩		⿰酉復	醴	
 塱方鼎 02739  塱方鼎 02739						
 伯戜觶 06454  伯作姬觶 06456.1			 豳公盨 近二 458	 應侯見工簋一 近二 430  應侯見工簋二 近二 431	 師遽方彝 09897.1  師遽方彝 09897.2	 三年痶壺 09726  三年痶壺 09727
 噩侯鼎 02810	 伯公父勺 09935	 毛公鼎 02841B	 南宫乎鐘 00181.2  㝬簋 04317		 鄭楙叔賓父壺 09631  伯公父壺蓋 09656	 大鼎 02808  鬺仲多壺 09572

2154	2153	2152	2151	2150	2149	
⿰酉嬰*	⿰酉矣*	酲*	⿰酉舌*	⿰酉戈*	⿰酉彡*	
⿰酉嬰	⿰酉矣	酲	⿰酉舌	⿰酉戈	⿰酉彡	
 大盂鼎 02837A	 大盂鼎 02837A		 旟鼎 02704	 ⿰酉戈父乙觶 06230	 麥方尊 06015	 H11：132 徐
		 ⿱⿱艹虫皿鼎 02765			 鯀卣 05430.1  鯀卣 05430.2	

隮			尊			
 田農甗 00890	 鼎作父乙甗 00880	 作隮彝鬲 00491	 作父辛尊 05837	 亳鼎 02654	 衛父卣 05242.2	 散仲鬲 00521
 滕侯方鼎 02154.1	 雁監甗 00883	 大作𣪘鬲 00540		 簋 商圖 04166	 申作尊方鼎 01767	 大保方鼎 02159
 畢鮮簋 04061	 剌鼎 02776	 𢦏鼎 02074			 才僕父鼎 02183	 作寶尊彝尊 05790
 追簋 04220	 櫺仲簋 03549	 或者鼎 02662				 立鼎 02069
 無男鼎 02549	 王伯姜鬲 00647	 □鬲 00634			 瀰嫼簋蓋 03874	 仲姜鬲 00523
 南宮有𤔲鼎 02631	 伯旬鼎 02414	 吕王鬲 00635				 伯吉父鼎 02656

傳作父戊尊 05925	毕子作父辛尊 05903	散伯卣蓋 05300	狽作寶尊彝卣 05197	章伯䡅簋 04169	雁公鼎 02553	亞豚作父乙鼎 02315
能匋尊 05984	奪作父丁尊 05921	商卣 05404.1	仲䜌卣 05236.2	作册夨令簋 04300	嗣土嗣簋 03696	白六□方鼎 02337
尸鼎 近二 297	史墻盤 10175	白山父壺蓋 09608	豐作父辛尊 05996	服方尊 05968	𣪕作父戊尊 05899	或簋 04322.1
作寶尊彝簋 近二 375	應侯爯盨 近出 502	[illegible]父辛方彝 09884	伯[illegible]盉 09427.1	[illegible]尊 05988	貍作父癸尊 05904	同卣 05398.2
晉侯邦父鼎 近出 325	湯叔盤 10155	鄧孟壺蓋 09622	不㠱簋 04328	無㠱簋 04225.2	伯吉父簋 04035.1	仲師父鼎 02743
王作姜氏簋 近出 429	晉侯蘇鼎 近出 315	史僕壺 09653	不㠱簋蓋 04329	叔向父禹簋 04242	□叔買簋 04129	豐井叔簋 03923

2157 亥　　2156 戌

亥	戌					
 𦉢作且乙鼎 02506		 何尊 06014	 趞子作父庚器 10575	 伯盂 10312	 伯矩盤 10073	 商尊 05997
 揚方鼎 02613		 班簋 04341A	 庚姬器 10576	 田作父己器 10573	 □盂 10308	 父丁尊觥 09274
 𪐀鐘 00088	 廿七年衛簋 04256.1	 吕方鼎 02754		 士山盤 近二 938	 師道簋 近二 439	 老簋 近二 426
 利鼎 02804		 師虎簋 04316		 尸曰匜 近二 947	 肇作且卣 近二 529	 應侯見工簋二 近二 431
 大鼎 02807	 頌鼎 02827	 無叀鼎 02814		 柞伯鼎 近二 327	 晉侯㸓馬壺 近出 971	 嬃季姜方簋 近出 462
 事族簋 04089.2		 善夫山鼎 02825		 五年琱生尊二 近二 588	 晉侯㸓馬壺 近出 971	 晉侯對盨 近出 501

					 天亡簋 04261  我方鼎 02763.1	 [illegible]方鼎 02726  我方鼎 02763.2
		 應侯見工簋二 近二 431  獄簋 近二 438	 緐卣 05430.2  免卣 05418	 君夫簋蓋 04178  叔專父盨 04454.1	 吴方彝蓋 09898A  散伯車父鼎 02700	 舀鼎 02838A  散伯車父鼎 02697
				 事族簋 04089.1	 伊簋 04287  虢季子白盤 10173	 楚簋 04246.2  楚簋 04249

西周文字字形表 合文

	一人	一人	一子	一卣	二月
早期	 大盂鼎 02837A  大盂鼎 02837A				 麥方鼎 02706  寓鼎 02756
中期			 爯簋 商圖 05213  爯簋 商圖 05214		 公貿鼎 02719  芇伯歸夆簋 04331
晚期	 師訇鼎 02830  毛公鼎 02841A	 卌三年逑鼎 一 近二 330  卌三年逑鼎 三 近二 332		 卌二年逑鼎 一 近二 328  卌三年逑鼎 三 近二 332	 戎生編鐘 近出 27

十朋　十匹　二朋　二年　二百

	十朋	十匹	二朋	二年	二百	
	 遽伯睘簋 03763  臣高鼎 近出 335		 州子卣 近出 604			 辛翯相簋 近二 429
 盂狂父鼎 近出 338  录㦰卣 近二 548	 不指方鼎 02735  盂狂父甗 近出 164	 卯簋蓋 04327				 爯簋 近出 485  史密簋 近出 489
				 䣄攸从鼎 02818	 多友鼎 02835	

又一 匕庚 匕辛 匕己 八自 八十

	又一	匕庚	匕辛	匕己	八自	八十
		 史匕庚觶 近二612	 爻匕辛爵 08741	 中作匕己觶 06482		
					 盠方彝 09899.1  盠方彝 09899.2	 裘衛盉 09456
 鄭虢仲簋 04024.2  鄭虢仲簋 04026	 鄭虢仲簋 04024.1  鄭虢仲簋 04025.1					

大牢　三朋　三兩　三百　三月　三千

大牢	三朋		三兩	三百	三月	三千
 子方鼎一 近二318	 攸簋 03906.2	 髙父丁鼎 02499  攸簋 03906.1		 師旂鼎 02809  宜侯夨簋 04320	 寓鼎 02718	
			 九年衛鼎 02831	 姊季姬尊 近二586	 羖簋蓋 04243  趞簋 04266	 應侯見工簋一 近二430  應侯見工簋二 近二431
				 賸匜 10285.2		

上下	上下帝	上父	上帝	小大	小子	
上下	上下帝	上父	上帝	小大	小子	
	 焚作周公簋 04241				 何尊 06014  何尊 06014	
 史墻盤 10175		 師𩛥鼎 02830  師𩛥鼎 02830	 㾓鐘 00251  史墻盤 10175	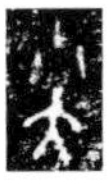 趞簋 04266	 逆鐘 00062  師𩛥鼎 02830	 九年衛鼎 02831  九年衛鼎 02831
 大克鼎 02836 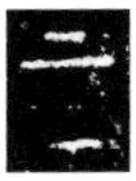 毛公鼎 02841B			 㝬鐘 00260.2  逑盤 近二 939	 朕匜 10285.2  卌三年逑鼎五 近二 334	 鄭大師小子甗 00937  伯虒父鼎 02580	 小子□鼎 02598  毛公鼎 02841A

三匹　子孫　小臣

三匹	子孫	小臣				
		 小臣□簋 近二 396	 小臣傳簋 04206  典弜兔尊 近二 592	 昜□簋 04043  小臣傳簋 04206		
 雁侯見工鐘 00108  尹姞鬲 00754				 小臣作父乙尊 05870  小臣作父乙觶 06468		 五祀衛鼎 02832  大師小子師望壺 09661
 史頌鼎 02787  史頌鬲 02788	 叔㚸簋 04137  周窐匜 10218			 晉侯蘇編鐘 近出 41  晉侯蘇編鐘 近出 43	 不其簋蓋 04329  大師小子𢍰簋 近二 422	 叔向父禹簋 04242  㝬簋 04317

五十　廿朋　三朋

五十		廿朋	三朋			
 乃子克鼎 02712A	 德方鼎 02661	 德鼎 02405	 遽伯睘簋 03763			
 大盂鼎 02837A		 匽侯旨鼎 02628	 仲□父壺 近二 866			
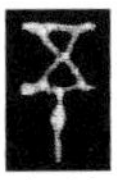 㾴鐘 00252	 亦簋一 近二 434	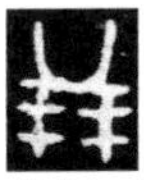 裘衛盉 09456				 尹姑鬲 00755
 我簋 商圖 05321	 亦簋二 近二 435	 鮮盤 10166A				 录伯𢦚簋蓋 04302
 師同鼎 02779				 三年師兌簋 04318.2	 史頌簋 04232.1	 毛公鼎 02841A
 晉侯蘇編鐘 近出 43				 晉侯蘇編鐘 近出 46	 三年師兌簋 04318.1	 史頌簋蓋 04231

五朋　五百　五月　五十朋

		五朋	五百	五月	五十朋	
 弖作父辛器 10581  師衛尊 商圖 11786	 我方鼎 02763.2  能匋尊 05984	 小臣鼎 02556A  我方鼎 02763.1			 亢鼎 近二 321	 宜侯夨簋 04320  盥圜器 10360
		 鼎 02705  鼂簋 04159		 剌鼎 02776	 效尊 06009  小臣靜卣 近二 547	
			 虢季子白盤 10173  賸匜 10285.2			

父丁		父乙			卌朋	内門
父丁		父乙			卌朋	内門
 父丁鼎 01574	 亞共方鼎 近二 245	 父乙方鼎 01529	 商卣 05404.2	 何尊 06014	 商卣 05404.1	
 父丁甗 近出 153	 子廟父乙角二 近二 803	 作父乙鼎 01564		 矢叔方鼎 近二 320	 商尊 05997	
				 刺鼎 02776	 從鼎 02435	
				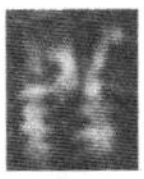 爯簋 近出 485	 吕方鼎 02754	
						 無叀鼎 02814

父甲　父戊　父丙　父壬　父己

父甲	父戊	父丙	父壬		父己	
 戈父甲方鼎 01518	 □父戊簋 03190	 州子卣 近出 604	 𢼸卣一 近二 537	 耒父己爵 近二 773	 戈父己簋 近出 395	 保父丁觶 近出 659
 戈父甲方鼎 01519		 □父丙爵 近二 774		 旅父己爵 近二 777	 戈父己觶 近出 660	 子𠤳父丁鼎二 近二 224
		 𠕁父丙爵 近出 873 （摹）			 耒父己鼎 01618	

父癸	父庚	父辛				
父癸	父庚	父辛				
 □父癸方鼎 01671	 魚簋 商圖 04164	 作父辛尊 近二 582	 八父辛簋 近出 397	 亞夫父辛鼎 近出 286	 戈父辛鼎 01639	 舟父甲觶 近出 667
 戈父癸卣 近出 574		 戈父辛盤 近二 919	 史父辛鼎 近二 208	 光父辛簋 近出 396	 父辛[illegible]鼎 01887	 戕父甲簋 近二 364

甲公	且辛	六朋		六百	六十	
甲公	且辛	六朋		六百	六十	
	 史楳覒作且辛簋 03644  □且辛鬲 近二 64	 師衛鼎 商圖 02185  師衛簋 商圖 04937	 宜侯夨簋 04320	 大盂鼎 02837A  大盂鼎 02837B		 亩父癸鼎 近二 260  旅父癸卣 近二 518
 獄盨 商圖 05676  獄盨 商圖 05676					 姊季姬尊 近二 586	
					 晉侯蘇編鐘 近出 43	

白金	白牡一	母丁	考于	百世	百朋	貝五朋
白金	白牡一	母丁	考于	百世	百朋	貝五朋
 子方鼎一 近二 318	 刃子鼎 商圖 02385	 母丁鼎 01704		 伯姜鼎 02791	 量方鼎 02739	 簋 04097
				 黄尊 05976	 伯姜鼎 02791	
			 仲枏父鬲 00746	 守宮盤 10168A		
				 守宮盤 10168B		
				 叔向父爲備簋 03870		

	寶用	隮皀	旅貞	异白	彤矢	彤弓
	寶用	隮皀	旅貞	异白	彤矢	彤弓
		 天亡簋 04261	 攸作旅貞（鼎） 01971	 盂爵 09104		
					 雁侯見工簋 00107  伯農鼎 02816	 雁侯見工簋 00107  伯農鼎 02816
	 召樂父匜 10216					

參考文獻

曹　瑋編著：《周原甲骨文》，世界圖書出版公司，二〇〇二年。
陳　劍：《甲骨金文考釋論集》，綫裝書局，二〇〇七年。
陳　直：《讀金日札》，西北大學出版社，二〇〇〇年。
陳初生編纂：《金文常用字典》，陝西人民出版社，二〇〇四年。
陳漢平：《金文編訂補》，中國社會科學出版社，一九九三年。
陳夢家：《西周銅器斷代》，中華書局，二〇〇四年。
陳全方、侯志義、陳　敏：《西周甲文注》，學林出版社，二〇〇三年。
陳全方：《周原與周文化》，上海人民出版社，一九八八年。
陳斯鵬、石小力、蘇清芳編著：《新見金文字編》，福建人民出版社，二〇一二年。
陳英傑：《文字與文獻研究叢稿》，社會科學文獻出版社，二〇一一年。
戴家祥：《戴家祥學術文集》，上海人民出版社，二〇一二年。
董蓮池：《金文編校補》，東北師範大學出版社，一九九五年。
董蓮池編著：《新金文編》，作家出版社，二〇一一年。

杜迺松：《吉金文字與青銅文化論集》，紫禁城出版社，二〇〇三年。
段玉裁：《説文解字注》，上海古籍出版社，一九八八年。
高　明：《高明論著選集》，科學出版社，二〇〇一年。
高　明：《高明學術論集》，上海古籍出版社，二〇一三年。
高　明、葛英會編著：《古陶文字徵》，中華書局，一九九一年。
高　明、涂白奎編著：《古文字類編》（增訂本），上海古籍出版社，二〇〇八年。
高　明編著：《古陶文彙編》，中華書局，一九九〇年。
古文字詁林編纂委員會編纂：《古文字詁林》（一——一二册），上海教育出版社，一九九九——二〇〇四年。
故宫博物院編：《唐蘭先生金文論集》，紫禁城出版社，一九九五年。
廣東炎黄文化研究會、紀念容庚先生百年誕辰暨中國古文字學學術研討會合編：《容庚先生百年誕辰紀念文集》，廣東人民出版社，一九九八年。
郭沫若：《兩周金文辭大系圖録考釋》，上海書店出版社，一九九九年。
胡小石：《胡小石論文集三編》，上海古籍出版社，一九九五年。
黄德寬主編：《古文字譜系疏證》，商務印書館，二〇〇七年。
黄天樹：《古文字論集》，學苑出版社，二〇〇六年。
黄錫全：《古文字論叢》，藝文印書館，一九九九年。
黄錫全：《古文字與古貨幣文集》，文物出版社，二〇〇九年。
吉林大學古籍整理研究所編：《吉林大學古籍整理研究所建所十五周年紀念文集》，吉林大學出版社，一九九八年。
吉林大學古文字研究室：《于省吾教授百年誕辰紀念文集》，吉林大學出版社，一九九六年。
李孝定編述：《甲骨文字集釋》，臺灣中研院史語所，一九七〇年。

李學勤：《李學勤文集》，上海辭書出版社，二〇〇五年。
李學勤：《通向文明之路》，商務印書館，二〇一〇年。
李學勤：《新出青銅器研究》，文物出版社，一九九〇年。
李學勤：《中國古代文明研究》，華東師範大學出版社，二〇〇五年。
李學勤主編：《字源》，天津古籍出版社、遼寧人民出版社，二〇一二年。
李宗焜：《甲骨文字編》，中華書局，二〇一二年。
林　澐：《古文字學簡論》，中華書局，二〇一二年。
林　澐：《林澐學術文集》，中國大百科全書出版社，一九九八年。
林　澐：《林澐學術文集》（二），科學出版社，二〇〇九年。
劉　雨：《金文論集》，紫禁城出版社，二〇〇八年。
劉　釗：《古文字構形學》（修訂本），福建人民出版社，二〇一一年。
劉　釗：《古文字考釋叢稿》，嶽麓書社，二〇〇四年。
劉　雨、盧　岩：《近出殷周金文集録》，中華書局，二〇〇二年。
劉　雨、嚴志斌：《近出殷周金文集録二編》，中華書局，二〇一〇年。
劉　釗主編：《新甲骨文編》（增訂本），福建人民出版社，二〇一四年。
龍宇純：《絲竹軒小學論集》，中華書局，二〇〇九年。
馬承源：《馬承源文博論集》，上海古籍出版社，二〇〇七年。
馬承源主編：《商周青銅器銘文選》（一—四册），文物出版社，一九八六—一九九〇年。
裘錫圭：《古文字論集》，中華書局，一九九二年。
裘錫圭：《裘錫圭學術文集》，復旦大學出版社，二〇一二年。

裘錫圭：《文字學概要》(修訂本)，商務印書館，二〇一三年。
容　庚編著，張振林、馬國權摹補：《金文編》，中華書局，二〇〇七年。
商志𩏩編：《商承祚文集》，中山大學出版社，二〇〇四年。
沈建華、曹錦炎：《甲骨文字形表》，上海辭書出版社，二〇〇八年。
沈建華：《初學集》，文物出版社，二〇〇八年。
四川聯合大學歷史系編：《徐中舒先生百年誕辰紀念文集》，巴蜀書社，一九九八年。
孫　屏、張世超、馬如森編校：《孫常敘古文字學論集》，東北師範大學出版社，一九九八年。
唐　蘭：《古文字學導論》，齊魯書社，一九八一年。
唐　蘭：《西周青銅器銘文分代史徵》，中華書局，一九八六年。
唐石父、王巨儒整理：《王襄著作選集》，天津古籍出版社，二〇〇五年。
王　輝：《高山鼓乘集》，中華書局，二〇〇八年。
王國維：《觀堂集林》，中華書局，一九九九年。
王人聰：《古璽印與古文字論集》，香港中文大學文物館，二〇〇〇年。
王文耀編著：《簡明金文詞典》，上海辭書出版社，一九九八年。
王宇信：《西周甲骨探論》，中國社會科學出版社，一九八四年。
吳榮曾主編：《盡心集》，中國社會科學出版社，一九九六年。
吳鎮烽編著：《商周青銅器銘文暨圖像集成》，上海古籍出版社，二〇一二年。
徐　鍇：《説文解字繫傳》，中華書局，一九八七年。
徐錫臺編著：《周原甲骨文綜述》，三秦出版社，一九八七年。
徐中舒：《甲骨文字典》，四川辭書出版社，一九八九年。

徐中舒主編：《漢語古文字字形表》，中華書局，二〇一〇年。
許　慎：《説文解字》，中華書局，二〇一三年。
許進雄：《許進雄古文字論集》，中華書局，二〇一〇年。
嚴志斌：《四版〈金文編〉校補》，吉林大學出版社，二〇〇一年。
楊樹達：《積微居金文説》，中華書局，一九九七年。
姚孝遂：《姚孝遂古文字論集》，中華書局，二〇一〇年。
于豪亮：《于豪亮學術文存》，中華書局，一九八五年。
于省吾：《甲骨文字釋林》，中華書局，一九七九年。
于省吾：《雙劍誃吉金文選》，中華書局，一九九八年。
于省吾主編：《甲骨文字詁林》，中華書局，一九九六年。
曾憲通：《古文字與出土文獻叢考》，中山大學出版社，二〇〇五年。
曾憲通主編：《古文字與漢語史論集》，中山大學出版社，二〇〇二年。
張　頷：《張頷學術文集》，中華書局，一九九五年。
張長壽、王世民、陳公柔：《西周青銅器分期斷代研究》，文物出版社，一九九九年。
張光裕、黄德寬主編：《古文字學論稿》，安徽大學出版社，二〇〇八年。
張桂光：《古文字論集》，中華書局，二〇〇四年。
張桂光主編：《商周金文摹釋總集》，中華書局，二〇一〇年。
張懋鎔：《古文字與青銅器論集》，科學出版社，二〇〇二年。
張亞初、劉　雨：《西周金文官制研究》，中華書局，二〇〇四年。
張亞初：《殷周金文集成引得》，中華書局，二〇〇一年。

張政烺：《張政烺文集·甲骨金文與商周史研究》，中華書局，二〇一二年。
趙　誠：《古代文字音韻論文集》，中華書局，一九九一年。
中國古文字研究會編：《古文字研究》（一——三〇輯），中華書局，一九七九——二〇一四年。
中國社會科學院考古研究所編：《殷周金文集成》（修訂增補本），中華書局，二〇〇七年。
中國社會科學院考古研究所編輯：《甲骨文編》，中華書局，二〇〇五年。
鍾柏生、陳昭容、黃銘崇、袁國華：《新收殷周青銅器銘文暨器影彙編》，臺北藝文印書館，二〇〇五年。
周法高主編：《金文詁林》，香港中文大學出版社，一九七五年。
周法高編撰：《金文詁林補》，臺灣中研院史語所，一九八二年。
朱德熙：《朱德熙古文字論集》，中華書局，一九九五年。
朱鳳瀚主編：《新出金文與西周歷史》，上海古籍出版社，二〇一一年。
朱歧祥：《周原甲骨研究》，臺灣學生書局，一九九七年。

拼音檢字表

dí

敵 132
翟 153
狄 423

dǐ

氏 511

dì

帝 3
弟 231
地 552
隊 552
墜 552

diǎn

典 180

diàn

簟 178
簞 178
奠 180、265
窴 318
廞 318
佃 341
甸 341、559
電 467

diāo

琱 15
貂 411

diào

弔 343

dié

疊 283
姪 498
嬞 498
或 514

dīng

丁 595

dǐng

鼎 291
鼑 293

dìng

定 307

dōng

東 245

dòng

婀 502

dòu

豆 192

dū

都 265

dú

瀆 52

dǔ

堵 552

dù

杜 236

duàn

段 125
斷 575
䂁 575

duī

𠂤 581

duì

對 93
坒 93
敤 93
菐 93
䊮 93
兌 369

dùn

盾 150
㡉 150
㣉 150

duō

多 289

duó

奪 156

E

ē

阿 583

é

哦 38

è

咅 37
咢 40
噩 40、267
鄂 267
戹 475、579
軛 579

ér

兒 368
而 408

ěr

爾 142
耳 478

èr

貳 260
㒃 260
二 549

F

fā

發 531
𤼵 531

fá

罰 173
伐 342

fǎ

灋 419

fà

髮 388
㛸 388

fán

蘇 21
蕣 21
番 28
樊 99
凡 239、551
樊 427
焚 427
緐 541

fǎn

反 115

fàn

𩨰 463

fāng

方 368
汸 461
匚 524

fàng

放 165

fēi

非 471

fěi

朏 284

fēn

分 25
饙 214

fèn

奮 156

fēng

豐 193、265
夆 232
丰 251
酆 265
寷 306
封 553
𡉚 553
䩬 553

fèng

奉 94
鳳 159

fǒu

否 38、473
缶 219

fū

尃 128
夫 443
大 443

fú

福 5
𣛽 5
畐 5
檗 5
稟 6
茀 20
孚 108
艮 115
鳧 128
制 173
箙 179
市 331
敀 331
伏 341
般 367
服 367
由 397
扶 483
敹 483
弗 509

fǔ

甫 141
簠 178
箭 178
頫 379
俯 379
斧 575
輔 580

fù

復 64
复 64、228
父 113
賦 262
付 339
仅 339
䨱 394
复 394
婦 494
帚 494

G

gài

㲯 168
匄 522

gān

干 76
甘 183

曶 185
𠮙 185
𣅀 185
虖 195
𧆣 397
𡗿 441

hú

壺 436
𡔷 437
𣪥 438
壼 438
鑄 438

hǔ

虎 196

hù

祜 4
𣪘 38

huā

𢏳 252

huà

話 85
𡜈 111
畫 123
𦘔 123
化 345

huái

褱 354
淮 452
潍 452

huán

環 13、14
瓌 13
還 55
寏 306
洹 453

huàn

奐 95
幻 165
宦 312
擐 486
𣪠 486
㪟 487

huāng

巟 463

huáng

皇 11
璜 14
黃 14、560
簧 179
潢 457

huī

隓 584
隳 584

huí

回 254
蛕 546
𧈅 546

huǐ

虫 546

huì

誨 82
嗨 82
諱 84
韙 84
惠 163
會 218
鐬 218
沬 459
䀿 459
𩔣 459
𧷢 459
𧕿 460

𧕿 460

hūn

昏 272
婚 494

hùn

圂 255

huò

靃 159
或 254、514
獲 422
隻 422
鑊 568

J

jī

幾 163
箕 179
其 179
朞 180
櫅 237
姬 490

jí

吉 35
彶 65
丮 109
及 115
雧 159
集 159
耤 175
即 211
疾 325
𤆵 325
姞 492
亟 550
亼 550
𠄔 550
亟 550

jǐ

改 499
戟 513
戚 513
己 598

jì

祭 7
𦙶 7
迹 49
速 49
畁 95
畀 95
既 212
冀 348
茍 395
芀 395
暨 598
季 604

jiā

嘉 191
家 304
豭 409
夾 433
加 561

jiá

帢 331
韐 331

jiǎ

嘏 78
叚 78、117
甲 594
十 594

jiān

監 351
閒 476
姦 504
㦰 515
緘 541

絨 541
艱 556
囏 556
幵 573

jiǎn

簡 178
柬 252

jiàn

建 69
諫 84
劒 174
劍 174
鐱 174
見 371

jiāng

姜 489
畺 560

jiàng

弜 532
降 584

jiāo

𩰫 427
𩱴 427
交 435

jiǎo

角 175

jiào

教 139
效 139
校 242
鷮 418
駮 418

jiē

謯 88
皆 151

jié

卩 389
捷 488
𢦏 488
截 488
劼 561

jiě

解 176
觧 176
𨍭 176

jiè

戒 95

jīn

今 217
巾 328
衿 353
殅 370
津 457
濜 457
金 563
吕 563
全 563
斤 575

jǐn

饉 216

jìn

進 52
靳 103
寖 103
斳 103
𩈿 103
賮 257
贐 257
晉 272
覲 373

jīng

荊 19

哭 439
妣 499
乂 509
秇 509
弋 510
珥 531

yīn

禋 7
𥜥 7
音 91
因 255
殷 352
㲱 352
陰 582
隂 582
滛 582

yín

誾 82
虒 197
俶 348
寅 607

yǐn

趛 42
尹 114
歆 375、376
飲 375
引 530
㱃 611

yìn

胤 169
印 391
慭 447

yīng

雁 155
賏 262

yíng

贏 259
熒 430
𤇾 430、568
嬴 492
鄎 492
縈 541

yìng

賸 257、258
佚 257
俟 257
媵 258
朥 258
媵 258
儹 259
鎣 568

yōng

庸 142
雝 155
饔 214
饔 214

yǒng

甬 290
永 464
柔 465
擁 486
擁 486
𤕛 486
勇 561
戒 561

yòng

用 141

yōu

攸 133
幽 162

yóu

由 38
遙 51
卣 186
斿 199
猶 423
猷 423
油 452
鋚 565
筶 565
尤 595

yǒu

友 118
畜 118
有 285
酉 610

yòu

祐 6
祓 6
右 34、112
又 112
幼 162
宥 313

yú

玗 15
余 28
亏 188、189
于 188
雩 189、468
虞 194
盂 199
鋙 199
俞 365
艅 365
愉 449
愈 449
湡 453
雩 468
魚 468
漁 470
瀲 471
堣 552
輣 552
臾 610

yǔ

與 100
敔 134
敔 134
予 164
宇 306
寓 306
寓 306
禹 592

yù

禦 10
絮 10
玉 13
遇 54
䢖 54
遹 57
御 67
卬 67
卸 67
駿 67
聿 122
棫 236
鬱 246
芍 246
賣 262
昱 272
躍 272
寓 315
價 340
價 340
獄 425
圉 440
悆 449
淢 454
育 606
毓 606
毓 606

yuān

鬳 159
淵 455
𣶒 455

yuán

元 1
趄 43
逗 43
豈 43
遼 60
爰 165
員 256
鼎 256
原 464

yuǎn

遠 59

yuē

曰 184

yuè

礿 9
龠 72
鼠 72
粵 189
樂 241
月 283
戉 518

yūn

頵 377

yún

匀 393、568
妘 493
娟 493

yǔn

允 368
夋 369
㲄 442
㲄 442

yùn

瘨 325

Z

zā

帀 248

zāi

哉 34
𢦏 34
𢦔 515

zǎi

宰 313

zài

䵇 110
䵇 110
在 552、553

zàn

瓚 13
饡 215
㞮 215

zāng

臧 124
臧 124

záo

鑿 568
㲉 568

zào

造 52
䆆 52
䆆 52
竈 323
灶 323

zé

則 171
鼎 171
鼎 172
責 261

筆畫檢字表

十一畫

十三畫

〔一〕

〔丨〕

〔丿〕

〔丶〕

〔乛〕

十四畫

〔一〕

二十八畫

〔丨〕

⿰鼎刂 172
⿰虤虒 333
鑿 568

〔丿〕

雧 159

〔丶〕

⿰𩫏蚰 223

二十九畫

〔一〕

鬱 246
驪 416

三十畫

〔一〕

⿱𠪚馬 417

〔丿〕

爨 460

〔乛〕

鸞 160

三十一畫

〔丿〕

⿱𦥯皿 566
⿱𣪘皿 566

三十三畫

〔丿〕

⿱雥冎 159
鱻 470

三十四畫

〔一〕

⿱霝龠 73

三十五畫

〔丿〕

⿱𦥑盬 567

〔乛〕

⿱𦥑鬲 108

三十六畫

〔丨〕

⿱罒鱻 430

三十七畫

〔丿〕

⿱爫鱻 109

三十八畫

〔丶〕

⿱龖衣 354

三十九畫

〔丿〕

⿱毄盬 567

後記

這部《西周文字字形表》是在我的博士學位論文《西周金文研究》的附録《西周金文分期字形表》的基礎上增補而成的。

當年寫作博士論文時，爲了能對西周金文字形的演變有細緻的了解，導師黄德寬先生讓我根據《殷周金文集成》製作了《西周金文分期字形表》。由於當時受條件限制，我是靠臨摹製作的，字形雖然清晰，但是難免失真。

來蘇州大學工作以後，曾經想以《西周金文分期字形表》爲基礎增補編成《西周分期文字編》，並以此爲題申報了江蘇省教育廳高校哲學社會科學基金項目，項目獲得了批准，批准號是SK101702。又蒙黄德寬老師關照，讓我忝列於他們的課題組中，申報了國家社會科學基金重點項目《漢字理論與漢字發展史研究》。項目獲得批准後，黄老師讓我負責撰寫西周階段文字的發展演變（見《古漢字發展論》第四章「西周文字」），並且編纂《西周文字字形表》。

在編纂《西周文字字形表》的過程中，我們做過一些無用功。一開始，我帶領我的研究生趙玉燕、韓曉川、王曉紅，根據我以前臨摹的《西周金文分期字形表》，按圖索驥，從《殷周金文集成》PDF 版中複製金文字形，粘貼進 WORD 文檔。因爲覺得劉釗先生主編的《新甲骨文編》經過反色的視覺效果比較好，我們也將剪切的金文圖片加以反色，有時還用橡皮仔細擦去多餘的陰影，很費時費力。後來課題組成員在一起討論時，對於反色的做法褒貶不一，再加上其他階段的字形表都没有反色，爲求統一，我決定放棄反色，好在以前剪切的未經反色的圖片都還在。

爲了增補《殷周金文集成》以外的材料，我安排研究生張晨畢業論文寫《〈近出殷周金文集録〉和〈二編〉西周金文整理與研究》，並且從她論文附録《〈集録〉〈二編〉西周金文字形表》中選取《殷周金文集成》中未出現的字頭或字形收録到我的《西周文字字形表》中。我還請以前的研究生柴桂敏幫我收集了《古陶文彙編》中的西周陶文，好讓我從中選取新的字頭或字形。

在將 WORD 文檔整合成表格時，我又請研究生劉欣然、曹婷婷和周曉丹幫忙，將大小不一的圖片縮放（基本上都是縮小）成同樣的高度，這樣才使得製作的表格顯得整齊劃一。

在編纂字形表的過程中，主編黄德寬老師幾次召集課題組成員到安徽大學開會商討，課題組成員都積極出謀劃策。初稿完成後，黄德寬老師和徐在國老師分别抽出時間幫我仔細審稿，提出不少寶貴意見和建議。

本字形表在編輯出版過程中，上海古籍出版社的顧莉丹編輯花費了大量的心血，從字形表的格式，到隸定字形的造字，再到一遍又一遍反復的校改，顧編輯都很耐心細緻，讓我深受感動。

在此謹向黄德寬老師和徐在國老師、課題組其他成員，以及上海古籍出版社顧莉丹編輯表示深深的謝意，也向幫助過我的研究生們表示衷心的感謝。

江學旺

二〇一六年四月五日

圖書在版編目(CIP)數據

西周文字字形表 / 黃德寬主編；徐在國副主編；江學旺編著. —上海：上海古籍出版社，2017.9（2023.11重印）
（古漢字字形表系列）
ISBN 978-7-5325-8493-2

Ⅰ.①西… Ⅱ.①黃… ②江… Ⅲ.①漢字—古文字—字形—西周時代 Ⅳ.①H121

中國版本圖書館 CIP 數據核字(2017)第 143061 號

責任編輯　顧莉丹
封面設計　嚴克勤
技術編輯　富　强

古漢字字形表系列
西周文字字形表
黃德寬　主　編
徐在國　副主編
江學旺　編　著
上海古籍出版社出版發行
（上海市閔行區號景路159弄1-5號A座5F　郵政編碼 201101）
（1）網址：www. guji. com. cn
（2）E-mail：gujil@guji. com. cn
（3）易文網網址：www. ewen. co
上海世紀嘉晉數字信息技術有限公司印刷
開本 787×1092　1/16　印張 42.5　插頁 5
2017 年 9 月第 1 版　2023 年11月第 4 次印刷
ISBN 978-7-5325-8493-2
H・175　定價：228.00 元
如有質量問題，請與承印公司聯繫